高等职业教育公共基础课系列示范教材

# 创新创业教育

主 编 汤锐华
副主编 马光凯 罗增桂 张 超
参 编 王小彬 亓艳茹 邓志宏 付士静
　　　 吕利平 刘小芳 李 卉 李小燕
　　　 张昌钰 张深林 陈 娴 秦春花
　　　 黄春耀 鲍 强 颜志成

机械工业出版社

本书以必需、够用、实用为原则，理论与实践相结合，引导学生树立正确的人生观、价值观和就业观，科学规划职业生涯，明确职业定位。内容涵盖创新与创新精神、创新思维、创新方法、创业与创业精神、创业环境与创业机会、创业资源与创业团队、商业模式设计与创新、新企业的创立、初创企业的经营、初创企业的管理、项目计划书的撰写与路演、创新创业赛事指南，对学生创新创业进行全方位指导。

本书适合作为高等职业院校、技师学院学生创新创业教育教材，也可供个人读者阅读。

## 图书在版编目（CIP）数据

创新创业教育 / 汤锐华主编. —北京：机械工业出版社，2021.7（2025.8重印）
高等职业教育公共基础课系列示范教材
ISBN 978-7-111-68679-8

Ⅰ.①创… Ⅱ.①汤… Ⅲ.①大学生-创业-高等职业教育-教材
Ⅳ.①G717.38

中国版本图书馆CIP数据核字（2021）第137828号

机械工业出版社（北京市百万庄大街22号　邮政编码100037）
策划编辑：陈玉芝　　责任编辑：陈玉芝　王　博
责任校对：张　力　　封面设计：马精明
责任印制：张　博

固安县铭成印刷有限公司印刷

2025年8月第1版第2次印刷
184mm×260mm·15.25印张·376千字
标准书号：ISBN 978-7-111-68679-8
定价：59.80元

电话服务　　　　　　　　　网络服务
客服电话：010-88361066　　机 工 官 网：www.cmpbook.com
　　　　　010-88379833　　机 工 官 博：weibo.com/cmp1952
　　　　　010-68326294　　金 书 网：www.golden-book.com
**封底无防伪标均为盗版**　机工教育服务网：www.cmpedu.com

# 序[一]

近年来，国家出台了一系列推动技能人才培养的政策和措施。2019年国务院正式印发了《国家职业教育改革实施方案》和《职业技能提升行动方案（2019—2021年）》，推动了职业教育培训改革发展和技能人才能力的提升。进入21世纪以来，职业教育培训日益成为国家经济发展战略、人力资源战略、创新驱动战略等国家战略的重要组成部分。

为了向职业院校学生介绍职业发展、就业指导、创业创新方面的新情况、新趋势、新知识、新政策，使其尽快适应职场、适应新就业形态，规划好职业生涯，并帮助其实现创业就业，有关专家编写了《职业发展与就业指导》《劳动教育和职业素养》《创新创业教育》《心理健康教育》等高等职业教育公共基础课系列示范教材。

在本系列教材编写中，编者坚持以习近平新时代中国特色社会主义思想为指导，全面贯彻党的教育方针，落实立德树人根本任务，积极培育和践行社会主义核心价值观，弘扬劳动光荣、技能宝贵、创造伟大的时代风尚，引导广大青年走技能成才、技能报国之路。本系列教材吸收和借鉴了国内外职业生涯规划与就业创业指导方面的专业理论和工作经验，坚持突出职业教育培训的特点，以人为本，以就业为导向，以能力为中心，以服务学生职业发展需要和可持续发展为宗旨，紧密联系实际，突出理论性与实践性的结合，既注重理论知识的系统性，又根据学生的身心特点、认知水平来定位内容的深度与广度，以够用、管用、好用为准，融理论知识和素质能力教育为一体，注意处理好内容的"深""浅"尺度，分别借助教育学、管理学、社会学、心理学等的相关理论阐明学生职业发展、就业指导、创新创业、职场心理调适的规律和方法，着重在职业意识、职业素质、职业生涯规划、求职就业能力方面引导和帮助学生树立正确的人生观、价值观、择业观，科学规划职业生涯，合理定向定位定岗，务实有效求职就业、创业创新。

希望本系列教材的出版能更好地满足学生多元化的需求，并对增强其求职就业能力有所帮助。

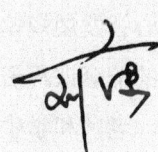

---

[一] 序言作于2020年12月14日。本文作者刘康时任中国就业培训技术指导中心暨人力资源和社会保障部职业技能鉴定中心主任，现任人力资源和社会保障部职业能力建设司司长。

# 前　言

国家高度重视高校创新创业教育工作。习近平总书记强调："全社会都要重视和支持青年创新创业，提供更有利的条件，搭建更广阔的舞台，让广大青年在创新创业中焕发出更加夺目的青春光彩。"在国家创新驱动发展战略部署下，为社会培养具有创新精神和创业意识的技术人才成为新时期职业院校人才培养的必然要求。新经济、新时代、新职业对人才提出了新的要求，需要充分发挥学校的主体作用、政府的支撑和保障作用、企业的示范带头作用，通过多方参与形成合力，共同推动院校创新创业教育。

教材是教学的基础，优秀的教材是保证教学质量的前提条件。本书立足我国职业院校实际，借鉴国内外成功经验，根据职业院校学生的心智发展规律与技能水平，突出理论知识和实践应用相结合，旨在帮助职业院校学生提升创新素养，掌握创新创业技巧，提高创新创业能力，积极参与创新创业社会实践，为实现成功人生、报效祖国和社会打下坚实基础。

全书共分四个部分，包含十二个模块。第一部分是创新素养，包括模块一～模块三，旨在帮助学生树立创新意识，锻炼创新思维，掌握创新方法，进而提升创新素养；第二部分是创业准备，包括模块四～模块七，旨在帮助职业院校学生全面了解创业现状和创业知识、掌握创业技能，理性对待创新创业；第三部分是创业实战，包括模块八～模块十，旨在引导学生掌握企业创立、经营和管理的知识和技能，为创业提供有益指导；第四部分是大赛实践，包括模块十一和模块十二，旨在为职业院校学生了解创新创业相关赛事、撰写项目计划书和项目路演提供针对性指导。

本书具有五个方面的特色：一是多维的需求视角，本书从创业学、社会学、教育学和心理学等多学科出发，根据学生对创新创业学习的需求、学校及教师对创新创业教育教学的需求、用人单位对人才素质的需求来设计教学内容；二是新颖的编写模式，每个模块设置了名人名言、导读导学、思维导图、案例导读、知识拓展和能力训练等栏目，通过理论知识和能力训练的互动，充分调动学生学习的主动性和积极性；三是丰富的能力训练活动，根据学生的心智发展规律和技能水平，设置丰富的能力训练活动；四是开放的课程资源，建设丰富多样的配套课程资源，包括教学设计、课件、微课、视频、音频、案例分享、知识拓展和测试等，老师和学生可以将课程资源作为课堂学习和课后拓展的有益补充；五是多元化的教学支持，创新教学方式，提供智慧教学互动工具，为课堂教学提供服务。

全书编写分工如下：汤锐华担任主编，负责设计大纲、编写样章和统稿等工作；模块一由汤锐华、马光凯、罗增桂编写；模块二的单元一和单元二由黄春耀编写，单元三和单元四由陈娴编写；模块三由吕利平编写；模块四由邓志宏编写；模块五的单元一由鲍强编写，单元二由颜志成编写；模块六的单元一由李小燕编写，单元二由亓艳茹编写；模块七的单元一由付士静和张昌钰编写，单元二由李卉编写；模块八由秦春花编写；模块九由张超编写；模块十由张深林编写；模块十一由刘小芳编写；模块十二由王小彬编写。

在本书编写过程中，参考并汲取了一些专家和学者的成果，在此表示感谢！由于编者水平及时间所限，本书疏漏之处在所难免，恳请广大读者批评指正，以便再版时予以完善。

编 者

# 数字学习资源索引

1. 【微课】认识创新 ... 3
2. 【量表测试】你拥有怎样的创新动机 ... 7
3. 【问卷调查】大学生创新意识认识现状 ... 9
4. 【量表测试】创新意识自测 ... 11
5. 【量表测试】好奇心量表测试 ... 16
6. 【微课】创新思维是什么 ... 21
7. 【微课】聚合思维 ... 25
8. 【微课】灵感思维 ... 28
9. 【案例分享】相似联想案例集 ... 35
10. 【量表测试】逻辑思考能力自测 ... 37
11. 【微课】抛弃思维偏见 ... 43
12. 【微课】掌握创新技法 ... 46
13. 【量表测试】创新方法能力自测 ... 61
14. 【问卷调查】大学生创新方法现状调查 ... 61
15. 【问卷调查】大学生创业现状 ... 87
16. 【量表测试】你是否适合创业 ... 88
17. 【量表测试】创业机会可行性 ... 93
18. 【知识拓展】波特五力模型 ... 99
19. 【知识拓展】SWOT 分析法 ... 99
20. 【案例分享】苹果的创业元勋 ... 110
21. 【知识拓展】有限责任公司与股份有限公司的区别 ... 137
22. 【知识拓展】特许经营和连锁的区别 ... 138
23. 【知识拓展】500 强企业选址就靠这 6 条铁律 ... 141
24. 【问卷调查】企业注册与纳税认知 ... 149
25. 【知识拓展】发现伟大的新产品创意的 10 种方法 ... 154
26. 【知识拓展】企业渠道选择的 3 个标准 ... 164
27. 【知识拓展】互联网时代下企业品牌建设绕不开的 4 个维度 ... 174
28. 【量表测试】你怎么决策 ... 178
29. 【音频】扁鹊三兄弟 ... 178
30. 【量表测试】管理创新能力自测 ... 179
31. 【音频】中国人力资源管理的现状 ... 181
32. 【量表测试】你会理财吗 ... 186
33. 【量表测试】危机管理能力自测 ... 191
34. 【问卷调查】你了解创业计划书吗 ... 199
35. 【知识拓展】创新创业大赛优秀项目计划书 ... 204
36. 【知识拓展】大赛优秀 PPT ... 207
37. 【视频】萌扎 ... 219

# 目  录

序
前言
数字学习资源索引

## 第一部分　创新素养——思维之花

**模块一　创新与创新精神** ························································· 2
　　单元一　认识创新 ······························································ 3
　　单元二　激发创新意识 ························································ 9
　　单元三　培养创新精神 ······················································· 15
**模块二　创新思维** ···································································· 20
　　单元一　发散思维与聚合思维 ············································· 21
　　单元二　灵感思维与直觉思维 ············································· 27
　　单元三　联想思维与逻辑思维 ············································· 34
　　单元四　思维定式与思维偏见 ············································· 40
**模块三　创新方法** ···································································· 45
　　单元一　奥斯本检核表法 ··················································· 46
　　单元二　头脑风暴法 ·························································· 52
　　单元三　分析列举法 ·························································· 56
　　单元四　组合创新法 ·························································· 58

## 第二部分　创业准备——行动之基

**模块四　创业与创业精神** ·························································· 64
　　单元一　认识创业和创业者 ················································ 65
　　单元二　创业素质和创业精神 ············································· 72
**模块五　创业环境与创业机会** ··················································· 81
　　单元一　分析创业环境 ······················································· 82
　　单元二　识别创业机会 ······················································· 89
**模块六　创业资源与创业团队** ··················································· 101
　　单元一　整合创业资源 ······················································· 102

单元二　组建创业团队 ········································································· 110

**模块七　商业模式设计与创新** ································································· 116
　　单元一　商业模式的内涵与类型 ····························································· 117
　　单元二　商业模式的设计与保护 ····························································· 123

## 第三部分　创业实战——成功之源

**模块八　新企业的创立** ··············································································· 134
　　单元一　选择企业组织形式 ··································································· 135
　　单元二　企业选址实务 ········································································· 140
　　单元三　企业命名与注册 ······································································ 145

**模块九　初创企业的经营** ············································································ 150
　　单元一　产品开发运营 ········································································· 151
　　单元二　市场营销策划 ········································································· 157
　　单元三　客户资源拓展 ········································································· 166
　　单元四　品牌建设推广 ········································································· 170

**模块十　初创企业的管理** ············································································ 175
　　单元一　企业管理基础 ········································································· 176
　　单元二　人力资源管理 ········································································· 180
　　单元三　财务管理 ··············································································· 185
　　单元四　风险防范 ··············································································· 189

## 第四部分　大赛实践——梦想之旅

**模块十一　项目计划书的撰写与路演** ·························································· 196
　　单元一　项目计划书撰写 ······································································ 197
　　单元二　项目演示文稿制作 ··································································· 204
　　单元三　项目路演及答辩技巧 ································································ 208

**模块十二　创新创业赛事指南** ····································································· 215
　　单元一　中国国际"互联网+"大学生创新创业大赛 ·································· 216
　　单元二　"创青春"全国大学生创业大赛 ················································· 219
　　单元三　"中国创翼"创业创新大赛 ························································ 222
　　单元四　全国技工院校学生创业创新大赛 ················································ 227
　　单元五　中华职业教育创新创业大赛 ······················································ 229

**参考文献** ································································································· 235

## 第一部分
# 创新素养——思维之花

敲响创新的大门
激发创新意识
培养创新精神
训练创新思维
掌握创新方法
夯实基础
铸造通往成功之钥

# 模块一　创新与创新精神

● **名人名言**

掌握新技术，要善于学习，更要善于创新。

——邓小平

君子之学必日新，日新者日进也。不日新者必日退，未有不进而不退者。

——程颢、程颐（北宋）

● **导读导学**

在我国悠久的历史中，创新文化无处不在，早在商朝就已经有对"创新"的记载。创新有三层含义：一是更新，对原有的东西予以替换；二是创造，创造出原来没有的东西；三是改变，对原有的东西进行发展和改造。

创新意识是指人们在社会活动中主动开展创新活动的观念和意识，表现为对创新的重视、追求和开展创新活动的兴趣和欲望。创新精神是指要具有能够综合运用已有的知识、信息、技能和方法，提出新方法、新观点的思维能力，具有进行发明创造和改革的意志、信心、勇气和智慧。

● **思维导图**

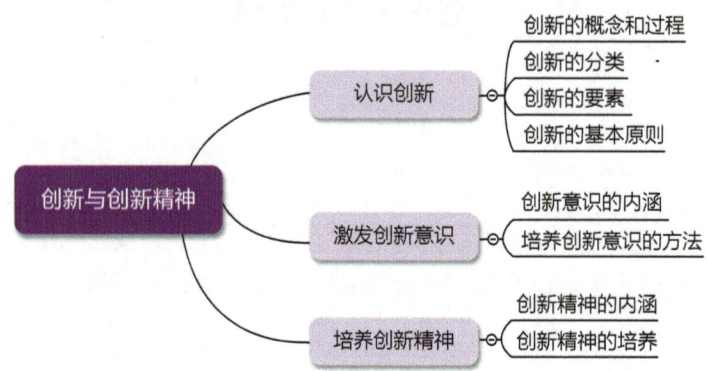

## 单元一 认识创新

> **案例导读**
>
> **人工智能在零售业的创新发展**
>
> 人工智能（AI）是现代计算机科学技术在商业世界中的基石，几乎所有行业的众多公司都从自动化、定制和推荐引擎中受益，从而将更多的消费者带入其业务场所，消费者可以根据自己的兴趣找到适合自己的产品。例如，消费者可以不用真正试穿衣服，而通过使用 AI 技术——虚拟镜像来查看穿在身上的样子，这样能够在短时间内尝试很多不同的衣服，从而确定哪件衣服最适合。商家则可以通过观察顾客的面部表情和手势来获取其购物体验感。消费者对商品的反应可以让商家了解该商品是否是潜在的热门商品。此外，推荐引擎可以帮助商家更有效地找到适合的特定用户。
>
> 这个案例说明了什么？

任何国家创新能力的提高带来的直接结果都是国力的迅速强盛和人民生活水平的大幅提高。

党的十九大报告指出："世界每时每刻都在发生变化，中国也每时每刻都在发生变化，我们必须在理论上跟上时代，不断认识规律，不断推进理论创新、实践创新、制度创新、文化创新以及其他各方面创新。""创新是引领发展的第一动力，是建设现代化经济体系的战略支撑。"

### 一、创新的概念和过程

创新，顾名思义，就是创造新的事物。《广雅》中说："创，始也；新，与旧相对。"创新一词出现得很早，如《魏书》中有"革弊创新"，《周书》中有"创新改旧"。在西方，英语中 Innovation（创新）这个词起源于拉丁语，有三层含义：一是更新，就是对原有的东西予以替换；二是创造新的东西，就是创造出原来没有的东西；三是改变，就是对原有的东西进行发展和改造。

【微课】认识创新

创新，是人类特有的认识能力和实践能力，是人类主观能动性的高级表现形式。从哲学的角度来说，创新是人类为了满足自身需要的创造性实践行为，是对旧事物所进行的替代和覆盖；从社会学的角度来说，创新是人们为了发展需要，运用已知的信息和条件，突破常规，发现或产生某种新颖、独特的有价值的新事物、新思想的活动；从经济学的角度来说，创新是人类在特定环境中，以现有的知识和物质改进或创造新的事物，并能获得一定有益效果的行为。

创新的过程一般分为准备阶段、思考阶段、顿悟阶段和验证阶段，如图 1-1 所示。

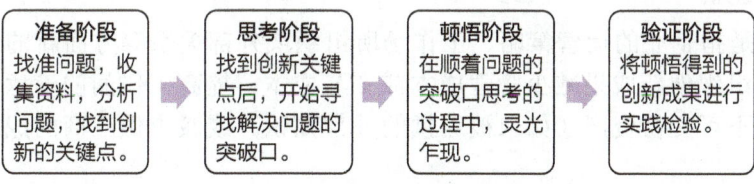

图 1-1 创新的过程

> **知识拓展**
>
> **熊彼特的创新理论**
>
>
>
> 图1-2 熊彼特
>
> 经济学上的创新概念是美籍奥地利经济学家熊彼特（Joseph Alois Schumpeter，1883—1950，见图1-2）首先定义的。他在其著作《经济发展理论》中提出，创新是指企业家对于生产要素进行新的组合，从而获得超额利润的过程。熊彼特将其所指的创新组合概括为5种形式：
>
> 1) 引入新的产品或提供产品的新质量。
> 2) 采用新的生产方法、新的工艺过程。
> 3) 开辟新的市场。
> 4) 开拓并利用新的原材料或半制成品的一种新的供给来源。
> 5) 采用新的组织方法。

## 二、创新的分类

经济合作与发展组织（Organization for Economic Cooperation and Development，OECD）、欧盟统计署《创新测度手册》（2007）把创新分为4类：产品创新、工艺创新、营销创新和组织创新。

### （一）产品创新

产品创新可分为全新产品创新和改进产品创新。全新产品创新成果是指产品用途及其原理有显著的变化。改进产品创新成果是指在技术原理没有重大变化的情况下，基于市场需要，对现有产品进行功能扩展和技术改进所取得的成果。

### （二）工艺创新

工艺创新指企业通过研究和运用新的方式方法和规则体系等，提高企业的生产技术水平、产品质量和生产效率的活动。工艺创新的方法主要有：应用信息化手段、使用先进设备、使用集成技术和使用优化理论。创新成果在这里包括技术、设备或软件上的有重大改变的成果。

### （三）营销创新

营销创新是指新的营销方式的实现，包括产品的设计或包装、分销渠道、促销方式以及定价等方面的重大变革。营销创新成果旨在更好地满足消费者的需求，开辟新市场，或重新配置企业在市场上的产品，以提高企业的销售额。

### （四）组织创新

组织创新是指企业的运营策略、工作场所组织或外部关系等方面新的组织方式的实现。可以通过组织创新成果减少管理成本或交易成本，提高工作间的满意度（和劳动生产力），获得不可交易资产（如未被编撰的外部知识）或减少供应商的成本，以提高企业的绩效。

## 知识拓展

### 彼得·德鲁克的创新理论

彼得·德鲁克（Peter F.Drucker，1909—2005，见图1-3）发展了创新理论。他提出，任何使现有资源的财富创造潜力发生改变的行为，都可以称为创新。德鲁克主张，创新不仅仅是创造，而且并非一定是技术上的。一项创新的考验并不在于它的新奇性、它的科学内涵或它的小聪明，而在于推出市场后的成功程度，也就是能否为大众创造出新的价值。

图1-3 彼得·德鲁克

从企业管理的角度来看，组织创新作为技术创新的平台，推动技术创新成为企业发展的根基，因此，技术创新能力的提升是企业核心竞争力提升的关键。技术创新的管理学解释并强调了"过程"与"产出"（将设想做到市场），是指从新思想产生到研究、发展、试制、生产制造直至首次商业化的全过程，是发明、发展和商业化的聚合。在这一复杂过程中，任何一个环节的短缺，都不能形成最终的市场价值，任何一个环节的低效连接，都会导致创新的滞后。

## 知识拓展

### 创新的分类标准

创新的分类标准有很多，不同的标准可以得出不同的分类。

从创新有无原创性来看，可以分为原始创新和集成创新。

从创新的内容来看，可以分为知识创新、技术创新、产品创新和服务创新。

从创新的影响力来看，可以分为持续性创新、突破性创新和颠覆性创新。

从创新的层次来看，可以分为首创型创新、改进型创新和应用型创新。

从创新的组织化程度来看，可以分为自发创新和有组织的创新。

从科技角度来看，可以把创新分为从无到有（如开创一个全新的研究领域）、从有到无（如一次性彻底地解决了一个人类历史上的重大问题）、从有到有（如纠正前人的错误观点，重新构建一个理论体系）。

## 三、创新的要素

### （一）创新的起点在于问题

爱因斯坦说过："提出一个问题往往比解决一个问题更重要。因为解决一个问题也许仅仅是一个数学上或实验上的技能而已，而提出一个问题则需要想象力，而且提出问题标志着科学的真正进步。发现并提出问题不代表每一个问题都完美、都正确，因为好的思想不是一下子就能在头脑中形成的。不过，我们提出问题越多，出现好思想的机会也就越多。"

### （二）创新的关键在于突破

要创新，就要突破常规戒律、固有的习惯、条条框框、已有经验和过去的思维定式。创新就是对传统的"背叛"。

### （三）创新的本质在于新颖

创新的意义在于"出新"。新是创新的本质，是创新的价值所在。所有创新都必须在创新思维的作用下，用新的思路、新的方法去解决问题，从而获得新的理论、新的技术、新的设计、新的方案和新的产品。

### （四）创新的基础在于继承

牛顿曾经说过这样一句话："如果说我比别人看得远的话，那是因为我站在了巨人的肩膀上。"这就很好地说明了新与旧的关系，无旧便无新。新是在旧的基础上发展变化而来的。所以，继承是创新的基础，只有在继承的基础上创新，才是科学的。

### （五）创新的目的在于发展

创新的目的性很明确，就是要看是不是有利于自然界的发展，有利于社会的发展，有利于人的发展。

---

**知识拓展**

**对创新的认识**

创新不唯年龄。年轻意味着思想活跃、易于接受新鲜事物，尤其是在"互联网+"条件下，确实有一大批年轻人登上创业创新舞台，但创新并不只是年轻人的事。"蛟龙号"载人深潜项目总设计师徐芑南，66岁重返工作岗位，77岁当选院士，81岁仍在不断创造中国载人深潜新纪录。不仅在载人深潜、航空航天、高铁等领域，而且在金融投资、新兴产业等领域，都有老一辈佼佼者。他们经验丰富、见闻广博，往往更能抓住事物的要害，在很多关键岗位上发挥着举足轻重的作用。

创新不唯学历。学历代表的主要是人们受教育的程度，而不一定是实际工作能力。农民工赵正义只有初中文化程度，但他苦心钻研15年，发明了高效、节能、环保的新型塔基，并获得国家科学技术进步奖二等奖。一些人由于各种原因，错失了到大学深造的机会。但他们从未放弃学习，而是一直努力吸取新知识，不断提高解决实际问题的能力，具有出类拔萃的创新能力。

创新不唯职业。广大知识分子堪称创新的主力军，但创新是全方位、多层次、宽领域的，工人、农民等各类群体中也涌现出大量创新人才。"抓斗大王"包起帆立足本职岗位，勇于开拓创新，走上了世界工程技术的最高领奖台。还有"金牌工人"许振超，从一名普通工人自学成为"桥吊专家"，练就"一钩准""一钩净""无声响操作"等绝活，多次打破集装箱装卸世界纪录，使"振超效率"闻名遐迩。

---

## 四、创新的基本原则

创新原则就是指创新活动所依据的法则或标准，是我们在创新活动和创新过程中需要遵循的原则。在创新活动中遵循创新原则是提升创新能力的基本前提，是攀登创新云梯的基础。有了这个基础，就把握了开启创新大门的"金钥匙"。

### （一）科学原理原则

创新必须遵循科学技术原理，不得违背科学发展规律。

### （二）市场评价原则

创新要想经受住市场考验，实现商品化和市场化，就要按市场评价的原则来分析，就要考察创新对象的商品化和市场化的发展前景，看它的性能、价格是否具有竞争性。

【量表测试】
你拥有怎样的创新动机

### （三）相对较优原则

创新不盲目追求最优和最先进。在创新过程中，利用创造原理和方法，能够获得许多创新设想。这时，就需要人们按相对较优的原则，对设想进行判断选择。

### （四）机理简单原则

创新的过程中始终贯彻机理简单原则，进行如下检查：新事物所依据的原理是否重叠，超出应有范围；新事物所拥有的结构是否复杂，超出应有程度；新事物所具备的功能是否冗余，超出应有数量。

### （五）构思独特原则

所谓"构思独特"，是指创新贵在独特。可从以下几个方面来考察：创新构思的新颖性、创新构思的开创性和创新构思的特色性。

### （六）不轻易否定、简单比较原则

不轻易否定、简单比较原则是指在分析评判各种产品创新方案时，应注意避免轻易否定的倾向。在飞机发明之前，科学界曾从理论上对飞机进行了否定的论证；过去也曾有权威人士断言，无线电波不可能沿着地球曲面传播，无法成为通信手段。我们不要随意在两个事物之间进行简单比较，应在尽量避免盲目地、过高地估计自己设想的同时，珍惜别人的创意和构想。

以上是在创新活动中要注意并切实遵循的创新原则。这都是从千百年来人类创新活动成功的经验和失败的教训中提炼出来的，是创新智慧和方法的结晶。它体现了创新的规律和性质，按创新的原则去创新，并非束缚人的思维，而是把创新活动纳入快速运行的轨道上来。

## 能力训练

**【能力训练1】寻找创新**

步骤1：在当今高度互联的世界里，没有哪家企业能够独自完成所有事情。只选择一两种创新类型的简单创新不足以获得持久的成功，尤其是单纯的产品性能创新，很容易被模仿、超越。企业需要综合应用多种创新类型，才能打造可持续的竞争优势。

步骤2：请讨论交流创新类型的典型案例，并查阅资料，完成下面的知识能力训练卡，见表1-1。

表1-1 创新分类下的产品与人物/企业

| 创新分类 | 典型产品 | 典型人物/企业 |
| --- | --- | --- |
| 产品创新 | | |
| 工艺创新 | | |
| 营销创新 | | |
| 组织创新 | | |

【能力训练2】书店的运营

随着网络购物的普及，实体书店面临着巨大的冲击。假设你经营的一家实体书店面临倒闭的风险，需要对书店进行转型升级，保障其顺利运营，你能想出一种创新营销方式吗？

_____
_____
_____

【能力训练3】垃圾变废为宝

步骤1：阅读案例。

某公司开发了一个"垃圾变废为宝"的项目，通过在普通的垃圾循环处理过程中加入过滤装置，有步骤地将所有易于回收的物品分离出来，随后进行再加工处理，最终将其作为商品再次销售。通过对这些工业垃圾和生活垃圾的回收再利用，不仅解决了垃圾处理问题，创造了经济价值，还为社会提供了就业机会。

步骤2：根据案例，回答问题。

1. 以上的案例是属于哪种类型的创新？

_____
_____

2. 你擅长从事哪方面的创新？

_____
_____

3. 迄今为止，你认为自己做过最具创新性的一件事情是什么？它对你有何启发？

_____
_____
_____

# 单元二　激发创新意识

**案例导读**

### 星空图与浑天仪

我国东汉时期著名的科学家、文学家张衡从小就聪明好学。一天晚上，满天的星星像明珠一样闪烁。小张衡坐在院子里，靠着奶奶，对着夜空数星星。奶奶笑着说："傻孩子，又在数星星了，那么多的星星，一闪一闪的乱动，眼都看花了，你能数得清吗？"张衡说："奶奶，我能数得清。星星是在动，可不是乱动，您看，这颗星星和那颗星星总是离得那么远。"爷爷走过来，说："孩子，你看得很仔细。天上的星星是在动，可是它们之间的距离是不变的。我们的祖先把他们分成一组一组的，还给它们起了名字。"爷爷停了停，指着北边的天空，说："你看，那七颗星星连起来像一把勺子，叫北斗星。勺口对着的一颗亮星，就是北极星。北斗星总是绕着北极星转。"爷爷说的话是真的吗？小张衡一夜没睡好，几次起来看星星。他看清楚了，北斗星果然绕着北极星慢慢地转动。长大后，这个数星星的孩子画出了我国第一张星空图，首创天文仪器"浑天仪"，为后世的天文学研究奠定了基础。

创新意识具有重要的作用。事实证明，一切创新活动都是以创新意识为先导的，整个创新活动是在创新意识支配下实现创新目标的思维活动和实践活动。同时，创新意识本身就是一种动力，是创新活动的推进器。它支配人的创新能力，对创新能力的培养和提高具有启发性、强化性和支持性的作用。

一个人如果不了解什么是创新，不重视创新，对创新不感兴趣，或者认为自己没有必要也没有能力搞创新，他就缺乏创新意识，就不会投入到创新活动中去。只有当一个人认识到创新的重要性、必要性和紧迫性时，其创新意识才能得到真正地加强。事实证明，创新不断地改变我们的生产、生活和思维方式，促进了经济和社会的和谐发展。创新与我们每个人的命运息息相关，我们的衣、食、住、行随着科技的创新而不断改善。

## 一、创新意识的内涵

### （一）创新意识的概念

创新意识是指人们在实际社会活动中主动开展创新活动的观念和意识，表现为对创新的重视、追求和开展创新活动的兴趣及欲望。它是人类意识活动中一种积极的、富有成果性的表现形式，是人们进行创新活动的出发点和内在动力，是唤醒、激励和发挥人所蕴含潜能的重要精神动力，与创新能力一起贯穿于创新活动的整个过程。

【问卷调查】大学生创新意识认识现状

创新意识是一种敢为人先、不断进取、求新求异的心理状态，是人脑在不断运动变化中自觉产生的积极的革故鼎新、改造客观事物现状的意愿和欲望。可以说，创新意识就是解放思想、实事求是、与时俱进、敢闯难关、敢冒风险的意识，就是以创新的观念审时度势、以创新的勇气直面难题、以创新的精神策划未来的意识。

### 案例1-1

**生鲜新零售——易果生鲜**

易果集团是中国最大的生鲜运营平台之一，为超过200个城市地区的2000万用户服务，每天交易额逾1000万元，每天的冷链物流运能近20万单，涵盖水果、蔬菜、水产、禽蛋、肉类、食品饮料、粮油和甜点等全品类，商品SKU（Stock Keeping Unit，库存量单位）数约4000个。

金光磊是易果生鲜的联合创始人，对于DT（Data Technology，数据技术）时代生鲜全产业链创新有着清晰的思路和执着的追求。IT时代的信息系统为大企业所有，是集中控制的，而DT时代的数据技术能力为众多企业赋能，是开放共享的。

DT时代的生鲜产业，不是生鲜物流，而是消费场景；不是千篇一律，而是C2B（Customer to Business，消费者到企业）；不是数据孤岛，而是数据流动；不是主观感受，而是客观标准。

目前的生鲜产业物流导向明显，而对消费者与饮食、健康相关的生活场景考虑不足。智能保障产品按照约定保质保量地运输和配送，而没有服务于消费者"吃好"这一场景。

一位用户早上花7分钟的时间，煎了一块来自易果生鲜的250克加拿大牛肉。牛肉的味道不错，他的手艺也还可以。但有一点非常纠结，250克的牛排对他来说太大了些，最合适的量应该在200克之内，剩下50克是扔了呢？还是勉强吃下去？或者晚上做运动时把热量消化掉？因此，需要让更多的数据从用户端走向生产端，让更多的生产的数据从生产端走向用户端。比如，牛排是从一个不太规则的原料上面切割下来的，如果它需要定磅，就必须调整它的厚度。

而在DT时代，易果生鲜全力打造的生鲜新一代运营平台，正需要把这两种数据关联起来。当一片牛排从一个厂商的一块牛肉原材料切割下来的时候，它已经有它特定的客户。在数据库和信息流里，要非常清晰地知道在什么地方有多少客户，对多少克重的牛排或对什么样厚度的牛排有消费兴趣。在这样的场景下，上游生产的所有原材料的所有切割下来的牛排没有一片是浪费的。

在DT时代，数据的流动和共享将为生鲜全产业链带来新的创新局面。

### （二）创新意识的内容

#### 1. 创新动机

创新动机是创新意识的动力源，是形成和推动创新行为的内驱力，是引起和维持主体进行创新活动的内部心理过程，也是创新得以施展的前提。人的每项创新活动、每个创新意识都离不开一定的创新动机的支配。创新动机明确并且强烈的人，其创新活动成功的希望就大；创新动机模糊且不足的人，其创新活动成功的希望就小。

#### 2. 创新兴趣

创新兴趣是指人们从事创新活动所投入的积极情绪和态度。它是创新动机的进一步发展。创新动机来源于对创新的浓厚兴趣，产生创新动机时不一定有创新兴趣，而一旦形成创新兴趣，则必然伴随着创新动机。创新兴趣是人们从事创新实践活动强有力的动力之一，是投身创新实践的不竭动力。

3. 创新情感

创新过程不仅仅是纯粹的智力活动过程，它还需要引发、推进乃至完成创造性活动的创新情感。

首先，需要稳定的创新情感。现代创新者只有在稳定的创新情感的支配下，才能提高自身创新敏感性，及时捕捉有用信息，对与创新有关的事物充满浓厚的兴趣。

其次，需要积极的创新情感。现代创新者积极的创新情感，可以极大地激发自身的创新意识和创新敏感性，充分调动自己投身于创新活动的积极性。

最后，需要深厚的创新情感。如创新热情就是一种深厚的创新情感，具有持续性。它是一种能促进现代创新者形成强烈的创新意识，并展开创新活动的心理推动力量。

4. 创新意志

创新意志是在创造中克服各种困难、冲破各种阻碍的心理因素，具有鲜明的目的性和坚定的顽强性。创新意志首要的是目的性，其次才是顽强性。现代创新者只有对自己的行动目的有明确的认识，才能按既定的目标去行动。创新意志的顽强性指人们在创新的过程中能精力充沛、坚持不懈地克服一切困难和障碍，取得创新成果。科学创造是一种艰苦的劳动，是要探索前人没有走完的路，要产生前人没有产生过的成果。在创造过程中，往往成功与失败并存，只有意志顽强的创造者才能在挫折与失败中不断进取，从而把失败引向成功。

> **案例 1-2**
> 
> **增强大学生创新意识**
> 
> 创新意识涉及人的生理、心理、智力和人格等诸多方面，是人的综合素质和全面发展的外在表现。人才素质的高低在一定程度上取决于其创新意识的强弱。创新意识是大学生素质中必备的成分，因而大学生创新意识培养是高校实施素质教育的核心所在。
> 
> 在知识经济时代，知识的陈旧周期不断缩短，知识的增长率加快，知识转化的速度迅猛增加，高校大学生想要在这种情况下成才，就需要掌握涉及面广、潜移性强、容纳度大、概括程度高的"核心"知识，需要有忧患意识，主动发挥自身的创新意识。大学生想要在严峻的就业形势下占有一席之地，就需要树立创新意识，利用所学的知识，敏锐地观察就业趋向，并把自己锻炼成与众不同的创新人才，从而提升自身的竞争力。

## 二、培养创新意识的方法

### （一）树立求异观念

创新不是简单的模仿，要有求异的观念。求异实质上就是换个角度思考，从多个角度思考，并将结果进行比较。求异者往往要比常人看问题更深刻、更全面。

【量表测试】创新意识自测

### （二）保持好奇心

好奇心是人类乃至很多动物的天性，它代表了求知欲、喜欢探究陌生事物的心理状态和情感行为。居里夫人说过："很多人都说我很伟大、很有毅力,其实我就是特别好奇,好奇的上瘾。"爱因斯坦也说过:"我没有特别的才能,只有强烈的好奇心。"

> **案例 1-3**
>
> **创新大师——达·芬奇**
>
> 研究表明,几乎所有伟大成就的创新者都有着独特的好奇心。爱迪生从小就对世界充满好奇。他曾用自己的体温孵蛋。当听到老师讲到"二加二等于四"时,他会立即冒出"为什么"的想法。好奇心就是这样新奇的种子。牛顿坐在苹果树下乘凉,一个苹果"砸"在他头上,他想道:苹果为什么会从树上掉到地上?为什么不是飞到天上?一个苹果引发好奇,好奇引发牛顿强烈的探索意识,最终成就了牛顿定律。
>
> 很多人都惊讶于达·芬奇的超人表现。爱因斯坦认为,达·芬奇的诸多科研成果如果在当时就发表的话,科技可以提前 30～50 年。达·芬奇的造诣涉及绘画、雕刻、建筑、发明、数学、生理、音乐、物理、天文和地理等许多方面。他的理解力之所以如此让人称奇,有一部分原因就在于,他对"为什么""怎么样"等问题进行了深入研究。这种强烈的好奇心不仅是激发学习的动力,也让学习变得更有乐趣。
>
> 强烈的好奇心会增强人们对外界信息的敏感性,让人对新出现的情况和新发生的变化及时做出反应,发现问题并追根寻源,提出一连串问题,从而激发思考,引起探索欲望,开始创新活动。许多看似偶然的发现其实都隐含着一种必然:发现者必然具有强烈的好奇心理。缺乏好奇心,必然对外界的信息反应迟钝,对诸多有意义的现象熟视无睹,对问题无动于衷,更遑论创造与发明了。

### (三)激发兴趣

孔子曾说过:"知之者不如好之者,好之者不如乐之者。"深厚的兴趣会使个体产生积极的学习态度,自觉克服困难,排除干扰,从而有所成就。一般来说,人人都会有兴趣,但每个人的兴趣对象差异很大。一个人在不同的时间、不同的地点,兴趣也会发生变化。因此,在培养广泛兴趣的基础上,及时确定某一中心兴趣,并以此为起点,继续探索,在理性的指导下,有意识地把一个专一兴趣提升到追求的高度,这样才能真正激发我们的创新意识。我国著名政论家、记者和出版家邹韬奋说过:"一个人在学校里表面上的成就,以及较高的名次,都是靠不住的,唯一的要点是你对于所学是否真心喜爱,是否真有浓厚的兴趣和特殊的机敏。"

要保持专注的兴趣和热情,就要建立积极的心理准备状态。但凡有成就的科学家,在其学生时代很少有被困难吓退过的,这不仅表现了个人的坚强毅力,还表现了困境更能激发创造乐趣。只有在困境中,我们才能更清楚地意识到积极思想的意义和价值。当你克服困难,成功进入下一阶段时,回首那个曾经让你苦恼的困难,你会感谢自己的坚持和专注。著名科学家杨振宁在谈到科学研究的兴趣时说:"自己不愿意的,迫于外界压力非做不可的,那是苦。做物理学的研究没有苦的概念,物理学是非常引人入胜的。"有人问丁肇中做研究苦不苦,他说:"一点也不苦,正相反,觉得很快乐,因为我心中有兴趣,我急于要探索物质世界的微妙。"这就是持续而专注的兴趣所带来的心理愉悦性。

（四）学会观察

观察力是智力的一个重要组成部分，是一种有意识、有目的、有组织的知觉能力。世界著名的生理学家巴甫洛夫在他的研究院门口的石碑上刻下了"观察、观察、再观察"的名句，以此来强调观察对于研究工作的重要性。达尔文也曾经说过："我没有突出的理解力，也没有过人的机智，只是在觉察那些稍纵即逝的事物并对它们进行精细观察的能力上，我可能是中上之人。"可见，观察力是十分重要的。

敏锐的观察是创新能力的有力来源。一旦你开始细心观察，各种见解和机遇都将会在你面前展开。所有真正的科学家、艺术家都是善于观察的人，都有格外敏锐的观察力和较好的表达能力，这能够让他们注意到其他人容易忽略的细微现象。达尔文就是一名出色的观察家。在22岁的时候，达尔文开始了他历时五年的周游世界之旅。在旅途过程中，他凭借细致的观察，仔细记录了大量地理现象、化石和生物体。对达尔文而言，雀类鸟嘴和龟背上的细微差异都是不同物种的标志。回国后，他认真研究自己观察记录的资料，提出了著名的自然选择理论。

（五）培养问题意识

没有问题，就没有创新。现代思维科学认为，问题是思维的起点，任何思维过程都是指向某一具体问题。孔子在很早就提出了"每事问"的主张，强调问题意识在思维和学习中的重要性。

问题意识也是以观察意识和好奇心、兴趣为基础的。对任何事情都不感兴趣的人是不可能提出问题的，那些对事物缺少细致观察的人也很难提出问题。当个体对事物感兴趣，并能够进行细致的观察，通常他就能够发现问题，从而打开创新之门。

## 能力训练

【能力训练1】培养问题意识

步骤1：阅读案例。

案例1：2004年7月，四位诺贝尔奖获得者到北京演讲。每场演讲结束后，都会留出十分钟的时间让观众提问。但是某次全场1000多人竟没有一个人提问。他们大吃一惊，说："难道我们的理论就那么完美无缺，一点问题都没有了吗？太不可思议了！"

案例2：20世纪初，在剑桥大学，维特根斯坦是大哲学家穆尔的学生。有一天，大哲学家罗素问穆尔："谁是你最好的学生？"穆尔毫不犹豫地回答："维特根斯坦。"罗素问："为什么？"穆尔回答说："因为在我所有的学生中，只有他一个人在上我的课时总是流露出迷茫的神色，总是有一大堆问题。"后来，维特根斯坦的名气超过了罗素。有一次，有人问维特根斯坦："罗素为什么落伍了？"他回答说："因为他没有问题了。"

步骤2：根据案例，回答问题。

1. 以上案例反映了什么问题？你有什么感想？

2. 以上案例说明了什么道理？你认为问题意识有什么价值？
_____
_____
_____

3. 你在课堂或生活中会经常有意识地发现问题吗？请举例说明。
_____
_____
_____

4. 你认为该如何培养问题意识？
_____
_____
_____

【能力训练2】培养创新意识

步骤1：收集名人对创新兴趣的名言。

通过在网络和图书中查找5个有关创新兴趣的作用的名言警句，并谈谈你对这句话的理解（见表1-2）。

表1-2　创新兴趣的作用的名言

| 人物 | 名言警句 | 个人理解 |
| --- | --- | --- |
|  |  |  |
|  |  |  |
|  |  |  |
|  |  |  |
|  |  |  |

步骤2：盘点个人创新兴趣。

请将你对创新兴趣的看法罗列下来（见表1-3），并给予评估。

表1-3　你对创新兴趣的看法

| 领域 | 你对该领域的哪个方面感兴趣？ | 你认为这个创新兴趣的价值是什么？ |
| --- | --- | --- |
|  |  |  |
|  |  |  |
|  |  |  |
|  |  |  |
|  |  |  |

# 单元三　培养创新精神

**案例导读**

**齐白石老人五易画风**

我国著名画家齐白石曾荣获国际和平奖。然而，面对已经取得的成功，他并不满足，而是不断汲取历代画家的长处，不断改进自己作品的风格。他60岁以后的画，明显不同于60岁以前的。70岁以后，他的画风又变了一次。80岁以后，他的画风再度变化。正因为齐白石老人在成功后仍能马不停蹄地改变、创新，所以他晚年的作品比早期的作品更完美、成熟，也形成了自己独特的流派与风格。

他告诫弟子"学我者生，似我者死"。他认为画家要"我行我道，我有我法"。就是说，在学习别人长处时，不能照搬照抄，而要创造性地运用，不断发展，这样才会赋予艺术以鲜活的生命力。

## 一、创新精神的内涵

### （一）创新精神的含义

创新精神是指具有能够综合运用已有的知识、信息、技能和方法，提出新方法、新观点的思维能力，以及进行发明创造、改革、革新的意志、信心、勇气和智慧。创新精神属于科学精神和科学思想范畴，是进行创新活动必须具备的一些心理特征，包括创新意识、创新兴趣、创新胆量、创新决心及相关的思维活动。创新精神是一种勇于抛弃旧思想、旧事物，创立新思想、新事物的精神。例如：不满足已有认识（掌握的事实、建立的理论、总结的方法），不断追求新知；不满足现有的生活生产方式、方法、工具、材料、物品，根据实际需要或新的情况，不断进行改革和革新；不墨守成规（现有的规则、方法、理论、说法和习惯），敢于打破原有框架，探索新的规律、新的方法；不迷信书本、权威，敢于根据事实和自己的思考，向书本和权威质疑；不盲目效仿别人的想法、说法、做法，不人云亦云、唯书唯上，坚持独立思考，说自己的话，走自己的路；不喜欢一般化，追求新颖、独特、异想天开、与众不同；不僵化、呆板，灵活地应用已有知识和能力解决问题。所有这些，都是创新精神的具体表现。

### （二）创新精神的特征

1. 反对僵化教条，打破旧的平衡

当今世界，科技革命把人类带入了一个全新的时代，知识积累速度加快，知识传播手段日新月异，信息知识的产业化进程飞速发展，知识经济和传播媒介成本降低，知识经济时代已初现端倪。要跟上时代的发展速度，要适应这种飞速发展的世界经济，要迅速改变我们的落后状态，大学生就应该改变多少年来已经形成的惯性思维方法与学习作风。敢于在"换一种想法、换一种做法、换一种活法"的过程中追新求异，打破和摆脱一潭死水、波澜不惊的沉寂局面。

## 2. 反对孤立静止，突破原有限制

当今的全球化经济已令任何一个国家都不能置身事外，任何一个民族都不能游离于科技之林以外。因此，孤立、静止地看待问题、处理问题，只能是阻滞思路、堵塞言路、扼杀创新。没有千古不变、永恒神圣的东西，一切事物都是发展变化的。创新是时代发展之精华，是推动历史前进之动力。要发展、要变化、要前进，就必须突破原有的思想限制，革除腐朽落后的思想与事物，开拓有潜力的未知领域，不断强化超前意识，并增强对事物发展的前瞻性与预见性，高屋建瓴地创造新事物，不断开拓新的发展空间。

## 3. 反对因循守旧，创立新的模式

很多大学生在长期的学习中往往拘泥于书本知识，停留在维持性的学习上，没有充分发挥主观能动性，知识应用的被动性色彩很浓，思想相当僵化。大学生只有把书本、权威当作对手，敢于对权威评头论足，主体学习的创造性、积极性才能得以充分发挥，使自己成为尊重事实、独立思考和充满自信的人。

### 案例 1-4

**中国本土人工智能——科大讯飞**

1999年，26岁的中国科技大学博士二年级学生刘庆峰带领十几名同学创立科大讯飞。当时他们创业的初衷很简单，就是让机器设备像人一样能听会说。

科大讯飞创立的第一年，几乎颗粒无收。"我们到底要不要做语音？"团队中很多人提出疑问，有人说刘庆峰的团队不如做语音里面的服务器，甚至有人说不如做房地产。

刘庆峰却非常固执，科大讯飞只做他们喜欢而且能做的事情——中国乃至全球语音产业的龙头。2008年，科大讯飞在深交所上市，成为中国在校大学生创业的第一家上市公司。如今，在中国移动语音领域，科大讯飞是绝对的行业领头羊。面对外企和中国互联网企业的潜在竞争，科大讯飞也在积极寻求转型，在2B（面向机构）和2C（面向客户）中摸索前行。

目前，在2B领域，科大讯飞在教育、医疗、汽车和客服四个领域已经有不少积累和优势。刘庆峰认为，人工智能将不仅仅是替代简单重复的劳动，未来越来越多的复杂高级脑力活动均可以被人工智能替代。

## 二、创新精神的培养

### （一）对所学习或研究的事物要有好奇心

好奇心是创新精神的源泉。牛顿少年时期就有很强的好奇心，他常常在夜晚仰望天上的星星和月亮。星星和月亮为什么挂在天上？星星和月亮都在天空运转着，它们为什么不相撞呢？这些疑问激发着他的探索欲望。后来，他经过专心研究，终于发现了万有引力定律。好奇心包含着强烈的求知欲和追根究底的探索精神，要想创新，就必须有强烈的好奇心。正如爱因斯坦所说："我没有特别的天赋，只有强烈的好奇心。"

【量表测试】好奇心量表测试

## （二）对所学习或研究的事物要持怀疑态度

不要认为被人验证过的都是真理。许多科学家对旧知识的扬弃、对谬误的否定，无不是自怀疑开始的。怀疑是内在的创造潜能，它激发人们去钻研、去探索。只有对自己所学习或研究的事物持怀疑态度，才能另辟蹊径，寻找新的方向，追求新的目标，采用新的方法，从而实现创新。

## （三）对所学习或研究的事物要有求新欲望

如果没有强烈的追求创新的欲望，那么无论怎样谦虚和好学，最终都是模仿或抄袭，只能在前人划定的圈子里周旋。要创新，就要有强烈的创新欲望，并且坚持不懈地努力，勇敢面对困难，直到创新成功。

## （四）对所学习或研究的事物要有冒险精神

创造实质上是一种冒险，因为否定人们习惯了的旧思想可能会招致公众的反对。冒险不是那些危及生命和肢体安全的冒险，而是一种合理性冒险。只有具备了冒险精神，才能最大限度地挖掘自己的创造潜能。

## （五）对所学习或研究的事物要做到永不自满

一个有创新精神的人如果因取得一定的创新成果而止步，或者害怕去尝试另一种可能比这种创新成果更好的做法，或已习惯了一种成功的思想而不去产生新思想，那么这个人就会变得自满，就会停止创新。

### 案例 1-5　乔布斯——一位贴上"创新"标签的人

乔布斯是改变世界的天才，他凭敏锐的商业嗅觉和智慧，勇于变革，不断创新，引领全球资讯科技和电子产品的潮流，把计算机和电子产品不断变得简约化、平民化。

这个世界有不少伟大的创新创业者，但是能够在多个领域（计算机、操作系统、电信、音乐、动画）都有突破性创新的只有乔布斯一位。他把科技与艺术完美地结合，创造了世界上最优雅的产品之一，他不仅把苹果公司带到了一个全新的高度，也对全球IT（互联网技术）产业做出重大贡献。

"通过使计算机个人化并把互联网放入我们的口袋，他使信息革命不仅变得易懂，并且直观和有趣……他改变了我们的生活，重新定义了整个产业，他改变了我们看世界的方式。"美国总统奥巴马评价说，乔布斯是美国最伟大的创新家之一。

乔布斯重新定义了若干领域、若干产业；而乔布斯在以行动完成这些定义之前，其实早已完成了一个更为基础性的定义，那就是他使创新的定义更为丰富。在乔布斯的创新定义里，创造性地使用别人的成果也是一种创新，找到一种完美的体验也是一种创新。

基于这种"乔式"创新理念，乔布斯推出的产品改变了他所在的产业世界。他的音乐播放器 iPod、智能手机 iPhone 以及平板计算机 iPad 不仅打败了竞争对手，而且重新定义了三个领域：音乐、移动电话和个人计算机。乔布斯短短一生，给计算机、电影、互联网、音乐、手机等行业带来了颠覆性的创新，带来了最富有冲击力的变革。

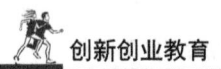

## 能力训练

**【能力训练1】测评创新潜质**

步骤1：根据自身实际情况，完成以下测试题。

下面的每道问题，如果符合你的情况，请在括号里打"√"，不符合的则打"×"（建议用时：20分钟）。

1. 你平时说话、写文章时总喜欢用比喻的方法。（   ）
2. 你在做事、观察事物和听别人说话时，能专心致志。（   ）
3. 你能全神贯注地做自己喜欢的事情。（   ）
4. 你并不认为权威或有成就者的某些观点一定正确。（   ）
5. 当你终于解决了一道难题或完成了一项任务时，总有种兴奋感。（   ）
6. 喜欢寻找各种事物存在的各种原因。（   ）
7. 观察事物时，向来都很认真，能够注意到细节方面。（   ）
8. 能够从别人的谈话中发现问题的所在。（   ）
9. 在进行带有创造性的活动时（如写作文、画画、做手工等）常常废寝忘食。（   ）
10. 能主动发现一些别人不在意的问题，并发现与问题有关的各种联系。（   ）
11. 业余时间都是在学习或琢磨问题中度过的。（   ）
12. 好奇心比较强烈。（   ）
13. 当对某一问题有了新发现时，总是感到异常兴奋。（   ）
14. 通常情况下，对事物能预测其结果，并能通过自己的研究得出结果。（   ）
15. 平常遇到困难和挫折时，表现的都很顽强。（   ）
16. 经常思考事物的不同于原来的新答案和新结果。（   ）
17. 有较强的洞察力，能够一针见血地指出关键问题。（   ）
18. 在解题或研究课题时，总喜欢在解题方法上求新、求异。（   ）
19. 遇到问题时能从多个角度、多个方面探索解决，而不是固定在一种思路上或局限在某一方面。（   ）
20. 脑子里总是能够涌现出一些新的想法，即使在游玩时也常能产生新的设想。（   ）

步骤2：评估学生成绩。

备注：打"√"得1分，打"×"得"0"分。得分是20分，就说明你的创新能力很强。得分16～19分，说明你具备了较强的创新能力。得分10～15分，说明你的创新能力一般，应加强培训。得分小于10分，那就说明你的创新能力较差，应加强培训。

步骤3：思考：如何激发创新潜质？

_____
_____
_____
_____
_____

【能力训练2】坚持勇敢探索

步骤1：分析《在权威圣圈面前》。

阅读以下案例，回答问题。

1900年，著名教授普朗克和儿子在自己的花园里散步，他神情沮丧，很遗憾地对儿子说："孩子，十分遗憾，今天有个发现。它和牛顿的发现同样重要。"他提出了量子力学假设及普朗克公式。他沮丧这一发现破坏了他一直崇拜并虔诚地信奉为权威的牛顿的完美理论。他最终宣布取消自己的假设。人类本应因权威而受益，却不料竟因权威而受害，由此使物理学理论停滞了几十年。

25岁的爱因斯坦敢于冲破权威圣圈，大胆突进，赞赏普朗克假设并向纵深引申，提出了光量子理论，奠定了量子力学的基础。随后，他又锐意破坏了牛顿的绝对时间和空间的理论，创立了震惊世界的相对论，成为一个更伟大的权威人物。

1. 你怎么评价普朗克和爱因斯坦？
_____
_____
_____

2. 看完这个故事后，你怎么理解勇敢探索？
_____
_____
_____

步骤2：收集名人勇于探索的故事，写出心得，制作成汇报课件。

1. 在网络、图书中查找勇于探索的故事，至少3个。
　(1) _____
　(2) _____
　(3) _____

2. 看完这些勇于探索的故事后，你有什么心得？
_____
_____
_____

# 模块二　创新思维

## ● 名人名言

如果把非逻辑思维视为形象思维，那么灵感思维就是顿悟，实际上是形象思维的特例。灵感的出现常常带给人们渴求已久的智慧之光。

——钱学森

思维世界的发展，在某种意义上说，就是对惊奇的不断摆脱。

——爱因斯坦

## ● 导读导学

创新思维是指以新颖独创的方法解决问题的思维过程。通过这种思维，能突破常规思维的界限，以超常规甚至反常规的方法、视角去思考问题，提出与众不同的解决方案，从而产生新颖的、独到的、有社会意义的思维成果。

## ● 思维导图

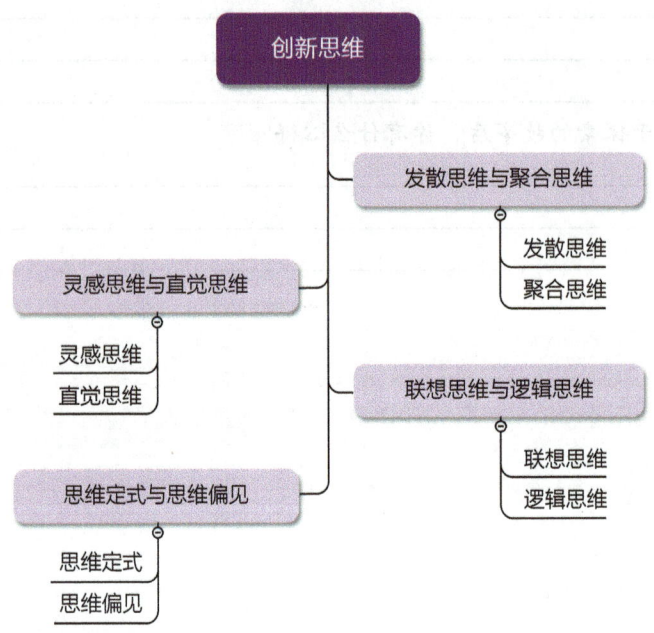

# 单元一　发散思维与聚合思维

**案例导读**

### 千人千眼千世界

一只杯子掉下来，碎了。

这可以是个什么问题呢？

1. 物理题：因为这是自由落体运动，多高才能碎呢？
2. 化学题：杯子里装着酒精，掉进了火堆里。
3. 经济题：那是刚买的杯子，如今碎了，还要再买一个。去取钱的时候，卡忘在了ATM机里。
4. 语文题：你让我太伤心了，伤得就如同这只杯子一样……
5. 社会问题：杯子从大厦楼顶掉下，砸死了一个人，引起骚乱，被定性为恐怖袭击。
6. 心理问题：那一声破碎的声音触动了一个女孩，于是她花了一下午的时间去查找"为什么噪声会让人紧张？"
7. 情感问题：那是男朋友送给自己的情侣杯，这将会造成一个感情风波。
8. 时间问题：杯子摔碎了，扰乱了心情，还要再买，直接提升了时间成本。
9. 历史问题：那是乾隆用过的杯子，有很多关于它的故事，是那些历史的唯一承载，如今破了，结果一件历史文物就这样彻底消失了。

一个简单的杯子碎了的现象在经过不同方向、不同视角的思考后，可以得出完全不一样的结论。

围绕一些事物展开联想，让大脑发散思维，这种训练无论是对记忆还是对从事文学、艺术、科研、发明创造、创新创业等均有益处，能够使人开阔思维，特别是在创业路上发掘更多的机会。随着知识经济时代的到来，创新能力的培养成为教育改革的重点，创新能力的核心决定因素就是发散思维能力。

## 一、发散思维

### （一）发散思维的概念和特点

**1. 发散思维的概念**

发散思维是指在创造和解决问题的思考过程中，从已有的信息出发，尽可能向各个方向扩展，不受已知的或现存的方式、方法、规则和范畴的约束，并且从这种扩散、辐射和求异式的思考中求得多种不同的解决办法，衍生出各种产生不同结果的思维方式。发散思维又称辐射思维、放射思维、扩散思维或求异思维。不少心理学家认为，发散思维是创造性思维最主要的特点，是测定创造力的主要标志之一。

【微课】创新思维是什么

2. 发散思维的特点

（1）流畅性　流畅性就是观念的自由发挥，指在尽可能短的时间内生成并表达出尽可能多的思维观念以及较快地适应、消化新的概念。机智与流畅性密切相关。流畅性反映的是发散思维的速度和数量特征。

（2）变通性　变通性就是克服人们头脑中某种自我设置的僵化的思维框架，按照某一新的方向来思索问题的过程。变通性需要借助横向类比、跨域转化、触类旁通，使发散思维沿着不同的方面和方向扩散，表现出极其丰富的多样性和多面性。

（3）独特性　独特性指人们在发散思维中做出不同寻常、异于他人的新奇反应的能力。独特性是发散思维的最高目标。

> **案例 2-1**
>
> **红罐王老吉销售成功的秘诀**
>
> 2003年，红罐王老吉的销售额比上年同期增长了近4倍，由2002年的1亿多元猛增至6亿元，并以迅雷不及掩耳之势冲出广东。之后几年销售额持续高速增长，2008年突破100亿元大关。这是为什么呢？
>
> 究其原因，是成美营销顾问公司运用了发散思维中的横向思维，对红罐王老吉重新做了品牌的定位。据说，管理层要把企业做大，找到了成美营销顾问公司，要其帮忙解决红罐王老吉在销售中的品牌定位问题。在这个阶段，成美营销顾问公司通过了解消费者认知，提出与竞争者不同的主张，大刀阔斧地开展了红罐王老吉品牌定位的推广战略，于是，"怕上火，喝王老吉"的主打广告推广策略让喝了可以预防上火的红罐王老吉红遍大江南北，给这个拥有175年历史的、带有浓厚岭南特色的产品带来了巨大的经济效益。
>
> 运用发散思维是人们提高解决问题效率的良好手段，也是进行创新活动的最重要的、最起码的要求之一。没有学会运用发散思维，就难以突破原有的思维定式，容易墨守成规而难于创新。发散思维法本身证明：创造的办法和点子是多样的，关键是我们要善于用发散思维的办法去寻找、去选择。

（二）发散思维主要表现形式

1. 立体思维

思考问题时跳出点、线、面的限制，进行立体式思维。如：立体绿化——屋顶花园增加绿化面积，减少占地面积，改善环境，净化空气；立体农业间作——在玉米地里种绿豆、高粱地里种花生等；立体森林——高大乔木下种灌木，灌木下种草，草下种食用菌；立体渔业——网箱养鱼，充分利用水面、水体。

2. 平面思维

以构思二维平面图形为特点的发散思维形式，如用一支笔和一张纸，一笔画出圆心和圆周。

3. 逆向思维

从相反方向思考问题的方法，也叫作反向思维。因为客观世界中许多事物之间甲能产生乙，乙也能产生甲。例如：化学能能产生电能。据此，意大利科学家伏打在1800年发明了伏打电池。反过来，电能也能产生化学能。通过电解，英国化学家戴维在1807年发现了钾、钠、钙、镁、锶、钡和硼等七种元素。如说话声音高低的变化能引起金属片相应的振动，而金属片的振动也可以引起声音高低的变化，爱迪生在对电话的改进中受此启发，发明制造了世界上第一台留声机。

在商业营销运作中，也常有逆向思维应用。如做钟表生意的都喜欢说自己的表准，而一个表厂的生产者却说他们的表不够准，每天会有 1 秒的误差，他们不但没有失去顾客，反而赢得顾客的信任。

### 4. 侧向思维

侧向思维是从与问题相距很远的事物中受到启示，从而解决问题的思维方式。

19 世纪末，法国园艺学家莫尼哀受植物的盘根错节启发发明了钢筋混凝土。

当一个人为某一问题苦苦思索时，在大脑里形成了一种优势，一旦受到其他事物的启发，就很容易与这个优势产生相联系的想法，从而解决问题。

### 5. 横向思维

相对于纵向思维而言的一种思维形式。纵向思维是按逻辑推理的方法直上直下的收敛性思维，而横向思维是当纵向思维受挫时，从横向寻找问题答案。正如时间是一维的、空间是多维的一样，横向思维与纵向思维则代表了一维与多维的互补。最早提出横向思维概念的是英国学者德博诺。他创立横向思维概念的目的是，针对纵向思维的缺陷，提出与之互补的、对立的思维方法。

### 6. 多路思维

解决问题时不是一条路走到黑，而是从多角度、多方面思考。这是发散思维最一般的形式（逆向、侧向、横向思维是其中的特殊形式）。

### 7. 组合思维

从某一事物出发，以此为发散点，尽可能多地与另一（或一些）事物联结成具有新价值（或附加价值）的新事物的思维方式。

## （三）发散思维的常用方法

### 1. 打破常规，弱化思维定式

法国生物学家贝尔纳说过："妨碍学习的最大障碍，并不是未知的东西，而是已知的东西。""创"与"造"两方面是有机结合起来的，"创"就是打破常规，"造"就是在此基础上生产出有价值、有意义的东西来。

### 2. 发挥想象力

德国著名的哲学家黑格尔说过："创造性思维需要有丰富的想象。"一位老师在课堂上给同学们出了一道有趣的题目——砖都有哪些用处？要求同学们尽可能想得多一些，想得远一些。马上有的同学想到了砖可以造房子、垒鸡舍、修长城；有的同学想到古代人们把砖刻成建筑上的工艺品。有一位同学的回答很有意思，他说砖可以用来打坏人。从发散性思维的角度来看，这位同学的回答应该得高分，因为他把砖和武器联系在一起了。

### 3. 淡化标准答案

只有在发散思维时尽可能多地给自己提一些"假如……""假定……""否则……"之

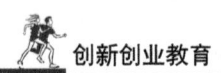

类的问题，才能强迫自己换另一个角度去思考，想自己或别人未想过的问题，学习知识要不唯书、不唯上，不迷信老师和家长，不轻信他人。

4. 大胆质疑

明代思想家陈献章说过："前辈谓学贵有疑，小疑则小进，大疑则大进。"质疑能力的培养对启发思维发展和创新意识具有重要作用，质疑常常是培养创新思维的突破口。

> **案例 2-2**
> 
> **贝尔实验的特点**
> 
> 美国朗讯公司的贝尔实验室培养了 11 位诺贝尔奖获得者，产生了不少改变世界的发明，很多理工科毕业生把进入贝尔实验室工作看作是一种无上的光荣。贝尔实验室作为世界一流的研发机构，它有什么特点呢？在贝尔实验室创办人塑像下镌刻着这样一段话：有时需要离开常走的大道，潜入森林，你就肯定会发现前所未有的东西。
> 
> 让我们也常常潜入"森林"，另辟蹊径，去发现、去领略前人从未见过的绮丽风光吧！这时，你就可以欢呼："啊，这片天地是我首先发现的，大家都来看吧！"

## 二、聚合思维

### （一）聚合思维的概念和特点

1. 聚合思维的概念

聚合思维是指从已知信息中产生逻辑结论，从现成资料中寻求正确答案的一种有方向、有条理的思维方式。聚合思维法又称求同思维法、集中思维法、辐合思维法和同一思维法等。聚合思维是把广阔的思路聚集成一个焦点的方法。它是一种有方向、有范围、有条理的收敛性思维方式，与发散思维相对应。聚合思维也是从不同来源、不同材料、不同层次探求出一个正确答案的思维方法。因此，聚合思维对于从众多可能性的结果中迅速做出判断进而得出结论是很重要的。

科学家通过对已有数据和信息的抽象、概括、判断和推理的思考过程，得出揭示某种事物规律的科学的结论；公安人员要通过各种勘察、侦查手段获取大量证明犯罪事实的信息，如现场印痕、作案时间、手法、物证和人证等，然后将这些已知的信息经过分析综合之后指向一个目标，用的都是这种思维方式。

2. 聚合思维的特点

（1）过程具有严谨性　聚合思维多次运用归纳和演绎、分析和综合、由抽象到具体等思维方法，在综合、评价、论证各种新设想以寻求最优方案的思维过程中，具有严谨的特点。

（2）思路具有归一性　聚合思维有一个明确的目标，就是要从众多设想中为所要解决的问题找出最优解决方案，一切思维活动都围绕这个中心来进行。聚合思维还要将思维发散得来的新奇设想进行综合，汲取各种设想的长处，形成更全面、更具有可行性的新方案。

（3）结论具有可论证性　聚合思维所得出的最优方案都是经过逻辑评价论证后得出的，否则不可能成为解决问题的最优方案。

### 案例 2-3

**发霉花生引发的联想**

1960年,英国某农场主为节约开支,用购进的一批发霉花生喂养农场的10万只火鸡和小鸭,结果这批火鸡和小鸭大都得病死了。1963年,澳大利亚又有人用霉花生喂养大白鼠、鱼、雪貂等动物,结果被喂养的动物也大都患病死了。研究人员从收集到的资料中得出一个结论:在不同地区,霉花生喂养的不同种类的动物都患病,因此霉花生是致病原因。后来又经过化验研究发现:霉花生内含有黄曲霉素,而黄曲霉素正是致癌物质,这就是聚合思维法的运用。

聚合思维法是人们在解决问题过程中经常用的思维方法。科学家在科学试验中,要从已知的各种资料、数据和信息中归纳出科学的结论;企事业单位进行合理化改革,要从许许多多方案中选出最佳方案等,都是运用了聚合思维方法。

### (二)聚合思维的常用方法

聚合思维法一般以汇总思路、集中思维为特征,利用已有的经验和既定的认识成果,在一定范围内,给出问题的解决方法。

【微课】聚合思维

**1. 聚焦法**

聚焦法就是人们常说的沉思、再思、三思,是指在思考问题时,有意识、有目的地将思维过程停顿下来,并将前后思维领域浓缩和聚拢起来,以便帮助人们更有效地审视和判断某一事件、某一问题或某一片段信息。由于聚焦法带有强制性指令色彩,可以从以下两方面运用该方法:一是可通过反复训练,培养定向、定点思维的习惯,形成思维的纵向深度和强大穿透力。犹如用放大镜把太阳光持续地聚焦在某一点上,就可以形成高热。二是经常对某一片段信息、某一件事、某一问题进行有意识的聚焦思维,自然会积淀起对这些信息、事件、问题的强大洞察力,以便最后顺利解决问题。

**2. 辏合显同法**

辏合显同法是聚合思维的一种方法,就是把所有感知到的对象依据一定的标准"聚合"起来,显示它们的共性和本质。

**3. 分析综合法**

人们在思考问题时,最初认识的仅仅是问题的表层(表面),是很肤浅的东西。然后,需要进行层层分析,向问题的核心一步一步地逼近,抛弃那些非本质的、繁杂的特征,以便揭示隐蔽在事物表面现象内的深层本质。

**4. 目标确定法**

确定搜寻目标(注意目标),进行认真观察,做出判断,找出其中的关键。围绕目标定向思维,目标的确定越具体、越有效。

### 案例 2-4

**徐光启与《除蝗疏》**

明朝时,江苏北部曾经出现了可怕的蝗灾,整片整片的庄稼被蝗虫吃掉,人们颗粒无收。徐光启看到人民的疾苦,想到国家的危亡,毅然决定研究治蝗之策。他搜集了自战国以来

2000多年间有关蝗灾情况的资料。在这浩如烟海的材料中,他发现蝗灾发生的时间是有规律的。在103次蝗灾中,发生在农历四月的有19次,发生在五月、六月、七月、八月的分别有12次、31次、20次、12次,其他月份共有9次。他确定了蝗灾大多发生在夏季炎热时期,以在六月发生的最多。另外,他从史料中发现,蝗灾大多发生在今河北南部、山东西部,河南东部,安徽、江苏两省北部。为什么多集中于这些地区呢?经过研究,他发现蝗灾与这些地区湖沼分布较多有关。他把自己的研究成果向百姓宣传,并且向皇帝呈递了《除蝗疏》。徐光启在构思《除蝗疏》的整个过程中,运用的思考方法就是辏合显同法。

## 能力训练

**【能力训练1】发散性思维导图制作**

用思维导图的形式,从姓名、性格、家庭、教育、兴趣爱好和职业等方面介绍自己。

第一步:画好中心图,采用自画像方式表现;

第二步:对个人信息进行分类;

第三步:细化分类信息,展开提取关键词;

第四步:完善分类,图像化。

_____

_____

_____

_____

**【能力训练2】发散性思维与聚合性思维综合训练**

1. 发散思维训练

随着信息化技术高速发展,在经济全球化的形势下,市场商业存在形态发生了巨大的变化。通过资料查找以及生活中的参与经验,请尽可能多地列出现代社会购物方式和购物平台,以及你认为未来还可能出现哪些购物方式。请将内容填入表2-1。

表2-1 现代社会购物方式分析

| 购物平台 | 购物方式 | 购物体验 | 未来购物方式 |
| --- | --- | --- | --- |
|  |  |  |  |
|  |  |  |  |
|  |  |  |  |
|  |  |  |  |

2. 聚合思维训练

通过对现代社会商业购物形式主题的研讨,分析常用的购物平台的优势和不足,阐述如何根据需要选择合适的购物平台和方式，实现对消费者不同产品采购的最优选择。请将分析结果填入表 2-2。

表 2-2 购物平台优势和不足分析结果

| 购物平台 | 优势 | 不足 | 使用情况 |
| --- | --- | --- | --- |
| 天猫 | | | |
| 淘宝 | | | |
| 京东 | | | |
| 每日一淘 | | | |
| 拼多多 | | | |
| …… | | | |

# 单元二　灵感思维与直觉思维

**案例导读**

### 德国化学家凯库勒发现苯的六角形结构

德国化学家凯库勒长期从事苯分子结构的研究。一天，由于他梦见蛇咬住了自己的尾巴形成环形而突发灵感，得出苯的六角形结构式。

1864 年冬天，他的科学灵感导致他获得了重大的突破。他曾记载道："我坐下来写我的教科书，但工作没有进展。我的思想开小差了，我把椅子转向炉火，打起瞌睡来了。原子又在我眼前跳跃起蛇咬尾的样子（见图 2-1），这时较小的基团谦逊地退到后面，我的思想因这类幻觉的不断出现变得更敏锐了。现在能分辨出多种形状的大结构，也能分辨出有时紧密地靠在一起的长行分子，它围绕、旋转，像蛇一样地动着。看！那是什么？有一条蛇咬住了自己的尾巴。这个形状虚幻地在我的眼前旋转着，像是电光一闪。我醒了，我花了这一夜的剩余时间，做出了这个假想。"

于是，凯库勒首次满意地写出了苯的结构式，指出芳香族化合物的结构含有封闭的碳原子环。它不同于具有开链结构的脂肪族化合物，苯环结构的诞生，是有机化学发展史上的一座里程碑。

图 2-1　蛇咬尾的样子

这个案例说明了什么？

灵感不是唯心的、神秘的东西，它是客观存在的，是思维的特殊形式，是一种使问题一下子澄清的顿悟。科学史上许多重大难题往往就是靠这种灵感的顿悟，奇迹般地得到解决的。所谓"众里寻他千百度，蓦然回首，那人却在，灯火阑珊处"，就是这样一种意境。

【微课】灵感思维

## 一、灵感思维

### （一）灵感思维的概念与特点

1. 灵感思维的概念

灵感思维是知识、信息等要素经过大脑潜意识思维激活后，瞬间产生出目标所需要的答案信息，并由潜意识向显意识闪电式飞跃的高能创新思维。它是人们在科学研究、科学创造、产品开发或问题解决过程中突然涌现，使问题得到解决的思维过程。灵感是过去从未有过的新思想、新念头、新主意、新方案和新答案，它产生于大脑对接收到的信息的再加工，储存在大脑中沉睡的潜意识被激发，即凭直觉领悟事物的本质。

灵感思维也称为顿悟。它是人们借助直觉启示所迸发的一种领悟或理解的思维形式。诗人、文学家的"神来之笔"，军事指挥家的"出奇制胜"，思想战略家的"豁然贯通"，科学家、发明家的"茅塞顿开"等，都说明了灵感的这一特点。它是在经过长时间的思索而问题没有得到解决，但是突然受到某一事物的启发，问题却一下子得到解决的思维方法。"十月怀胎，一朝分娩"就是这种方法的形象化的描写。灵感来自于信息的诱导、经验的积累、联想的升华和事业心的催化。

2. 灵感思维的特征

灵感思维是在无意识的情况下产生的一种突发性的创造性思维活动，它与形象思维和抽象思维相比，主要有以下特征：

（1）突发性　灵感往往是在出其不意的瞬间出现，使长期冥思苦想的问题突然得到解决。在时间上，它不期而至，突如其来；在效果上，突然领悟，意想不到。这是灵感思维最突出的特征。

（2）偶然性　灵感在什么时间可以出现，在什么地点可以出现，或在哪种条件下可以出现，都是人们难以预测且带有很大的偶然性的，往往给人以"有心栽花花不开，无心插柳柳成荫"之感。

（3）模糊性　灵感的产生往往是闪现式的，而且稍纵即逝。它所产生的新线索、新结果或新结论使人感到模糊不清。灵感思维所表现出的这些特征，从根本上说都是来自它的无意识性。

### 案例 2-5

#### "涮羊肉"的由来

传说"涮羊肉"起源于元代。700多年前，元世祖忽必烈统率大军南下远征，经过多次战斗，人困马乏，饥肠辘辘。忽必烈猛地想起家乡的菜肴——清炖羊肉，于是吩咐厨师杀羊烧火。正当厨师宰羊割肉时，探马突然气喘吁吁地飞奔进帐禀告，敌军大队人马追赶而来，离此仅有十里路。但饥饿难忍的忽必烈一心等着吃羊肉，他一面下令部队开拔，一面喊着:"羊肉!羊肉!"

吃清炖羊肉当然来不及了,可不能让主帅吃生羊肉,怎么办呢?厨师知道忽必烈性情暴躁,于是急中生智,飞快地切了一些薄肉,放在沸水里搅拌了几下,待肉色一变,迅速捞入碗中,撒上细盐、葱花和姜末,赶忙端了过去。

忽必烈将肉片送进口中,接连吃了几碗之后,挥手扔掉碗,翻身上马,率军迎敌,结果旗开得胜,生擒敌将。

在筹办庆功酒宴时,忽必烈特别点了战前吃的那道羊肉片。这回厨师精选了优质绵羊嫩肉,切成均匀的薄片,再配上多种作料,羊肉鲜嫩可口,将帅们吃后赞不绝口,忽必烈更是喜笑颜开。厨师忙上前说道:"此菜尚无名称,请帅爷赐名。"忽必烈一边涮着羊肉片,一边笑着答道:"我看就叫'涮羊肉'吧!"

从此,"涮羊肉"成了宫廷佳肴。清朝光绪年间,"涮羊肉"逐渐走向民间。

(二)灵感思维的主要表形式

1. 自悟型

自悟型灵感思维是指主体对于反复思考而尚未解决的问题,因某种偶然因素或潜意识信息启发而得到突然顿悟的心理状态。它有以下4种具体表现形式:久思未决,不期而至;长求不得,梦中惊成;自由遐想,水到渠成;急中生智,出奇制胜。如1863年的一场大水冲毁了休伦埠的全部交通通信设施,正当人们一筹莫展之时,爱迪生突然想到火车的汽笛,便用长短不同的汽笛声代替电码,向临近的车站发出一次次求援的"电报",附近火车站的报务员马上明白了一切,终于使洪水中绝望的全城人得到救援。直到今天,汽笛信号仍然是某些场合——如雾中航船的有效联络手段。

2. 外引型

外引型灵感思维则是以思维主体的累积知识为基础,以内在特定信息域的寻解定势为前提,在外界某些事物的刺激和诱导下,思维主体"灵机一动",刹那间打通解题思路,从而使长期悬而未决的课题有了理想答案或提供了新的解决线索。外引型灵感思维也有以下4种具体表现形式:原型启示,一拍即合;触类旁通,举一反三;见微知著,巧夺天工;巧遇新迹,顺手牵羊。如美国的莫尔斯从邮政系统通行驿站换马受到启示,发明了电信中继站,有效地解决了信号衰弱和消除噪声问题。可以看出,这种灵感方式就是把表面上毫不相干的两件事沟通起来,进行类比分析,从而发现新的解决问题的方式。

(三)灵感思维的常用方法

1. 观察分析

在进行科技创新活动的过程中,自始至终都离不开观察分析。观察不是一般的观看,而是有目的、有计划、有步骤、有选择地去观看和考察所要了解的事物。通过深入观察,可以从平常的现象中发现不平常的东西,可以从表面上貌似无关的东西中发现相似点。在观察的同时必须进行分析,只有在观察的基础上进行分析,才能引发灵感,形成创造性的认识。

2. 启发联想

新认识是在已有认识的基础上发展起来的,旧与新或已知与未知的连接是产生新认识的关键。因此，要创新，就需要联想，以便从联想中受到启发，引发灵感，形成创造性的认识。

3. 实践激发

实践是创造的阵地，是灵感产生的源泉。在实践激发中，既包括现实实践的激发，又包括过去实践体会的升华。各项科技成果的获得，都离不开实践需要的推动。在实践活动的过程中，迫切解决问题的需要，就促使人们去积极地思考问题，废寝忘食地去钻研、探索。科学探索的逻辑起点是问题，因此，在实践中思考问题、提出问题、解决问题，是引发灵感的一种好方法。

4. 激情冲动

激情冲动能够调动全身心的巨大潜力去创造性地解决问题，可以增强注意力、丰富想象力、提高记忆力、加深理解力，从而使人产生强烈的、不可遏止的创造冲动，并且表现为自动地按照客观事物的规律行事。这种自动性是建立在准备阶段反复探索的基础之上的。这就是说，激情冲动也可以引发灵感。

5. 判断推理

判断与推理有着密切的联系，这种联系表现为推理由判断组成，而判断的形成又依赖于推理，推理是从现有判断中获得新判断的过程。因此，在科技创新的活动中，对于新发现或新产生的物质的判断，也是引发灵感进而形成创造性认识的过程。所以，判断推理也是引发灵感的一种方法。

上述几种方法是相互联系、相互影响的。在引发灵感的过程中，不是只用一种方法，有时是以一种方法为主，其他方法交叉运用的。

> **案例 2-6** **阿基米德在浴室里找到了辨别王冠真假的方法**
>
> 叙拉古国王怀疑其定做的金王冠被工匠掺假，于是命令阿基米德去检验是否掺假，但是又不能破坏王冠。阿基米德在面临"结构复杂的金冠是否用同等重量的白银掺假"问题时百思不得其解。他知道金与银的密度不同，同重的金与银体积也不同，要想知道金冠中是否含有同等重量的白银时，阿基米德很清楚解决问题的关键就是测知金冠的体积。用怎样的办法才能测出结构复杂的金冠体积呢？当他带着问题跨入浴缸时，看到浸入水中的身体与浴缸溢出的水，就想到两者体积相同，即刻得出了测量金冠体积的办法：把金冠置入水中，被金冠排开的水的体积就是金冠的体积。阿基米德运用的是一种跳跃性的灵感思维，凭灵感不仅巧妙地解决了"王冠掺假之谜"，还进一步推理、验证，最终发现了今天众所周知的浮力定律。

## 二、直觉思维

### （一）直觉思维的概念和特点

1. 直觉思维的概念

直觉思维是指人在现有知识、经验的基础上，凭感觉直观地把握事物的本质和规律，迅速解决问题或对问题做出某种猜想或判断的思维活动。直觉思维也称非逻辑思维，它是一种没有完整的分析过程与逻辑程序，依靠灵感或顿悟迅速理解并做出判断和结论的思维活动。

直觉思维不是按照通常的逻辑规则按部就班地进行的，它既不是演绎式的推理，也不是归纳式的概括。直觉思维主要依靠想象、猜测和洞察力等非逻辑因素，去直接把握事物的本质或规律。它不受形式逻辑规则的约束，常常是打破既有的逻辑规则，提出一些反逻辑的创造性思想，如爱因斯坦提出的"追光悖论"，它也可能压缩或简化既有的逻辑程序，省略中间烦琐的推理过程，直接对事物的本质或规律做出判断。

### 案例 2-7

**居里夫人**

居里夫人在深入研究铀射线的过程中，凭直觉认为铀射线是一种原子的特性，除铀外，还会有别的物质也具有这种特性。她马上扔下对铀的研究，决定检查所有已知的化学物质，不久就发现另外一种物质——钍，也能自发发出射线，与铀射线相似。居里夫人提议把这种特性叫作放射性，铀和钍这些有这种特性的元素就叫作放射性元素。这种放射性使居里夫人着了迷，她检查全部的已知元素，发现只有铀和钍有放射性。于是她又开始测量矿物的放射性。最后在一种不含铀和钍的矿物中测量到了新的放射性，而且这种放射性比铀和钍的放射性要强得多。她大胆地假定：这些矿物中一定含有一种放射性物质，它是今日还不知道的一种化学元素。有一天，她对姐姐布罗妮雅说："你知道，我不能解释的那种辐射，是由一种未知的化学元素产生的，这种元素一定存在，只要去找出来就行了！我确信它存在！我对一些物理学家谈到过，他们都以为是试验的错误，并且劝我们谨慎，但是我深信我没有弄错。"在这种信念的驱使下，居里夫人终于和她丈夫一起发现了新的放射性元素：钋和镭。居里夫人两次荣获诺贝尔奖。

**2. 直觉思维的特点**

直觉思维具有自由性、灵活性、自发性、偶然性和不可靠性等特点。从培养直觉思维的必要性来看，直觉思维有以下主要特点：

（1）简约性　直觉思维是对思维对象从整体上考察，调动自己的全部知识经验，通过丰富的想象做出敏锐而迅速的假设、猜想或判断。它省去了一步一步分析推理的中间环节，而采取了"跳跃式"的形式。它是一瞬间的思维火花，是长期积累的一种升华，是思维者的灵感和顿悟，是思维过程的高度简化，但是它却清晰地触及事物的"本质"。

（2）创造性　直觉思维是基于对研究对象整体上的把握，不拘泥于细节的推敲，是思维的大手笔。正是由于思维的无意识性，它的想象才是丰富的、发散的，使人的认知结构向外无限扩展，因而具有反常规的独创性。

（3）自信力　高斯在小学时就能解决问题"1+2+……+99+100=？"，这是基于他对数的敏感性的超常把握，这对他一生的成功产生了不可磨灭的影响。成功可以培养一个人的自信，直觉发现伴随着很强的自信心。相比其他的物质奖励和情感激励，这种自信更稳定、更持久。当一个问题不用通过逻辑证明的形式而是通过自己的直觉获得，那么成功带给他的震撼是巨大的，内心将会产生一种强大的学习钻研动力，从而更加相信自己的能力。

**案例 2-8**　　　　　　　　　　　"J"粒子的发现

美籍华裔物理学家丁肇中在谈到"J"粒子的发现时写道:"1972年,我感到很可能存在许多有光的而又比较重的粒子,然而理论上并没有预言这些粒子的存在。我直观上感到没有理由认为这种较重的发光的粒子(简称重光子)也一定比质子轻。"这就是直觉。正是在这种直觉的驱使下,丁肇中决定研究重光子,他因此而获得诺贝尔物理学奖。

### (二)直觉思维的常用方法

直觉思维能把埋藏在潜意识中的思维成果同显意识中所要解决的问题相联系,从而使问题得到突发式、顿悟式的解决。直觉思维是人类的一种基本思维方式,它在人类的创新与发展中具有十分特殊的重要意义。

#### 1. 对事物产生崭新的认识

在认识过程中,认识主体的思维定式妨碍着人们对事物本质和规律的把握。思维定式包括权威定式、习惯定式、从众定式和书本定式等。人的思维一旦形成定式,就使人难以从客观实际出发,去正确认识事物的本质和规律,而倾向于以权威的思想为标准,从书本知识出发,从习惯、经验出发,从而在人的思维与客观事物之间形成一道巨大的屏障,使人们难以正确发现事物的本质和规律。创新的关键是突破思维定式,突破原有的知识排列和组合关系,在以往知识经验的基础上产生大胆、丰富的想象,进而迸发出灵感和顿悟,取得创新成果。爱因斯坦就善于运用直觉思维,突破用力学说明一切的思维定式,即从牛顿的"绝对时间"和"绝对空间"中解放出来,确立起"相对时间"和"相对空间"的观念,进而创立了狭义相对论,完成了物理学的伟大革命。

#### 2. 大胆提出假说和猜想

在面临一个课题或解决一道难题时,人们往往先对其结果作大致的估量与猜测,然后再对这个结果进行实验验证或逻辑论证,这就是直觉思维中的模糊估量法。这种直觉思维方法是思维主体依据以往的知识经验,凭借自身的直觉判断能力,大致、模糊地估量某一课题的研究结果,并大致选择研究方案。这种模糊估量法能够帮助研究者形成一种总体的、战略性的眼光,有利于把握研究的总方向。

#### 3. 从总体上把握认识对象而不拘泥于某个具体细节

在科学创造活动中,对研究对象进行整体把握是非常重要的。因为在知识经验的基础上提出某一具有创新性的理论或思想时,不可能对未来的新理论的细枝末节考虑得非常清楚,也不可能对日后的实验验证或逻辑论证设想得很周到,所以,在创新的开始阶段只能对事物进行整体把握。如果一开始就陷入暂时无法解决的细节问题,支离破碎地去考虑问题,而缺乏对问题的整体把握,那样就很可能在细枝末节的问题中迷失方向,使当初的新奇思路被淹没掉,最终失去创新的灵感。

**案例 2-9**　　　　　　　　　　　大陆漂移说

1910年德国地质学家魏格纳在家卧床养病,百无聊赖,便通过观看墙壁上挂着的一幅世界地图来消磨时光。看得时间长了,他突然发现大西洋两岸大陆的海岸线十分相似,如果把它们拼起来，非洲西部和南美洲东部就十分吻合，简直像一块完整的大陆。于是他凭直觉大胆猜想，非洲和南美洲原来是连在一起的，后来由于某种原因分开，沿水平方向各奔东西，中间便形成了大西洋，这就是著名的"大陆漂移假说"。魏格纳当时的这种猜想是十分模糊的，还受到了许多人的嘲笑，甚至他自己也认为不太可能而一度放弃研究。但正是这种模糊的估量和猜想，揭示了大陆和海洋成因研究的战略方向，引发了一场地球科学的革命。后经他本人和众多科学家艰苦卓绝的研究与验证，这个起源于模糊估量的"大陆漂移说"已经得到科学界大多数人的认同。

## 能力训练

**【能力训练1】灵感的产生**

步骤1：阅读资料。

灵感的产生需要为之创造一定的条件，如明确问题、储备知识、深入思考和暂时搁置等。而诱发灵感也有一些较常用的方法，如联想、触发和醒悟等。

爱因斯坦采用的"奥林匹亚科学院法"，就是几个人共进晚餐，边吃边争议问题，这些争议对爱因斯坦的创意起了很大的作用。与此类似，物理学家劳厄和控制论的创始人维纳也都很喜欢采用这样的形式来诱发灵感，捕捉新思想的火花。

步骤2：开展诱发灵感游戏。

同学们按3～5人分组，在给定时间内，围绕一定主题，采用头脑风暴形式，边谈边争议问题，诱发灵感，捕捉新思想。到时间后，各组派代表阐述本小组诱发了什么新想法。

_____
_____
_____
_____
_____
_____

**【能力训练2】小游戏——贴牌**

步骤1：准备道具：一副扑克牌（抽走大小王）。

步骤2：按照规则开展游戏。

1. 一人抽一张牌，贴在额头上，不许看自己的牌面，但能看到周围人的牌面。A最大，2最小，同一个点数，花色从大到小依次为黑桃、红桃、梅花、方块。此时，大家开始依次根据别人的牌面和表情，猜测自己牌点是不是最小的。如果觉得自己最小，可以放弃，接受轻微惩罚，但不许看牌面，游戏继续进行。直到大家都不放弃时亮牌，点数最小者受罚。

2. 游戏的关键在于捕捉大家初次看周围人牌时的瞬间表情和眼神。当然，如果演技够精湛，绝对可以做到"以眼神害人"。

# 单元三　联想思维与逻辑思维

> **案例导读**　　　　　　　　"克隆羊"的启示
>
> 　　根据"克隆羊"多利得到的启示，一家德国玩具公司推出一项新项目——顾客只要将一张孩子的彩照和一份反映孩子特征的表格寄给公司，该公司便会给他做一个和照片一模一样的玩具娃娃，取名为"孪生姐妹（孪生兄弟）"。这项目一推出，立马收到大量的订单，生意火爆。
> 　　请问这家玩具公司的做法得益于什么思维形式？

## 一、联想思维

### （一）联想思维的定义与特征

#### 1. 联想思维的定义

联想思维是指人脑记忆表象系统中，由于某种诱因导致不同表象之间发生联系的一种没有固定思维方向的自由思维活动。主要思维形式包括幻想、空想和玄想。其中，幻想，尤其是科学幻想，在人们的创造活动中具有重要的作用。

联想是打开记忆之门的钥匙。人的头脑中储存着大量的信息，它原本可以绰绰有余地应付各种各样的问题，但是随着时间的推移和人类的遗忘规律，这些信息会渐渐地被人们淡忘，在头脑中会变得模糊杂乱、支离破碎，甚至回忆不起来，很难被利用。联想能帮助我们挖掘出潜意识深处的种种信息，把它们之间的联系在头脑中再现出来。

联想思维是记忆大师们最为推崇的记忆方式。例如，当我们看到"风扇"与"大楼"这两个词时，我们通常的联想是"风扇吹向大楼"，这种联想比较合理，但太普通，不容易形成深刻的印象。如果运用奇象联想，想象成"风扇把一座大楼吹倒"，因为情节比较离奇，是现实中不可能发生的事情，反而会给人留下很深刻的印象，不容易忘记。所以，奇象联想是最有效的联想方式之一，能更好地帮助我们记忆。

#### 2. 联想思维的特点

（1）**连续性**　联想思维的主要特征是由此及彼，连续不断地进行，不仅仅是直接的，也可以是间接形成的联想链，而联想链的首尾两端往往是风马牛不相及的。

（2）**形象性**　联想思维呈现方式十分生动，具有鲜明的形象，因为联想思维是形象思维的具体化，其基本的思维操作单元是表象，是一幅又一幅的画面。

（3）**概括性**　联想思维可以不顾及其细节如何，在较短时间内把联想到的思维结果呈现在联想者的眼前。它是一种整体把握的思维操作活动，具有很强的概括性。

每个词语可以同10个左右的词语直接发生联想关系，那么第一步就有10次联想的机会（即有10个词语可供选择），第二步就有10×10次机会，第三步就有10×100次机会……依此类推，联想为我们思维运行提供了无限广阔的天地。

### （二）联想思维的形式

1. 相似联想

相似联想又叫类似联想，是指由某一事物或现象想到与它类似的其他事物或现象，进而产生某种新设想。它分为形状相似、结构相似、功能相似和性质相似。

【案例分享】相似联想案例集

**案例 2-10**

**太阳锅巴的产生**

西安宝石轴承厂厂长李照森及其夫人发明的锅巴片获得了国家专利，其生产技术已在十多个国家和地区获得专利权。太阳牌系列食品已成为风靡全国、跻身国际市场的名牌产品。仅 1990 年，西安太阳食品集团的食品销售量高达 25000 多吨，销售收入达 15 亿元。

一次偶然的机会，李照森陪客人到西安饭庄进餐，发现人们对一道用锅巴做原料的菜肴极感兴趣，于是引发了以下联想："锅巴能作菜肴，为什么不能成为一种小食品呢？""美国的土豆片能风靡全球，作为烹饪大国的中国，为什么不能创造出锅巴小吃打出国门呢？"

接着就是试制、成功、投产和走俏。之后，联想进一步展开，既然搞成了大米锅巴，当然还可以用其他原料做别样风味的锅巴。一时间，小米锅巴、五香锅巴、牛肉锅巴、麻辣锅巴、孜然锅巴、海味锅巴、黑米锅巴、果味锅巴、西式锅巴、乳酸锅巴、咖喱锅巴和玉米锅巴等不一而足。既然锅巴畅销，那么类似于锅巴特征的食品也相继问世，如虾条、奶宝、麦圈、菠萝豆等。

2. 接近联想

接近联想是指根据事物之间在空间或时间上的彼此接近进行联想，进而产生某种新设想的思维方式，包括空间接近联想、时间接近联想等。

**案例 2-11**

**面包订单**

国外一家公司既经营鲜牛奶又经营面包、蛋糕等食品。这家公司出售的牛奶质优价廉，每天都能在天亮以前将牛奶送到订户门前的小木箱内。牛奶的订户不断增多，公司获利越来越大。可是这家公司经营的面包、蛋糕虽然也物美价廉，但门市部所在的地段较偏僻，来往的行人不多，营业额还是不够理想。该公司老板从牛奶订户不断增多的事实中感受到，这是一个很大的消费群体，于是他不断地左思右想，终于想出一个投资不大而又宣传效果极佳的推销面包、蛋糕的好方式——设计、印制一种精美的小卡片，正面印各种面包、蛋糕的名称和价格，卡片的背面是订货单，可填写需要的品种、数量、送货时间及顾客的签名。每天把它挂在牛奶瓶上送给订户，第二天再由送奶人收走，第三天便能将所订的面包、蛋糕等食品随同牛奶一起送到订户家中。在之前，订户们都要自己上街去买面包、蛋糕，不但费时费事，往往还要一次买够几天的需要量，这必然影响到面包、蛋糕的新鲜程度。再者，公司为订户所送的面包、蛋糕，其价格总是比从街上零售店买的要便宜一些。公司老板通过这样有意识地运用接近联想而想出的这种推销面包、蛋糕的办法，既扩大了销路，增加了盈利，又不失一种便民利民之举。

## 3. 对比联想

对比联想是指根据事物之间存在着的互不相同或彼此相反的情况进行联想，从而引发某种新设想的思维方式。例如，黑与白、写与擦、大与小、水与火、黑暗与光明、温暖与寒冷。

对比联想又可分为下列几种：
1）从性质属性的对立角度进行对比联想。
2）从优缺点角度进行对比联想。
3）从结构颠倒角度进行对比联想。
4）从物态变化角度进行对比联想。

### 案例 2-12　"卡介苗"的诞生

20世纪初，法国有两位细菌学家卡默德和介兰（见图2-2），他们共同试制成功了预防结核菌的人工疫苗，又称"卡介苗"。

卡默德和介兰从玉米的退化联想到：如果把毒性强烈的结核杆菌一代代培养下去，他们的毒性是否也会退化呢？用已退化了毒性的结核杆菌再注射到人体中，不就可以既不伤害人体，也能使人体产生免疫力了吗？两位科学家足足花了13年的时间，终于成功培育了第230代被驯服的结核杆菌。作为人工疫苗，用于预防结核病的疫苗叫"卡介苗"。

图2-2　卡默德和介兰

## 4. 连锁联想

连锁联想是指根据事物之间这样或那样的联系，一环紧扣一环地进行联想，从而引发出新的设想。

### 案例 2-13　布扎拉与康熙铁箱钥匙

当年康熙皇帝为了将珍宝分门别类地装起来，曾命人打造了10个大铁箱。每只铁箱各配了一把不同型号的锁，每把锁各有两把相同的钥匙。康熙挑选了10个可靠的大臣，一人发给一把钥匙，要他们各自保管一个铁箱。另外那10把钥匙则由康熙亲自保管。没过多久，康熙就感到这样很不方便。因为这10个大臣并不是天天都同时在他身边，当他需要取出某件珍宝时，负责保管那个铁箱的大臣可能偏偏不在。有一天，康熙要求众大臣在不另配钥匙的前提下，想出一个好办法：无论什么时候，叫到任何一个保管钥匙的大臣，都能很快、很方便地取出任何一件珍宝。大臣们一个个皱着眉头想了很久，谁也没能想出这样的好办法来。这时，一个叫布扎拉的小太监向康熙禀告说，他想出了一个办法。

布扎拉想出的办法是将康熙掌握的那10把钥匙，同10个大铁箱上的那10把锁，一一对应地分别编为1至10号。然后把第1号钥匙放在第2号铁箱里，第2号钥匙放在第3号铁箱里，……，依此类推（第10号钥匙则放在第1号铁箱里）。这样，负责保管铁箱的任何一个大臣，用自己掌握的那一把钥匙，都能很快、很方便地打开与其对应的铁箱，然后，再用打开的铁箱中的钥匙，去依次逐一打开其他的铁箱，直到最后取出所需要的珍宝为止。

## 二、逻辑思维

### （一）逻辑思维的定义与特征

逻辑思维也称为抽象思维或垂直思维，是人们在认识过程中借助于概念、命题、判断和推理等形式，运用分析、综合、归纳和演绎等方法，对丰富多彩的感性事物进行去粗取精、去伪存真、由此及彼、由表及里的加工制作以反映现实的过程。

**案例 2-14　　　　　　　　国王与反对者的对话**

> 有位残暴的国王，有一次抓到一个反对他的人，心里想要将其处死，但表面上还装出仁慈的样子："让上帝来决定这个可怜人的命运吧，我允许他在临刑前说一句话，如果他讲的是真话，那么他将受刀斩；如果他讲的是假话，那么他将被绞死；只有他的话使我缄默不言，那才是上帝的旨意——让我赦免他。"在国王这番冠冕堂皇的话语背后，有他的如意算盘——尽管话是由你说的，但判定真假还是由我，所以，该刀斩还是绞死不就是凭我一句话嘛。请你想一想，反对者应该说句什么话，才能救自己一命呢？

我们运用逻辑推理的知识分析这句话，国王如果判定这句话是真话，那么反对者当处刀斩。然而，反对者说的是自己"将被绞死"，因而显然不能算为真话。

如果国王判为假话，那么按说假话的规定，反对者将被绞死，但反对者恰恰就是说自己"将被绞死"，这表明他的话是真话。因此，也不能将反对者的话定为假话。

国王不能自圆其说，为了顾全自己的面子，只好放了反对者。

### （二）逻辑思维的特征

**1. 间接性**

逻辑思维是来源于感性认识的理性认识，这种理性认识是借助于大量的感性材料，经过大脑的去伪存真、由表及里、由此及彼的加工之后形成的对客观事物的本质认识。因此，逻辑思维具有间接性。

【量表测试】逻辑思考能力自测

**2. 概括性**

逻辑思维撇开感性认识中个别的、次要的、具体的特征，而依据客观事物一般的、共同的、主要的、本质的特征形成概念。逻辑思维对客观事物的全面反映过程，形成逻辑概念的过程，就是逻辑思维概括反映现实的过程。

### （三）逻辑思维的形式

**1. 形式逻辑思维**

形式逻辑思维又叫普通逻辑思维，是指撇开具体的思维内容，仅从形式结构上研究概念、判断、推理及其联系的逻辑体系。它是以保持思维的确定性为核心，帮助人们正确地思考问题和表达思想。

**2. 数理逻辑思维**

数理逻辑思维是以形式逻辑为基础，发展而来的新的逻辑思维形式。数理逻辑无论在深度上还是在广度上都进一步推进了传统逻辑,使它更加精确和严密。因为数理逻辑使用了数学的语言和符号,揭示了事物之间的数量关系,对传统自然科学、计算机科学、控制技术、信息科学和生物科学等学科的发展具有重要的意义。

3. 辩证逻辑思维

辩证逻辑思维就是按照辩证唯物主义哲学对客观世界的认识方法和思维方式。它的思维原则主要有:全面性原则、动态性原则、实践性原则和具体性原则。

## 能力训练

【能力训练1】联想思维训练

步骤1:完成提高联想思维速度训练题。

给定两个词或两个物,然后通过联想在最短的时间里由一个词或物想到另一个词或物。

【例】钢笔—月亮:钢笔—书桌—窗帘—月亮。

(1) 猫—人。

_____

(2) 茅草—西瓜。

_____

(3) 算盘—地球。

_____

步骤2:完成提高联想数量训练题。

给定一个词或物,然后由这个词或物联想到其他更多的词或物,在规定的时间内,想得越多越好。

(1) 请在1分钟内说出家电产品的名称。

_____

(2) 请在1分钟内尽可能多的说出形容"好看"的词。

_____

步骤3:完成"焦点"联想训练题。

在具体思维过程中,可围绕"焦点",通过接近联想、相似联想、对比联想等,组成一个完整的联想思维过程。

请对"钢笔"分别进行接近联想、相似联想、对比联想。

_____

【能力训练2】逻辑思维训练

根据要求,完成以下练习题。

1. 从所给的4个选项（见图2-3）中，选择（　　）填入问号处，使之呈现一定的规律性。

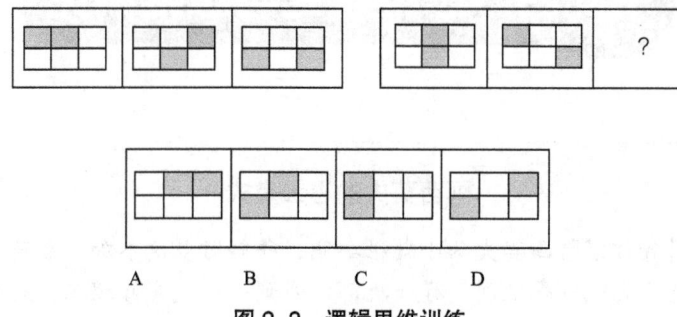

图2-3　逻辑思维训练

2. 在8个同样大小的杯中有7杯盛的是凉开水，1杯盛的是白糖水。你能否只尝3次，就找出盛白糖水的杯子来？

_____
_____
_____

3. 一个人花8块钱买了一只鸡，9块钱卖掉了，然后他觉得不划算，花10块钱又买回来了，11块卖给另外一个人。问他赚了多少？

_____
_____
_____

4. 陈奕迅有首歌叫《十年》，吕珊有首歌叫《3650夜》。那现在问，十年可能有多少天？

_____
_____
_____

5. 屋里有3盏灯，屋外有3个开关，一个开关仅控制一盏灯，屋外看不到屋里怎样。有人只进屋一次，就知道哪个开关控制哪盏灯，为什么？

_____
_____
_____
_____

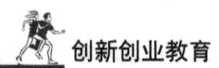

# 单元四　思维定式与思维偏见

> **案例导读**
>
> 阿西莫夫的思维定式
>
> 　　世界著名的科普作家阿西莫夫从小就很聪明，年轻时多次参加"智商测试"，得分总在160分左右，属于天赋极高之列。有一次，他遇到一位汽车修理工，是他的老熟人。修理工对阿西莫夫说："嗨，博士！我来考考你的智力，出一道思考题，看你能不能回答正确。"
>
> 　　阿西莫夫点头同意。修理工便开始说思考题"有一位聋哑人，想买一根钉子，就来到五金商店，对售货员做了这样一个手势——左手食指立在柜台上，右手握拳做出敲击的样子。售货员见状，先给他拿来一把锤子，聋哑人摇摇头。于是售货员就明白了，他想买的是钉子。聋哑人买好钉子，刚走出商店，接着进来一位盲人。这位盲人想买一把剪刀，请问盲人会怎样做？"
>
> 　　阿西莫夫顺口答道："盲人肯定会这样——"他伸出食指和中指，做出剪刀的形状。听了阿西莫夫的回答，汽车修理工开心地笑起来，"哈哈，答错了吧！盲人想买剪刀，只需要开口说买剪刀就行了，他为何要做手势呀？"
>
> 　　这个小故事体现了年轻时的阿西莫夫的思维定式，在获得"聋哑人通过手势买钉子"的思考经验后，想当然地将盲人买剪刀的行为通过手势进行表达，而忽略了盲人可以通过言语表达的能力。这种阿西莫夫式思维定式在人类社会、生活、学习与实践的各个领域表现成巨大的思维定式障碍。一方面，思维定式有着巨大好处，它使人们的学习、生活、工作明快，社会高度有序化；另一方面，思维定式的固定、程序化等模式又阻碍科技的发展，尤其是在创造中，思维定式往往形成了创造性思维的障碍，极大地影响着人们创造力的发挥。

## 一、思维定式

### （一）思维定式的定义与特征

1. 思维定式的定义

所谓的思维定式，就是按照积累的思维活动经验和已有的思维规律，在反复使用中所形成的比较稳定的、定型化了的思维路线、方式、程序和模式，在感性认识阶段也称作"刻板印象"。

2. 思维定式的特征

（1）趋向性　当各种各样的问题出现时，人们会产生将情境归结为熟悉的问题情境的趋向，表现为思维空间的收缩，带有集中性思维的痕迹。如学习立体几何，应强调其解题的基本思路，即空间问题转化为平面问题。

（2）常规性　思维定式具有一种形式化结构。如学因式分解，必须掌握提取公因式法、十字相乘法、公式法、分组分解法等常规的方法。

（3）程序性　程序性是指解决问题的步骤要符合规范化要求，要求清清楚楚、步步有据、格式合理，否则就会乱套。

(二) 思维定式的类型

1. 习惯性思维定式

习惯性思维定式会导致人们无意识地犯错误。虽然习惯性思维能够解决一些简单的问题，也可能会节省时间，但对于比较复杂的问题如果也使用习惯性思维，就会使我们犯错，或者在面对新问题时一筹莫展。

> **案例 2-15**　　　　　　　　　　　"毛毛虫"实验
>
> 法伯是法国著名的科学家。他曾做过一个著名的"毛毛虫"实验。
>
> 实验基础：这种毛毛虫有一种"跟随者"的习性，总是盲目地跟随着前面的毛毛虫走。
>
> 实验过程：法伯把一些毛毛虫放在一个花盆的边缘上，首尾相接，围成一圈，并在花盆周围不到 6 英寸的地方撒了一些毛毛虫最爱吃的松针。毛毛虫开始一个跟一个，绕着花盆一圈又一圈地走。一小时过去了，一天过去了，毛毛虫们还不停地坚忍地团团转。
>
> 实验结果：又过了六天六夜，它们终于因为饥饿和精疲力竭而死去。
>
> 经验总结：实验结束后，法伯在笔记中写下了这样一句耐人寻味的话："在这么多毛毛虫中，其实只要有一只稍与众不同，便立刻会避免死亡的命运。"习惯成自然，在大脑中形成的观念最不容易改变，毛毛虫如此，你我均如此。

2. 直线型思维定式

直线型思维定式又叫经验型思维定式，是指一种单维的、定向的、视野局限、思路狭窄和缺乏辩证性的思维方式，但同时也被认为是以最简洁的思维历程和最短的思维距离直达事物内蕴最深层次的一种思维方式。养成了直线型思维习惯的人普遍认为，是即是，非即非。他们往往对是中有非、非中有是，对中有错、错中有对，失败中包含成功、成功中包含失败等情况无法理解。

3. 权威型思维障碍

在我们的思维中经常会有意无意地遵从权威人士的想法，许多人习惯于引证权威的观点，一味地认为权威的言论、看法就是真理，一旦发现与权威相违背的观点或理论，便想当然地认为是错误的。

权威型思维障碍的形成主要是通过两条途径：一是领导权威。对于多数干部而言，尊重领导是基本的行为准则，这本身并没有错，但现实生活中过于迷信领导就会出现问题。二是专业权威。由于时间、精力和客观条件等方面的限制，人一生中通常只能在一个或少数几个专业领域内拥有精深的知识，而对于其他大多数领域则知之较少甚至全然不知，这就是古人"闻道有先后，术业有专攻"的道理。尊重某一领域的权威本身没有错，然而这并不代表权威说的都是正确的，尊重不能演变为迷信，正如国画大师齐白石所说的"学我者生，似我者死。"

4. 从众型思维定式

从众是指个人的观念与行为由于群体的引导或压力，向与多数人一致的方向变化的现象。

它的产生有对事物本身认识模糊,群体人数多、内聚力强,个体在群体中的地位与能力低等情境方面的原因,也有智力低、情绪不稳定、缺乏自信、害怕权威等个性方面的原因。

有从众型思维定式的人,一般会使用前人及他人的思维成果、思维方法、思维模式、思维形式和思维习惯,常把任何对大众的审视和做出的改变都视为"不正常"。

**案例2-16**

### 阿希实验

阿希实验是研究从众现象的经典心理学实验,它是由美国心理学家所罗门·阿希设计实施的。

阿希要大家做一个非常容易的判断——比较线段的长度。他拿出一张画有一条竖线的卡片,然后让大家比较这条线和另一张卡片上的3条线中的哪一条线等长。判断进行了18次。事实上这些线条的长短差异很明显,正常人是很容易做出正确判断的。

然而,在两次正常判断之后,5个假测试者故意异口同声地说出一个错误答案。于是许多真测试者开始迷惑了,到底是坚定地相信自己的眼力呢,还是说出一个和其他人一样、但自己心里认为不正确的答案呢?

从总体结果看,有33%的人判断是从众的,有76%的人至少作了一次从众的判断,而在正常的情况下,人们判断错的可能性还不到1%。当然,还有24%的人一直没有从众,他们按照自己的正确判断来回答。

5. 书本型思维定式

书本定势是指盲目崇拜书本知识,把书本知识当作框框,束缚自己的思考,而看不到书本知识与现实世界之间的巨大反差。

书上没有说的不敢做,书上说不能做的更不能做,读书比自己多的人说的话都是"金科玉律",不能怀疑。一味地迷恋和盲从"书本",这就是书本型思维定式。

## 二、思维偏见

### (一)思维偏见的定义

思维偏见指以不客观或不全面的信息为根据,形成对人或事物的一种片面甚至错误的看法。人的判断打上了自身经验、地位、利益、知识、文化及阶层等印记,这些干扰使你所感知到的事物不自觉地偏离了事实。在生活中以及创造活动中,思维偏见会影响人们对事物的客观观察和判断,要留心各种思维偏见,从而减少思维上的错误。

**案例2-17**

### 驴子背盐的寓言

一头驴子背盐渡河,在河边滑了一跤,跌在水里,那些盐溶化了。驴子站起来时,感到身体轻松了许多。驴子非常高兴,获得了经验。后来有一回,它背了棉花,以为再跌倒时可以同上次一样。于是,当驴子走到河边的时候,便故意跌倒在水中。可是棉花吸收了水,驴子非但不能再站起来,而且一直向下沉,直到淹死。

我们能够看得出,驴子被淹死的很重要的一个原因是它机械地套用了经验,受了经验偏见思维的影响。德波诺在《实用思维》一书中饶有兴味地描述了一种常见的社会现象:

"在僻静的乡村，村里最漂亮的姑娘会被村民当作世界上最美的人（维纳斯），在看到更漂亮的姑娘之前，村里的人难以想象出还有比她更美的人。"在村里，它是真理，在全世界，它就是偏见。

（二）思维偏见的类型

1. 经验偏见

经验偏见指人们在自己的经验里生活和思考，不愿接受经验以外的事实或超出经验的想象而形成偏颇。

2. 沉锚效应

沉锚效应指的是人们在对某人某事做出判断时，易受第一印象或第一信息支配，就像船锚一样把人的思想固定在某处。鉴于第一信息在人的脑海里是比较鲜明的，有优先效应，要避免受沉锚效应的影响而扭曲了事实或是不愿接受后来的信息，这样会限制创新思维的开放性。

【微课】抛弃思维偏见

3. 位置偏见

位置偏见指处在不同位置上的人因看问题的角度不同而产生偏颇。每个人都生活在一定的社会坐标体系中，自己的社会角色、工作岗位及所处年龄段等都会影响如何看待事物。例如，作为行人，觉得开车的驾驶人很霸道，有敌对情绪；当行人也成了驾驶人，则觉得行人很讨厌。

4. 利益偏见

利益偏见指由于存在利益关系，无意识中做出有利于自己的认识，产生对公正的微妙的偏离。这是一种超越理性的、不知不觉的观点偏移。

## 能力训练

【能力训练】突破创新思维障碍，提升创新能力

步骤1：跳出"框框"。

用一条直线一笔连接所有的9个点，直线不能重复也不能中断（见图2-4）。

图2-4 能力训练题配图

步骤 2：实战挑战：穿越 A4。

1.任务：全体同学在规定的 15 分钟内从一张 A4 纸中间穿过

2.规则

1）整个过程中纸不能发生断裂。

2）穿过纸时大家必须一起穿过，不能单个穿过。

3）若纸发生断裂，任务宣布失败。

4）纸不能利用其他物品粘补。

步骤 3：思考总结。

1.大家认为这个项目有难度吗？难在哪里？你们是怎样解决的？

_____
_____
_____

2.任务开始后为什么场面很混乱，不知道该做什么？

_____
_____
_____

3.这个项目给我们的启示是什么？

_____
_____
_____

# 模块三　创新方法

● **名人名言**

对于创新来说，方法就是新的世界，最重要的不是知识，而是科学而正确的思路。
——郎加明

如果你要成功，你应该朝新的道路前进，不要跟随被踩烂了的成功之路。
——约翰·洛克菲勒

● **导读导学**

物理学家李政道曾说"能正确地提出问题就是迈出了创新的第一步"，笛卡儿认为"最有价值的知识是关于方法的知识"，地质学家李四光曾说"一些陈旧的、不结合实际的东西，不管那些东西是洋框框还是土框框，都要大力地把它们打破，大胆地创造新的方法、新的理论，来解决我们的问题"。德国哲学家黑格尔认为"方法是任何事物所不能抗拒的、最高的、无限的力量"。无论从事什么工作，都需要有恰当的方法，从事创新活动更不例外。

方法创新是创新能力的最重要组成部分，一个人有了很好的创新思维，而没有正确的创新方法，也不可能形成创新方案。因此，掌握创新方法的知识和技能，对于培养人们的创新能力具有重要作用。所谓创新方法，就是人们根据创新思维的发展规律总结出来的一些原理、技巧和方法。至今世界上已经开发出300多种创新方法，本章主要探讨奥斯本检核表法、头脑风暴法、分析列举法和组合创新法等四种创新方法。

● **思维导图**

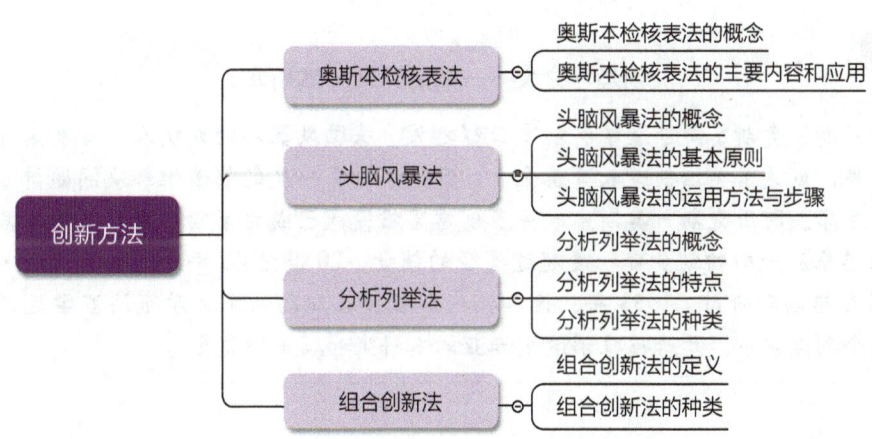

# 单元一　奥斯本检核表法

## 案例导读

### 紫外线的发现

夏日的一天，丹麦科学家芬森在阳台乘凉，看见家里的猫躺在地上晒太阳，每当身上晒不到太阳的时候，它就挪到有阳光的地方接着晒。芬森不由发出了一个疑问：这么热的天，猫为什么还要晒太阳呢？这中间有什么问题？好奇心驱使他上前观察，原来猫身上有一处正在化脓的伤口。他又提出一个问题：猫是不是利用阳光在治疗它的伤口呢？难道阳光里有什么我们没有发现的东西？于是，他开始对阳光进行研究和实验，终于从中发现了一种肉眼看不见的光线——紫外线，就是它有杀菌和治疗体外创伤的功效。后来，紫外线被广泛地应用于医疗领域。芬森也因此在1930年获得了诺贝尔医学奖。

正所谓发明千千万，起点是一问。提出疑问是突破思维定式的开始，是迈出创新活动的第一步。现代创造学的奠基人奥斯本设计了检核表法，后人又据此发展出和田十二法、5W2H法，以引导人们发问，进而提出创新设想。

那么什么是奥斯本检核表法？如何具体运用呢？

## 一、奥斯本检核表法的概念

奥斯本检核表法又称检核表法、设问检查法或分项检查法，它引导主体在创意思考过程中对照9个方面的问题进行思考，以便启发思路、开拓想象空间，促进人们产生创意、新方案的方法。它是创造学界最有名、最受欢迎的创意思考方法之一。

【微课】掌握
创新技法

检核表的设计特点之一就是多向思考，用多条提示引导人们进行发散思考。奥斯本创造的检核表法中有9个问题，就好像有9个人从9个角度帮助你思考，使人们突破了不愿提问或不善提问的心理障碍，在进行逐项检核时，强迫人们把思路打开，突破旧的思考框架，有利于开拓思路，提升发现创意的机会。

## 案例 3-1

### 创造学之父——阿历克斯·奥斯本

阿历克斯·奥斯本是创造学和创造工程之父、头脑风暴法的发明人，是美国著名的创意思维大师，创设了美国创造教育基金会，开创了每年一度的创造性解决问题讲习会，并任第一任主席。阿历克斯·奥斯本的许多创意思维模式已成为家喻户晓的常用方式，所著《创造性想象》一书的销量曾一度超过圣经的销量。20世纪40年代，阿历克斯·奥斯本在其公司发起创新研讨。1953年，他和帕内斯教授在纽约州立大学布法罗学院创办了世界上第一个创造学系，开始招收创造学专业的本科生和硕士研究生。

## 二、奥斯本检核表法的主要内容和应用

奥斯本检核表法主要针对现有事物的特性，从 9 个方面着手进行提问，即能否他用、能否借用、能否改变、能否扩大、能否缩小、能否代替、能否调整、能否颠倒、能否组合，见表 3-1。

表 3-1　奥斯本检核表法

| 序号 | 检核项目 | 含　义 |
| --- | --- | --- |
| 1 | 能否他用 | 现有的事物有无其他的用途；保持不变能否扩大用途；稍加改变有无其他用途 |
| 2 | 能否借用 | 能否引入其他的创造性设想；能否模仿别的东西；能否从其他领域、产品、方案中引入新的元素、材料、造型、原理、工艺和思路 |
| 3 | 能否改变 | 现有事物能否做些改变，如在颜色、声音、味道、式样、花色、音响、品种、意义和制造方法等方面；改变后效果如何 |
| 4 | 能否扩大 | 现有事物可否扩大适用范围；能否增加使用功能；能否添加零部件；能否延长使用寿命，增加长度、厚度、强度、频率、速度、数量和价值 |
| 5 | 能否缩小 | 现有事物能否体积变小、长度变短、重量变轻、厚度变薄以及拆分或省略某些部分（简单化）；能否浓缩化、省力化、方便化和短路化 |
| 6 | 能否代替 | 现有事物能否用其他材料、元件、结构、力、设备、方法、符号和声音等代替 |
| 7 | 能否调整 | 现有事物能否变换排列顺序、位置、时间、速度、计划和型号；内部元件可否交换 |
| 8 | 能否颠倒 | 现有的事物能否从里外、上下、左右、前后、横竖、主次、正负和因果等相反的角度颠倒过来用 |
| 9 | 能否组合 | 能否进行原理组合、材料组合、部件组合、形状组合、功能组合和目的组合 |

**1. 能否他用**

它指的是现有产品有无其他用途，保持不变能否扩大用途，稍作改革有没有其他用途？现有的发明，能否引入其他的创造性设想？或者有没有可以借用的其他创造发明成果？有没有在其他地方见过类似的发明？如果稍作改革可以扩大现有产品的用途，如果现有发明可以引入其他的创意，那么就有可能孕育、发明出新的东西，或者创意。

**2. 能否借用**

它指的是在现有产品领域内能否引入其他领域的创造性设想，或者直接引入其他领域具有类似用途的发明？外界是否有相似的想法可被借鉴？过去有无类似东西，有什么东西可供模仿？谁的东西可供模仿？现在的发明能否引入到其他的创新设想之中？这些提问有助于使发明向广度和深度发展，从而形成系列发明产品。

**3. 能否改变**

它指的是现有的东西是否可以作某些改变？改变一下会怎么样？可否改变一下形状、颜

色、味道？是否可改变一下型号、模具、运动形式等？改变之后，效果又将如何？这种方法看起来很简单，但却非常有效。

4. 能否扩大

它指的是现有的东西能否扩大使用范围？能不能增加一些东西？能否添加部件、拉长时间、增加长度、提高强度、延长使用寿命、提供价值、加快转速？

5. 能否缩小

它指的是现有产品可否密集、压缩、浓缩、聚束？可否微型化？可否缩短、变窄、去掉、分割、减轻？如袖珍型收音机、微型计算机、折叠伞等就是缩小的产物。

6. 能否代替

它指的是能否更换一下先后顺序？是否可以找到能够部分或全部代替现有产品及其功能的产品或零部件？是否可用其他型号？可否改成另一种安排方式？原因与结果能否对换位置？能否变换一下日程？更换一下，会怎么样？

7. 能否调整

它指的是可否变换？有无互换的成分？可否变换模式？可否变换布置、顺序？可否变换操作工序？可否变换因果关系？可否变换速度或频率？可否变换工作规范？如飞机诞生的初期，螺旋桨安排在其头部，后来，将它安装到了顶部，成了直升机。说明通过重新安排可以产生种种创造性设想。

8. 能否颠倒

它是一种反向思考的方法，在创造活动中是一种颇为常见和有用的思考方法，指的是现有发明可否颠倒？可否颠倒正负？可否颠倒正反？可否头尾颠倒？可否上下颠倒？可否颠倒位置？可否颠倒作用？例如，英国科学家法拉第就是把当时已证明的"电流能够产生磁"的原理颠倒过来，实现了"磁能变成电"的设想，从而发明了世界上第一台发电机。

9. 能否组合

它指的是现有的几种发明是否可以重新组合？可否混合、合成、配合、协调、配套？可否把物体、目的、特性或观念组合？人们常常把某种新的科学技术同各种方法组合起来，如发现超声波技术后，人们就创造了超声波研磨法、超声波焊接法、超声波切割法、超声波理疗法和超声波洗涤法等。

例如，运用奥斯本检核表法提出关于手电筒的创新设计思路，见表3-2。

表3-2 手电筒的创新设计思路——奥斯本检核表法的运用

| 序号 | 检核项目 | 引出的发明 |
| --- | --- | --- |
| 1 | 能否他用 | 其他用途：信号灯、装饰灯 |
| 2 | 能否借用 | 增加功能：加大反光罩，增加灯泡亮度 |
| 3 | 能否改变 | 改一改：改灯罩、改小电珠和用彩色电珠等 |
| 4 | 能否扩大 | 延长使用寿命：使用节电、降压开关 |
| 5 | 能否缩小 | 缩小体积：1号电池→2号电池→5号电池→7号电池→纽扣电池 |

(续)

| 序号 | 检核项目 | 引出的发明 |
|---|---|---|
| 6 | 能否代替 | 代替：用发光二极管代替小电珠 |
| 7 | 能否调整 | 换型号：两节电池直排、横排，改变式样 |
| 8 | 能否颠倒 | 反过来想：不用干电池的手电筒，用磁电机发电 |
| 9 | 能否组合 | 与其他组合：带手电的收音机、带手电的钟等 |

## 案例 3-2　和田十二法

（一）和田十二法概念

和田十二法又叫"和田创新法则"（和田创新十二法），即指人们在观察、认识一个事物时，可以考虑是否可以采用的12种变换方法。和田十二法是我国学者许立言、张福奎在奥斯本检核表法的基础上，借用其基本原理并加以创造而提出的一种思维技法。它既是对奥斯本检核表法的一种继承，又是一种大胆的创新。比如，其中的"联一联""定一定"等，就是一种新发展。同时，这些技法更通俗易懂、简便易行、便于推广。

1) 加一加　加高、加厚、加多、组合等。
2) 减一减　减轻、减少、省略等。
3) 扩一扩　放大、扩大、提高功效等。
4) 缩一缩　压缩、缩小、微型化。
5) 变一变　变形状、颜色、气味、音响、次序等。
6) 改一改　改缺点、改不便、改不足之处。
7) 联一联　原因和结果有何联系，把某些东西联系起来。
8) 学一学　模仿形状、结构、方法，学习先进。
9) 代一代　用别的材料代替，用别的方法代替。
10) 搬一搬　移作他用。
11) 反一反　能否颠倒一下。
12) 定一定　定个界限、标准，能提高工作效率。

如果按这12个"一"的顺序进行核对和思考，就能从中得到启发，诱发人们的创造性设想。所以，和田技法和检核表法都是一种打开人们创造思路，从而获得创造性设想的"思路提示法"。

（二）和田十二法案例应用

和田十二法由于简洁、实用，深受学生及工人的欢迎。我国普及这种方法以来已取得了丰硕的成果，下面用实例进行说明。

1. 加一加

南京的一位小学生发现，上图画课时，既要带调色盘，又要带装水用的瓶子，这样很不方便。她想，要是将调色盘和水杯"加一加"，变成一样东西就好了。于是，她提出了将可伸缩的旅行水杯和调色盘组合在一起的设想，并将调色盘的中间与水杯底部刻上螺纹，这样，可涮笔的调色盘便产生了。

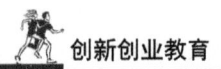

### 2. 减一减
一名少年见爸爸装门扣时要拧6颗螺钉，觉得很麻烦。他想减少螺钉数目，提出了这样的设想：将门扣的两边条弯成卷角朝下，只要在中间拧上一颗螺钉便可固定。这样的门扣只要两颗螺钉便可固定了。

### 3. 扩一扩
在烈日下，家长抱着孩子还要打伞，实在不方便，能不能特制一种专用的长舌太阳帽，这种长舌太阳帽的前边帽檐大到足够为大人、孩子遮阳使用呢？现在已经有人制作出了这种长舌太阳帽，很受家长们的欢迎。

### 4. 缩一缩
石家庄市第一中学的王同学发现地球仪携带不方便，他想，如果地球仪不用时能把它压缩、变小，携带就方便了。他想，如果用制作塑料球的办法制作地球仪就可以解决这个问题。用塑料薄膜制的地球仪，用的时候把气吹足，放在支架上，可以转动；不用的时候把气放掉，一下子就缩得很小，携带就方便了。

### 5. 变一变
河南省洛阳市第二中学的王同学看到漏斗灌水时常常被气泡堵住，使得水流不畅。他想，若将漏斗下端口由圆变方，那么往瓶里灌水时就能流得很畅快，也用不着总要提起漏斗了。

### 6. 改一改
一般的水壶在倒水时，由于壶身倾斜，壶盖易掉，成都的一名中学生想了个办法，克服了水壶的这个缺点。他将一块铝片铆在水壶柄后端，但又不太紧，使铝片另一端可前后摆动。灌水时，壶身前倾，壶柄后端的铝片也随之向前摆，而顶住了壶盖，使它不能掀开。水灌完后，水壶横放，铝片随之后摆，壶盖又能方便地打开了。

### 7. 联一联
澳大利亚曾发生过这样一件事，在收获季节里，有人发现一片甘蔗田里的甘蔗产量提高了50%。这是由于甘蔗栽种前一个月，有一些水泥洒落在这块田地里。科学家们分析后认为，是水泥中的硅酸钙改良了土壤的酸性而导致甘蔗的增产。这种将结果与原因联系起来的分析方法经常能使我们发现一些新的现象与原理，从而引出发明。由于硅酸钙可以改良土壤的酸性，于是人们研制出了改良酸性土壤的"水泥肥料"。

### 8. 学一学
江苏省的学生臧某某做了一个十分有趣的试验，让猫和狗怕小鸡。他十分巧妙地运用了学一学的方法。事情经过是这样的：村子里许多人都养了猫和狗，这些猫和狗总是想偷吃小鸡。臧某某的妈妈也买来了小鸡，但放在哪里都不放心。臧某某想，要是能让猫和狗主动不来就好了。一天，他上学时，看到一群飞舞的蜜蜂。他想，人比蜜蜂大多了，可是人怕蜜蜂，因为怕蜂蜇。那么能不能学一学蜜蜂的办法，让猫和狗怕小鸡呢？他做了别出心裁的试验，他右手抓起一只小鸡，让鸡头从手的虎口处伸出来，拇指与食指捏着一枚缝衣针，针尖在鸡的嘴尖处稍露出一点。然后，他抓来猫、狗，用藏在鸡嘴下的针尖去扎猫或狗的鼻子、嘴，每天扎十几次。连扎三四天后，他发现猫和狗见到小鸡就怕。他成功了。

### 9. 代一代
山西省阳泉市小学生张某某发明的按扣开关正是用代一代的方法发明的。张某某发现家中有许多用电池作电源的电器没有开关，使用时很不方便。他想出一个"用按扣代替开关"的办法：他找来旧衣服和鞋上面无用的按扣，将两片分别焊上两根电线头。按下按扣，电源就接通了；掰开按扣，电源又切断了。

10. 搬一搬

上海市大同中学生刘某某在参加夏令营时，感到带饭盒不方便，他很想发明一种新式的便于携带的面盆。他看到家中能伸缩的旅行茶杯，又想到了充气可变大、放气可缩小的塑料用品。他想按照这些物品制造的原理，设计一个旅行杯式的饭盒或是充气饭盒。可是，他又觉得这些设想还不够新颖。他陷入了冥思苦想之中。一天，他偶然看到一个铁皮匣子，是由十字状铁皮将四壁向上围成的。他想，我也可以将5块薄板封在双层塑料布中，用时将相邻两角用揿钮揿上，5块板就围成了一个斗状饭盒。这样，一个新颖的折叠式旅行饭盒就创造出来了。

11. 反一反

洗衣机的脱水缸的转轴是软的，用手轻轻一推，脱水缸就东倒西歪。可是，脱水缸在高速旋转时非常平稳，脱水效果很好。当初设计时，为了解决脱水缸的颤抖和由此产生的噪声问题，工程技术人员想了许多办法，先加粗转轴，无效，后加硬转轴，仍然无效。最后，他们利用逆向思维，弃硬就软，用软轴代替了硬轴，成功地解决了颤抖和噪声两大问题。这是一个由逆向思维而诞生的创造发明的典型例子。

12. 定一定

定出界限、标准，能提高工作效率。它是按照人类社会活动规范创造发明新事物的方法。为了保证人类社会生活的正常进行，必须有一定的规范。人们对涉及社会生活的事物做出一定的规定，并按照这些规定实现创造发明。例如，上海市昌邑小学科学小组用这种方法发明了"读写姿势红绿灯"，用简单的器具矫正小学生读书写字的姿态，保持读写的规范姿态，有利于保护视力。此外，对于一种产品，企业在设计、管理、工艺、产品定型等方面制定了一定的章程和标准，保证产品的质量、数量、品种，这也是创造。

如果按这12个"一"的顺序进行核对和思考，就能从中得到启发，诱发人们的创造性设想。所以，和田十二法和检核表法都是打开人们创造思路、获得创造性设想的思路提示法。多年的实践证明，上述12种技法是相当有效的、具有推广价值的创新方法，特别是对于小发明、小创造尤其适用。

## 能力训练

【能力训练】"能否他用"的创新

作为世界上首个发明并使用纸币的国家，中国正引领全球支付体系迈入新时代。曾经的"出行在外，腰包必带"变成了"一机在手，走遍天下"。截至2018年上半年，我国手机网上支付用户规模已达5.69亿人，有半数以上的网民在线下实体店购物时使用智能手机支付。截至2018年，全国的第三方移动支付市场规模达到了190.5万亿元。英国《金融时报》在对比了中美两国市场研究机构的数据之后发现，早在2016年中国移动支付的市场规模已经接近于美国的50倍。新加坡总理李显龙访华时感叹，在电子支付领域走在前沿的中国，已

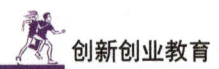

开始让新加坡感到"落后"的压力。中国的发展本身就是一个极大的创新。中国的移动支付还在不断创新发展。刷脸支付、指纹支付、声波支付……更加便捷的支付方式让世界的目光转向中国。

夜光粉是一种发光材料,过去多用于钟表和仪器。后来人们扩大了它的用途,设计出了夜光玩具、夜光壁画、夜光项链、夜光钥匙扣和夜光棒等。还有人研制了夜光纸,将其裁剪成各种形状,贴在夜间或停电后需要指示其位置的地方,如电器开关处、公路转弯处和楼梯扶手上等,这是材料的他用。

请同学们仔细阅读以上创新实例,沿着功能他用、材料他用的思路,尝试将互联网功能及一些特殊材料用在其他地方。

## 单元二　头脑风暴法

### 案例导读

**未来的电风扇**

中国机械冶金建材工会举办的一次合理化建议和技术革新工作研讨班,运用智力激励法思考"未来的电风扇"。36个人在半小时内提出173条新设想。其中典型的设想有带负离子发生器的电扇、全遥控电扇、智能式电扇、理疗电扇、驱蚊虫电扇、激光幻影式电扇、催眠电扇、变形金刚式电扇、熊猫型儿童电扇、老寿星电扇、解忧愁录音电扇、恋爱气氛电扇、烘干电扇、太阳能电扇、美容电扇、木叶片仿自然风电扇、解酒电扇、吸尘电扇、床头电扇、台灯电扇、去潮湿电扇、笔记本式袖珍电扇及台灯电扇等。

一般来说,创造性思维越多,发明方法也越多,成功的可能性也就越大。

想一想:本案例是如何运用智力激励法找到更多方案的?

### 一、头脑风暴法的概念

头脑风暴法(Brain-Storming)简称 BS 法,又名智力激励法、脑轰法、畅谈会法等。其发明者是美国创造学家阿历克斯·奥斯本,即奥斯本检核表法的发明人。

头脑风暴法是运用群体创造原理，通过召开智力激励会的形式，充分发挥集体创造力来解决问题的一种创新思维方法。通过激发每个人的直觉、灵感和想象力，让大家在和睦、融洽的气氛中自由思考。

智力激励的核心是"集智"和"激智"。"集智"就是把众人的智慧集中起来，其基础是相信人人都有创造力。"激智"就是把众人潜在智慧激发出来。国外有人曾对 38 次智力激励会议提出的 4356 条设想进行分析，有 1400 条设想是在别人的启发下获得的。一些科学测试也证实，在集体联想时，成年人的自由联想能力可以得到较快提高，而且在集体竞争时，人的心理活动效应可以得到较大增强。由于智力激励法的种种特别规定和方法技巧，能形成一种有益于激励而不会压抑创造力的气氛，使与会者能够自由思考，任意遐想，并在相互启发中引出更多、更新颖的创造性设想。

## 二、头脑风暴法的基本原则

### （一）自由思考原则

要求与会者尽可能地解放思想，无拘无束地思考问题，不必介意自己的想法是否荒唐可笑，不允许用集体提出的意见来阻碍个人的创造性思维。

### （二）延迟评判原则

会议期间绝对不允许批评别人提出的设想，任何人不能做判断性的结论。等大家畅谈结束后，再组织有关人士来分析。美国心理学家经过试验后发现：采用延迟评判，在集体思考问题时可多产生 70% 的新设想，在个人思考问题时可多产生 90% 的新设想。

### （三）以量求质原则

参加会议人员不分上下级，平等相待，提出的设想越多越好，各类设想不分好坏，一律记录下来，以大量的设想来保证质量较高设想的存在。

### （四）结合改善原则

与会者要仔细倾听别人的发言，注意在他人启发下及时修正自己不完善的设想或将自己的想法与他人的想法加以综合，再提出更完善的创意或方案。

### （五）限时限人原则

会议通常限定时间为 20 分钟到 1 个小时，人数为 10 人左右。时间太长，容易疲劳、松弛；人数太多则不易集中，有些人发言机会少。反之，时间太短、人数太少则信息激励联想反应不充分，难以获得大量的设想。

## 三、头脑风暴法的运用方法与步骤

### （一）会前准备

根据要解决的问题，选择会议主持人，确定设想的议题，确定参加会议的人员。

#### 1. 选好会议主持人

智力激励会开展的效果如何与主持人有很大关系，所以应选好主持人。主持人一般应具

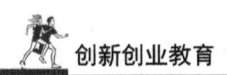

备以下条件：一是熟悉智力激励法的基本原理与召开智力激励会的程序与方法，有一定的组织能力。二是对所要解决的问题有比较明确的理解，以便在会议中作启发诱导。三是能坚持智力激励会规定的原则，以充分发挥激励作用机制。四是能灵活地处理会议中出现的各种情况，以保证会议按规定程序进行到底。

*2. 确定会议主题*

根据要解决的问题，由问题提出者与主持人共同分析研究来确定本次智力激励会的议题。确定议题时，必须把握好两条，一是议题要集中，不得分散；二是议题明确，不许含糊。遇到较为复杂和重大的技术创造问题，要视其复杂程度、结构层次或组成部分，酌情分解为若干专门议题，通过多次互激设想活动逐个解决。议题越专门化，互激思考就越能深入、越具体。头脑风暴法适宜解决比较单一的问题。

*3. 确定与会的人员*

一是与会人数。与会人数要合理，一般以 5～15 人为宜。人数过少会造成知识面过窄，难以达到知识互补；人数过多，使思维的目标分散，无法保证与会者充分发表设想。情绪的激昂或者消沉都会影响人的思维活动，直接关系到思考和设想的质量和效率。二是人员的专业构成。参与智力互激人员的专业构成要合理，应根据议题内容确定，要有代表性，要保证大多数与会者熟悉议题，适当吸收外行参加，突破专业思考的约束。参加互激设想的人员，代表性愈强，设想到的问题就愈周全。三是人员的知识水准。同一次激励会，尽量注意与会人员知识水准的同一性，即学历、资历、级别和职称等尽量一致。四是尽量吸收有实践经验的人参加。

*4. 确定举行互激设想活动的地点和日期*

为了提高会议的效果，使与会人员思想上有所准备，提前酝酿解决问题的设想。应该给与会人员提前下达书面通知，写明会议内容及背景、开会时间和地点等。

（二）热身活动

准备工作安排就绪后，即可召集参加智力激励会的人员进入会场。为了激发创造性思考的气氛，使与会者把精力集中到会议上来，可安排一些热身活动。热身活动的形式可多样化，可以通过看有关创造的录像、回答脑筋急转弯问题、讲一个创造技法灵活运用的小故事等，使大家的思维活跃起来。

（三）明确问题

主持人首先向与会者说明会议必须遵守的四项基本原则，该原则最好事先写成大标题，贴在显眼的地方。然后，简明扼要、带有启发性地向大家介绍有关问题的最低数量信息，使与会者对所要解决的问题有明确的全面了解。介绍不要过多，更不要把自己的初步设想和盘托出，以免形成限制框架。主持人以启发为原则，诱导与会者提出自己的创意，并在会议出现停滞时及时引导。

（四）自由畅谈

在遵守会议规定的四项原则的前提下，所有人员都要始终针对议题，能够精心思考、大胆设想、自由发言，造成一种高度激励的气氛，使与会者突破思维障碍和心理约束，实现知识互补、信息刺激、情绪鼓励。会议时间不宜过长或太短，一般在 30 分钟到 1 个小时。

## （五）加工整理

这是对智力激励会所得各种创意或设想的优选阶段。通过对提出的所有设想进行分析、研究、评价和选择，筛选出可行设想，进一步完善后，作为解决问题的方法、答案、措施或方案。具体方法可遵循实用性原则、创造性原则、科学性原则、现实可能性原则对发明创造问题进行分析、评价和选择。

### 案例 3-3　"破核桃机"的构思

德国一家公司要设计一台破核桃机，要求破出的核桃仁是较完整的两半，为此召开智力激励会议进行讨论。

主持人：如何从核桃中获得较完整的两半核桃仁，要求又多、又快、又好。

甲：平常在家里用牙嗑、用手掰、用门夹、用锤子砸、用钳子夹。

乙：应该把核桃按大小分类，分别放到压力机上挤压。

丙：可以把核桃蘸上某些物质、粉末，使它们变成同样大小的圆球，放在压力机上挤压，可以不分类（发展了一种设想）。

主持人：大家再想一想，用什么样的力才能把核桃砸开，用什么办法才能得到这些力？

甲：需要加一个集中挤压力，用某些东西去冲击核桃，或者用核桃去冲击某些东西，就能产生这种力。

乙：可以用气动机枪射核桃，比如说可以用装泡沫塑料弹的儿童气枪射。

丙：当核桃落地时，可以利用重力。

丁：核桃壳很硬，应该先用溶剂加工，使它们软化、溶解，或者使它们变得较脆。要使核桃变脆，可以冷冻。

戊：可以把核桃放在液体容器里，借助电、水力的冲击将它们破开。

主持人：如果我们用逆向思维来解决问题又会怎么样？

甲：要是核桃中有个小东西随着核桃长大，当核桃成熟时把其撑开，则最理想了。

乙：不应该从外面，应该从里面把核桃破开，把核桃钻个小孔，往里面加压打气。

丙：可以把核桃放在空气室里，往空气室里加高压打气，然后使空气室里压力锐减。因为核桃的内部压力不能立即降低，这时内部压力使核桃破裂，或者使空气室里的压力剧增剧减，交替进行、核桃壳处于变动负荷状态，使之破裂。

在这次智力激励会议的进行中，只用 10 分钟就得到 40 多个设想，其中一个方案（在空气室压力超过大气压并随之降到大气压力以下，核桃壳破裂，核桃仁保持完好）获发明专利。另一个方案是将核桃用夹子固定，再用空心钻头从顶部钻孔，通入高压空气破开核桃壳，得到较完整的核桃仁。整个工艺过程可在传送带上进行，实现了破核桃自动化。

## 能力训练

**【能力训练】头脑风暴法训练**

根据头脑风暴法的原则、方法、步骤，将同学分成 3～4 组，每组 10 人左右，每个小组确定一个要解决的问题，如在校期间如何开展疫情防控、如何增加就业机会等，利用头脑风暴法开展新方案设想的训练。

## 单元三　分析列举法

> **案例导读**
> 
> **不用笔套的钢笔**
> 
> 　　有一家钢笔公司，希望钢笔出水顺利；希望钢笔绝对不漏墨水；希望一支笔可以写出两种颜色的字；希望不沾污纸面；希望书写流利；希望能粗能细；希望能够小型化；希望笔尖不开裂；希望不用蘸墨水；希望省去笔套；希望落地时不损坏笔尖等。这家钢笔公司从中选出"希望省去笔套"这一条，研制出一种像圆珠笔一样可以伸缩的钢笔。
> 　　本案例运用的是什么创新方法？如何运用该方法进行创新实践？

### 一、分析列举法的概念

　　分析列举法是指通过对事物的分析而列出其各方面的特性，从而有助于创造发明的选择和创新技法的确定。列举是人们思维活动的表现形式之一。通过列举事物各方面的属性，构成一定的数量，便有助于产生新的概念。同时从所列举出来的事物的性质、特征归纳出更一般的概念。列举法要求人们以一丝不苟的态度，将一个熟悉的事物进行重新观察，把每一个细节都列举出来，从中发现存在的问题，提出改进的意见和希望，由此形成新创造。

　　分析列举法有助于克服感知不敏锐的障碍，把思维从僵化、麻木的状态下解放出来；可以促使人们全面感知事物，防止遗漏；有利于克服感情障碍，避免过早地给出判断。这种方法是改进老产品、开发新产品非常实用的方法。因其比较烦琐，比较适合于解决小的、简单问题。

### 二、分析列举法的特点

　　列举法是通过列举有关项目来促进全面考虑问题、防止遗漏，从而形成多种构想方案的方法。几种列举法各有千秋，但有以下共同特点。

#### （一）强制性的分析

　　列举法本质上是一种分析方法。分析就是把整体分解为部分、把复杂的事物分解为简单的要素，分别加以研究的一种思维方法。和一般分析方法不同的是，列举法带有一定的强制性，必须分析罗列所有的因素，要求将事物各个特性所包含的每一个子要素全部列举出来，然后逐个分析，以促使人们全面考虑问题。

#### （二）一览表式的展开

　　人们常用一览表帮助记忆、安排工作。为了寻找创新的设想，借助于列举的方式将问题展开，以一览表的形式帮助思考。每个列举法使用的都是具有比较性的一览表，从中可以发现问题、明确目标、解决矛盾，如特性列举法使用的是特性一览表，缺点列举法使用的是缺点一览表，希望点列举法使用的是希望点一览表。

### 三、分析列举法的种类

分析列举法就是将某一事物的某一特定对象（如问题、特点、优点或缺点等）全面列举出来，再针对列出的这些项目提出改进意见的方法。分析列举法有三种基本类型：属性列举法、希望点列举法和缺点列举法。

#### （一）属性列举法

属性列举法是一种通过列举，分析特征，应用类比、移植、替代、抽象的方法变换特征获得发明目标的方法。其基本步骤为：首先要将研究对象的属性列出，如该事物的名词属性特征、动词属性特征和形容词属性特征等，对所列这些属性逐一进行分析，在分析的基础上提出变换改进等，并论证这种变化的结果，最后得到创新结果。

#### （二）希望点列举法

希望点列举法是一种通过不断提出"希望""怎么样才会更好"等理想和愿望，再提出如何达成这些理想和愿望的一种创新方法。这里的"希望点"是指创新强、又科学可行的希望。其步骤是先确定主题，然后列举主题的希望点，再根据选出的希望点来考虑实现方法。

#### （三）缺点列举法

缺点列举法就是有意识地列举分析现有事物的缺点，并提出改进方案，从而找到新方案的创新方法。爱因斯坦说："提出一个问题比解决一个问题更重要。"寻找缺点就是提出问题的关键，世界上任何事物，即便是很完美的事物，经过仔细分析后，也能发现它的不足和缺陷。

**案例 3-4**

**年龄最小的百万富翁**

在美国一个贫穷印第安人家庭有一个小女孩玛丽娅，她的父亲是个清洗玻璃的勤杂工。一天，她的父亲要到著名玩具商唐纳德·斯伯克特家中擦洗玻璃窗。那时，6岁的玛丽娅也跟着父亲到唐纳德·斯伯克特的家，遇见这位玩具高手拿着玩具。唐纳德·斯伯克特微笑着问她："你喜欢什么玩具啊？"玛丽娅童声稚气地回答："你手里的玩具，我都不喜欢！"接着她毫不客气地数落着这些玩具的缺点。唐纳德·斯伯克特觉得这个小女孩与众不同，便将她带到屋里，让她看各种各样的玩具，并征求她的意见。玛丽娅也毫不客气地说出自己的看法。唐纳德·斯伯克特觉得她的意见有独到之处，非常切中要害。他高兴地沉思了一会，决定要聘请6岁的玛丽娅做公司的顾问。在征得小玛丽娅和父亲的同意后，便签订了一项长期合同。此后，有人不解地问唐纳德·斯伯克特，为什么要聘用这么小的玛丽娅为顾问？他毫不犹豫地说："所有的玩具设计师都有一个通病——他们都是成年人，失去了对玩具的直接反应能力，眼光陈旧，缺乏激情。小玛丽娅有孩子的天性和兴趣爱好。"此后，小玛丽娅通过不断学习和实践，进步非常惊人。凡是经过玛丽娅鉴定的玩具，都受到市场的广泛欢迎，给公司带来了丰厚的利润。小玛丽娅也因此成了年龄最小的百万富翁。

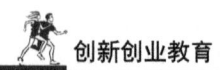

## 能力训练

**【能力训练】狮王牙刷的改进**

步骤1：阅读案例。

日本狮王牙刷公司有一名职员叫加藤信三。他每次刷牙时，牙龈都会出血，由此他想能不能改进一下牙刷呢？他对公司现有的牙刷进行了研究，仔细分析现有牙刷存在哪些缺点。经过研究，他列出了牙刷的几个缺点：刷毛顶端呈锐利的直角、质地太硬、刷毛排列不科学、造型不美观。他据此进一步确定改进目标：把牙刷毛顶端改成圆角，寻找刷毛替代材料，要刷的干净、舒服、方便，同时还使牙刷的外形更合理、美观。在此基础上，加藤信三对牙刷进行了全面的改进，改进后的牙刷受到顾客的欢迎。

步骤2：根据案例，回答问题。

以上是一个典型的缺点列举法的案例，同学们可以比照加藤信三的办法，对日常生活中自己使用的物品，如眼镜、钢笔、自行车、书籍和水杯等进行仔细研究，列出目前使用物品的缺点，并针对缺点提出改进目标。

_____
_____
_____
_____
_____

# 单元四　组合创新法

### 案例导读

#### 裙裤的起源

第一次世界大战前的欧洲，女人只能穿裙子。如果妇女也敢穿裤子，就会被惩罚。法国王后卡塔琳娜·冯梅迪齐喜欢骑马，骑马不穿马裤不方便，但又不敢违背时俗，她灵机一动，在马裤外面套长裙。1910年和1911年，巴黎的三位服装设计师帕坎、德雷科和贝肖夫·达维德受到启发后，把裙子和裤子组合起来，发明了裙裤。

裙裤一般是指田径运动员或球类运动员所穿的短裤，大多在裤腰处装缝松紧带，裤脚口呈圆弧形，裤的侧缝下端开衩或嵌缝富有弹性的针编罗纹。裙裤保留了裤子的优点，如便于骑车等，又具有裙子的飘逸浪漫和宽松舒适。裤料色调鲜艳多彩，有时还缝有镶色的滚条等做装饰。现已成为女青年在盛夏季节穿着的便裤，属于生活服装的组成部分。

20世纪50年代后，创新开始由单向突破走向多项组合，独立的创新让位于组合型创新。由组合求发展，由综合而创新，已成为当今技术发展的一种基本方法。

想一想：

什么是组合创新法？如何进行组合创新呢？

## 一、组合创新法的定义

组合创新法是指将两种或两种以上的技术或产品的一部分进行适当的叠加和组合，以形成新技术、新产品的创新方法，即通过运用创新思维，把已知的若干事物组合成一种新事物，使其在性能和服务功能等方面发生变化，以产生新的价值。人类的许多创造成果来源于组合。正如一位哲学家所说："组织得好的石头能成为建筑，组织得好的词汇能成为漂亮文章，组织得好的想象和激情能成为优美的诗篇。"同样，发明创造也离不开现有技术、材料的组合。

组合创新中的组合并不是一种简单的相加，而是依据事物之间所固有的内在联系进行的有目的的综合。组合创新需要满足两个条件，一是由不同因素构成的具有统一结构和功能的整体，二是组合物应具有新颖性、独特性和价值性。

组合创新法有很多，这里主要介绍主体附加法、异同物组合法和分解组合法等。

**案例 3-5**

### 多用途瑞士军刀

一把典型的瑞士军刀，一般都有主刀、小刀、铰剪、开瓶器、木锯、小螺钉旋具、拔木塞钻、牙签和小镊子等工具。而在一些工具上还设计了多种功用，如开瓶器就具有开瓶、一字槽螺钉旋具、电线剥皮槽三种功用。随着科技的发展，一些新兴的电子手艺也被引入瑞士军刀中，如内藏激光、电筒等。"瑞士冠军"是功能最多、应用范围最广的型号，具有33种功能，如同一个真正的万能工具箱，可组合出各种应用来，最适合野外考察、旅行探险、旅游度假及宿营驻扎等情况。它还是瑞士军刀的经典代表，被纽约现代艺术博物馆、慕尼黑应用艺术博物馆按"世界设计经典"收藏。

## 二、组合创新法的种类

### （一）主体附加法

主体附加法，顾名思义就是在主体上附加一个东西，产生一个新的发明，即以某事物为主体，再添加另一附属事物，以实现组合创新的技法。如在铅笔一端增加橡皮、在电水壶上加哨子、在电风扇中添加香水盒、在摩托车后面的储物箱上装电子闪烁装置，都具有方便且实用的特点。主体附加法是一种创造性较弱的组合，人们只要稍加动脑和动手就能实现，只要附加物选择得当，同样可以产生巨大的效益。

**案例 3-6**　　　　　　　　　　　　房车

房车也称旅居车，英文全称为 Recreational Vehicle，也翻译为 Motorhome 或 Trailer，简称 RV，可以随意停靠在远离城市的沙滩、湖岸、草地、山坡和森林中，令人尽享美景的同时又拥有城市的生活方式。房车兼具"房"与"车"两大功能，但其属性还是车，是一种可移动、具有居家必备的基本设施的车种。房车是由国外引进的时尚设施车种，其车上的居家设施有卧具、炉具、冰箱、橱柜、沙发、餐桌椅、盥洗设施、空调、电视、音响等家具和电器，可分为驾驶区域、起居区域、卧室区域、卫生区域和厨房区域等。房车是集"衣、食、住、行"于一身，实现"生活中旅行，旅行中生活"的时尚产品。

（二）异同物组合法

异同物组合法分为同类组合法和异类组合法。

1. 同类组合法

同类组合法就是将若干相同的事物进行组合，以实现创新的一种创新技法。例如，在两支钢笔的笔杆上分别雕龙刻凤后，一起装入一精制考究的笔盒里，称为"情侣笔"，作为馈赠新婚朋友的好礼物；把三支风格相同、颜色不同的牙刷包装在一起销售，称为"全家乐"牙刷。再如子母灯、鸳鸯宝剑等。赫赫有名的日本松下电气公司就是靠发明了双插座而起家的。同类组合法的创造目的是在保持事物原有功能和原有意义的前提下，通过数量的增加来弥补不足或产生新的意义和新的需求，从而产生新的价值。而这种新功能或新意义是原有事物单独存在时所缺乏的。

2. 异类组合法

异类组合法是将两种或两种以上的不同种类的事物组合而产生新事物的技法。异类组合法和主体添加法在形式上很相近，但又有区别。主体添加法是一种简单要素的补充，而异类组合法是若干基本要素的有机结合。异类组合法先要确定组成元素，其个体元素一般并无主次之分，但思考时应该有主次之分，有基本点也有扩展点，且可以从多角度考虑组合，如元件组合、功能组合、材料组合等。依靠联想和想象可以将异物组合在一起，将不同的物体"同化"为一个新的整体。

**案例 3-7**　　　　　　　　　鸡尾酒的发明

鸡尾酒由英文"鸡尾"（cocktail）一词直译而来。鸡尾酒起源于 1776 年纽约州埃尔姆斯福一家用鸡尾羽毛作装饰的酒馆。一天，当这家酒馆各种酒都快卖完的时候，一些军官走进来，要买酒喝。一位叫贝特西·弗拉纳根的女侍者便把所有剩酒统统倒在一个大容器里，并随手从一只大公鸡身上拔了一根毛，把酒搅匀后端出来奉客。军官们看看这酒的成色，品不出是什么酒的味道，就问贝特西。贝特西随口回答："这是鸡尾酒哇！"一位军官听了这个词，高兴地举杯祝酒，还喊了一声："鸡尾酒万岁！"从此便有了"鸡尾酒"之名。

### （三）分解组合法

分解组合法是将某种产品分解为几项构成要素，使之独立化，然后进行组合而产生新产品的一种方法。分解组合法又称重组组合法，即任何事物都可以看作是由若干要素构成的整体。各组成要素之间的有序结合，是确保事物整体功能和性能实现的必要条件。如果有目的地改变事物内部结构要素的次序，并按照新的方式进行重新组合，以促使事物的性能发生变化，这就是重组组合。

分解组合法的步骤：首先确定将改进的产品及对产品的初步改进设想，并确定新功能；其次，按照结构与功能将物品分解，并将每一部分独立化；再次，寻找实现新功能的组合方式，并选择合适的连接结构；最后，按上述思路将原产品的各部分进行组合，并对原方案进行修订。例如，真空吸尘器由电动机、储尘箱、吸尘器三部分组成，现将它做各种可能的组合，如电动机与储尘箱按照并列结构、垂直结构、内藏结构和分离结构等方式，再加上与吸尘器的不同连接，便可组合出十几种形式。

## 能力训练

【能力训练】组合创新法训练

步骤1：用同类组合法将你身边的东西进行组合，看看有什么新的创意？如开关、笔头、橡皮、凳子、教鞭、冲浪板、太空摇摇车及跳跳球等。

_____
_____
_____
_____

步骤2：用异类组合法将你身边的任意东西组合起来，看看有什么新的创意？如衣服、帽子、鞋子、袜子、书包、玩具汽车、橙子、餐具、计算机、手机、铅笔、青蛙和书本等。初步组合后，看似荒唐的组合不要马上下结论加以否认，要经过反复联想思考，不断地提出假设和可能性，说不定一个新的发明就会产生。

_____
_____
_____
_____
_____

【量表测试】创新方法能力自测

【问卷调查】大学生创新方法现状调查

## 第二部分
# 创业准备——行动之基

选择创业
注定是走一条
不平凡的道路
机遇偏爱有准备的人
培养创业精神
分析创业环境
识别创业机会
整合创业资源
组建创业团队
谋划商业模式
奠好创业之基

# 模块 四　创业与创业精神

● **名人名言**

　　人的一生总会面临很多机遇，但机遇是有代价的。有没有勇气迈出第一步，往往是人生的分水岭。

——丁磊

　　形成信誉要20年，毁掉信誉只需要5分钟。想到这一点，你就会改变做事的方式。

——沃伦·巴菲特

● **导读导学**

　　这是一个前所未有的大好时代，在"大众创业、万众创新"的浪潮下，一批批胸怀大志、不甘平庸的创业者找到了属于自己的舞台。他们依靠敏锐的洞察力捕捉商机，并毫不吝惜地展现自己的才华与勇气。市场给了他们回报，他们的努力给自己和社会创造了价值，甚至改变了一个行业，缔造出一个全新的业态。

　　这是一个前所未见的角逐时代，竞争无处不在，与你争夺市场的不光是同行，还可能是跨界者。创业者肩负重担，如履薄冰，他们自强不息，经历无数次失败后依然要用微笑面对挑战。唯有信念支撑着他们在黑暗中前行。

　　他们的世界中有成功与失败，但没有止步与退缩，因为他们都是追梦人。

● **思维导图**

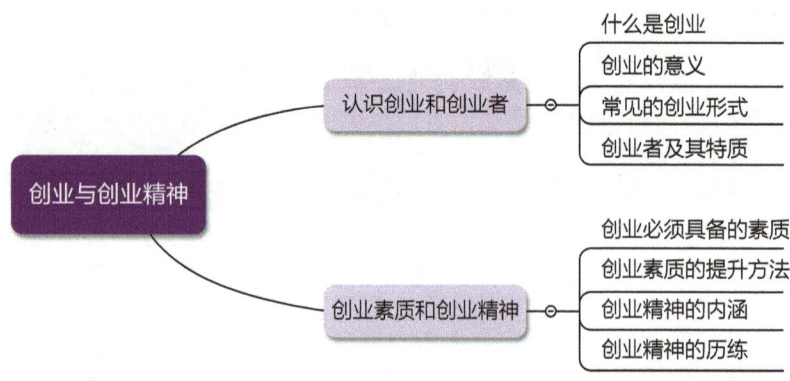

模块四 创业与创业精神

# 单元一 认识创业和创业者

**案例导读**

**蔡镇清：爱钻研的技能型创业者**

对于有车一族来说，开车走高速、过ETC（电子不停车收费）是再普通不过的事。然而，就有这样一位技校毕业生，依靠自己的专业技能与执着的心，与高速公路结下了不解之缘。

2007年，蔡镇清毕业于某职业院校计算机应用专业。毕业后，他在一家安防设备公司工作，主要负责安装、维护监控设备。布线、调试监控设备之余，好奇心强的蔡镇清总喜欢钻研这些设备，看看它们是如何工作的，能不能做一些改进。朋友中标了福建高速公路的视频监控项目，想找个懂技术的人做帮手，自然想到了既能干又爱钻研的蔡镇清。

走进高速公路建设领域，蔡镇清如鱼得水，凭借着扎实的专业技能与踏实苦干的作风，很快成为项目经理。然而，这并不是这个年轻人奋斗的终点。在他看来，高速公路遍地是黄金。

两年后，有了一定积蓄的蔡镇清决定自己创业。他成立了福州大嘉信息技术有限公司，经营智能安防与公路机电系统安装改造业务。公司重视技术研发，参与开发公路隧道IP网络紧急电话广播系统，成功地在福建高速投入运用。

他对收费站抬杆速度不满意，于是就琢磨改进的办法，研发新产品。新产品操作便捷且能避免意外落杆损伤车辆，在福建高速成功进行了试用与推广。得知高速公路上的电缆时有被盗后，他组织研发了电缆防盗检测系统。该产品亮相于第十四届中国·海峡项目成果交易会。除此之外，公司还研发了收费IP网络对讲系统、公路收费一体化工业控制计算机、普通公路视频智能分析测试系统等多种实用产品。

想一想：
1. 蔡镇清如何将自己的专业技能与市场需求相结合？
2. 蔡镇清在创业前的工作经历为创业起到了什么作用？

## 一、什么是创业

创业即创办事业。在不少人眼里，创业指的就是办企业、开公司，成为企业老板、公司负责人。然而，在以科技为发展动力、以人才为发展支撑的新时代，创业被赋予了更为丰富的内涵。

首先，创业更加强调以创新为前提条件，以新技术应用、新模式运营为出发点，以"互联网+"、大数据为重要依托，促进科技成果转化与技能价值提升。

其次，创业形式拓宽、界限泛化。想要创业，可以有多种实现方式。同时，为了今后可能参与创业而在专业知识、技能上的学习储备，在创业专项领域上的训练准备，也可视为创业前期的组成部分。

此外，创业的门槛已显著降低，创业已变得较为普遍。职业院校、技工院校的在校生、毕业生同样可以参与创业。

### （一）创业也是一种就业

职业是人们在社会中的劳动分工，就业即从事某种职业的工作，获得劳动报酬。

职业种类繁多，劳动者依靠自己的专业技能，可以通过应聘就业，成为企业、公司的员工，例如应聘成为设计师、文员、车工、修理工和快递员等。

有些劳动者以个体工商户的形式从事经营活动，例如，掌握烹饪技能的劳动者开立餐饮店，掌握美发技能的劳动者开立美发店，掌握营销技能的劳动者开立服装店等。这些劳动者的经营活动已经属于创业。

还有些劳动者在专业领域积累了足够的知识与技能，且具有较强的综合能力与相关资源，他们选择创办企业、注册成立公司，成为企业、公司的管理者、经营者，并招聘生产经营活动所需的更多劳动者。这种经营活动同样与就业密不可分。

由此可见，创业也是一种就业。劳动者依靠自身职业技能、相关能力与资源，既可以选择就业，也可以选择创业。

### （二）创业要有一定付出并需承担风险

并不是所有劳动者都适合创业。创业对劳动者有更高的要求，劳动者如果选择创业，则要有一定的付出，并且需要承担相应的风险。

如果劳动者以个体工商户的形式创业，一般需要一定的启动资金，用于支付店租、进货和采购设备等。劳动者还需要对店面进行日常管理，参与商品采购、销售等，这显然需要一定的能力和精力。

个体工商户在经营过程中，劳动者的技能能否得到市场的认可，劳动者能否获得应有的收入，除了取决于劳动者本身外，还取决于其他诸多因素。劳动者可能遇到市场环境恶化、产品滞销及客源流失等问题，这些问题都需要劳动者进行妥善的处理。否则，就可能会出现入不敷出、破产关门的情况。

如果劳动者以创办企业、注册公司的形式进行创业活动，作为企业、公司的管理者，则需要面对更多的挑战。公司要招聘多少人、订单合同怎么签、出现客户投诉怎么办？这些都需要管理者妥善处理。随着业务的拓展，公司需要成立更多的部门，并与其他公司合作，把专业的事留给专业的人去做。管理者还需要不断提升自己的管理水平和管理层次。这些能力显然不是一个普通劳动者在创业初期就能够完全具备的。

企业想要在激烈的市场竞争中持续经营并保证利润持续稳定增长绝非易事。为了不被市场淘汰，企业要不断自主创新或引进新技术，不断开拓新市场，同时还要面对各种可能发生的政策、市场风险。如果出现决策失误、技术转化失败、资金链断裂等情况，企业就会面临很大的危机，若管理者处理不当，企业就无法持续经营，最终走向破产。企业破产要优先支付所欠职工工资和劳动保险费用。若不能按照约定偿还债务，管理者可能被纳入失信执行人名单，消费、出行受到限制，且不能注册新公司、不能担任高管。

### （三）创业和就业可以相互转换

大学生要转变传统就业观念，在未来职业生涯发展中能识别和抓住创业机会，将创业作为一种选择，依靠所学技能，主动适应劳动组织和生产技术的变化。

创业和就业是可以相互转换的。劳动者的技能水平、综合能力会在参与劳动的过程中不断提升，在某一行业的经验不断积累，同时还可能对某一行业产生新的认知与感悟，诞生新的想法与创意。

时机成熟时，就业者可以转换为创业者，依靠其在资金、经验、技能上的积累，通过新渠道、新方法、新技术，开辟属于自己的事业，获得更为广阔的发展空间，充分展现自己的能力。创业者在收获更为丰厚回报的同时，还要承担更多责任，并面对新的挑战。

如果创业失败，创业者可以转换为就业者。创业失败者在重新准备后，依然可以再次创业。

> **知识拓展**
>
> **人工智能训练师等一批新职业发布**
>
> 2020年2月25日，人力资源和社会保障部会同市场监管总局、国家统计局联合向社会发布了智能制造工程技术人员、工业互联网工程技术人员、虚拟现实工程技术人员、连锁经营管理师、供应链管理师、网约配送员、人工智能训练师、全媒体运营师、健康照护师和无人机装调检修工等16个新职业。这是自2015年版《中华人民共和国职业分类大典》颁布以来发布的第二批新职业。
>
> 随着经济社会不断发展，新兴技术的应用和人们需求的提升，新产业、新业态、新模式不断涌现。为反映职业发展变化，适应经济社会发展需要，我国建立了发布新职业制度。新职业的发布，对于引领产业发展、促进就业创业、加强职业教育培训、增强对新职业从业人员的社会认同度等，都具有重要意义。

## 二、创业的意义

### （一）创业让劳动技能获得更高回报

通过各阶段培训学习与生产实践，劳动者获得了相应的劳动技能，具备了某些行业的从业资格。然而在现实中，并不是所有劳动者都能获得与之技能水平对等的劳动回报。原因是多样的，但不可否认的是，劳动者主动积极地应对，努力寻找实现自身价值的途径，对实现自身价值至关重要。

创业就是劳动者主动拓展渠道，寻求自身价值展现，并主动构建平台，实现自身价值变现的可行之路。劳动技能的价值提升将会为社会生产的进步贡献更多力量，劳动者本身也会获得更高的回报。

如果没有"美团""饿了么"这些外卖平台，上班族订餐不会如此便捷，餐饮店从业者也无法获得线上经济带来的额外收益。

### （二）创业促进科技成果转化

生产一线是各种新工艺、新工具诞生的摇篮，也是科技成果得以应用、实现创新驱动发展的重要归宿。从石器打制、青铜器铸造、风车水车的灌溉应用、蒸汽机的发明到电气设备的普及，人类的发展史客观地说明了这一切。而当今，"互联网+"思维与大数据应用引领时代，各行各业都可以及时引入这些新技术，实现生产的跨越式发展。

第一，劳动者在生产实践中的发明创造、创新创意，例如新工具、新工艺、新模式，或

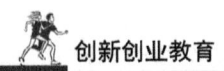

者对原有工具、工艺的改进等，通过创业能够实现更好地推广，并实现价值转化。

第二，劳动者也可以运用"互联网+"思维改进自己的经营模式，优化自己的生产状况，发现更多的潜在客源。

除此之外，劳动者还能通过技术引进，使新技术匹配自己的生产设备，提升自己的生产经营水平，从而在市场竞争中处于有利地位，获得更大产出，实现更大利润。

（三）创业带动就业

劳动者的创业活动为自己开拓了一条通过技能获得回报、通过科技成果转化获得收益的有效就业途径。劳动者依靠自己的努力立足社会，解决了自身的就业问题。

创业通常不是一个人努力，而需要组建创业团队。随着项目的发展、业务的扩张，往往需要越来越多的团队成员。例如：开餐饮店需要招聘厨师、服务员；成立公司，需要招聘更多的专业人才。这样一来，创业活动就以创业伙伴合作、小微企业招聘的形式向社会提供了就业机会。

门店的运营、公司的经营都会涉及相应的上下游产业和其他关联产业。例如，一种商用货车销售模式的创新成功带动了销量，这就会带来连锁反应。上游方面，会使货车制造厂受益；下游方面，会使汽车维修服务产业获得潜在客源；关联产业方面，会给物流运输行业注入新机。这些都无疑为社会创造了更多就业机会。

除此之外，创业活动还可能会创造出一些之前没有的新职业，让更多具备相应技能的劳动者就业。

**案例 4-1**

**共享单车给自行车厂带来第二春**

自行车生产制造业如今已经算得上"夕阳产业"。不过，共享单车的出现，为自行车厂带来"第二春"。

据报道，深圳某自行车有限公司总经理先前还在为自行车市场的低迷犯愁。如今突然接到了数万计的订单，这让他有点不知所措，既兴奋又紧张。这是他从业20年来经历的第二次"疯狂"。

同样从业20多年的深圳市另一家自行车有限公司总经理胡某最近几个月也忙得不可开交，他的工厂以前由于市场低迷而收缩的产能迅速膨胀起来了。接到手的订单是150万辆，公司共增加了500名员工，流水线增加了7条。

上游的自行车配件厂的订单也随之迅速增加。专门生产自行车坐垫的配件公司某总经理表示，"真的想不到共享单车订货量这么大，共享单车运营商们每月向我们订购数十万的坐垫，我们订单接得很手软"。

## 三、常见的创业形式

创业有多种形式，劳动者应根据自身能力与资源情况进行合理选择。

（一）独立创业

这种创业形式下，劳动者的自主性得到充分释放，能够展现自己的想法。但是，对于新兴项目,这种形式的创业能够最终获得成功并长久运营下去的很少。许多创业者因为一时的激情而选择独立创业,过高地估计了自己的能力,缺乏技术支撑,最终项目投入大、产出小。为此,独立创业要量力而行。

(二)合伙创业

这种创业形式鼓励具有共同志向,在各自专业领域具备独特优势的劳动者走到一起,组成一个团队,一起创业。合伙创业具有很多优点,合伙人之间的优势可以互补,合伙人共同出资、出力能有效提升项目的起点与质量。许多优秀的创业项目都采用这种创业形式。当然,合伙人也有意见不合的时候,因此需要合理设置章程与股权,进行科学决策。

(三)加盟创业

这种创业形式下,劳动者在项目构思、运营细节设计上可谓水到渠成,上线公司通常会提供全套经营指导与物料,劳动者只需照搬、照做即可。加盟创业不乏成功案例,但劳动者的自主性受到一定限制,若不能很好地展现自己的创新性,劳动者的创业者身份就会被淡化。成功的加盟创业应该在原有的经营模式上进行再创新。

选择这种创业形式同样要进行调查与思考,用足用好现有资源,保证自己的主动性,融入自己的再创新成分。需要注意的是,一些诈骗项目打着加盟创业的幌子行骗,劳动者一定要仔细甄别。

**知识拓展**

了解合伙创业

合伙创业是指两个以上的创业者通过订立合伙协议,共同出资、合伙经营、共享收益、共担风险的创业经营模式。合伙创业根据合伙人出资的形式和承担的责任可分为普通合伙和有限合伙。在社会主义市场经济的大潮中,采取合伙创业已成为现代创业的一种普遍现象。

合伙创业的优越性主要有以下三点:

第一,资金较为充足,经营规模较大,容易产生效益。

第二,多人合伙创业,可以发挥集体智慧,取长补短,便于事业发展。

第三,多元化利益主体会自然形成企业内部监督机制,使企业达到一种理性化、科学化的经营管理状态,在较高的起点上顺利开展经营活动,从而更容易承担市场压力和风险。

合伙企业的局限性主要表现在以下四个方面:

第一,由于每个人承担风险的能力和心态不同,容易影响企业发展决策,制约企业发展;合伙人是员工,员工是合伙人,容易影响企业的日常管理和协调运作。

第二,由于是几个人共同创业,对每一个创业者来说,个人成就感就差了很多;利润要在几个合伙人之间分配,也降低了创业经济利益对创业者的吸引力。

第三,每个合伙人的能力有高有低,对企业的贡献有大有小,分工合作往往会加大差异,容易出现参差不齐的现象,使合伙人在企业管理、业务开展、利润分配等方面产生矛盾,影响企业的正常运作和发展;合伙人随时有可能中途退出,这对创建的企业也是一种巨大的风险。

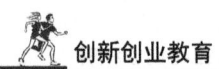

### 四、创业者及其特质

#### (一)创业者的含义

创业者是劳动者,但劳动者不一定是创业者。与普通劳动者相比,创业者的生产经营行为往往对行业与社会产生更大的影响。

创业者有狭义和广义之分。狭义的创业者指企业的创始人、联合创始人、合伙人等在企业创立、成长过程中起关键作用的核心人员。这些创业者在企业创立之后,通常成为企业的核心管理层。

广义的创业者指以各种创业形式进行创业活动的劳动者。他们中的许多人在创业之初所经营的事业可能微不足道,但通过努力与积累,小生意同样有可能演变成大产业。

#### (二)创业者的特质

创业者往往具有一些特质,使其明显区别于普通劳动者。

(1)**创业者是梦想家** 创业者拥有天马行空般的想象力、敏锐的洞察力、独具匠心的创造力,这些无不是一个个小发明、妙点子诞生的源泉。

(2)**创业者是行动家** 如果只说不做,那一切梦想都是空谈。创业者能够将梦想付诸行动,奉行"执行力为王",不辞辛劳地开展行动,为实现梦想而马不停蹄。

(3)**创业者是管理家** 时间是有限的,要合理分配才能高效工作。资金也是有限的,创业过程中不精打细算是不行的。除此之外,项目的运营、团队成员的分工都需要一个运筹帷幄的管理家。

(4)**创业者是追梦人** 创业的道路不可能一帆风顺。在遭遇挫折或遇到瓶颈的时候,创业者要有乐观与执着的态度,心中永远充满希望。创业者的勇敢与智慧助他们最终圆梦。

---

**案例 4-2**

**冒险家王卫**

1993年,22岁的王卫在广东顺德创立顺丰速运公司。当时的公司的员工只有6个人。如今,拥有26万员工的顺丰速运已成为中国民营快递行业的标杆企业。

快递业务并不是顺丰创造的,但是顺丰通过建立服务标准、提供服务承诺提升了中国整个快递行业的服务质量。

早期,顺丰按照客户细分设计了自己的产品价格体系:与四大国际快递公司重叠的高端业务不做,五六元钱的同城低端业务也不做,剩下的中端客户被锁定为唯一目标。顺丰的服务设计也非常简单。500克内的邮件收取不超过20元的邮费,上门送货,全国联网,36小时到达。从客户预约下单到顺丰收派员上门收取快件,1小时内完成。快件到达顺丰营业网点至收派员上门为客户派送,2小时内完成。

2003年对于顺丰来说是转折性的一年。这一年春天,SARS(重症急性呼吸综合征)爆发,顺丰身处SARS的重灾区广深地区。这次公共卫生领域的危机事件成为中国快递行业最大的商业机会。因为人们都不敢出门,快递的业务量猛增。王卫把他的目光转向了天空。疫情期间,航空公司的生意非常萧条。2003年年初,借航空运价大跌之际,顺丰顺势与扬子江快运签订合同,成为国内第一家使用全货运专机的民营速递企业。

顺丰控股于2017年2月24日上市,正式亮相资本市场。2020年1月9日,胡润研究院发布《2019胡润中国500强民营企业》,顺丰控股以市值1675亿元位列第33位。

## 能力训练

**【能力训练】职业与就业创业**

步骤1：分小组讨论，说说以下表格中的职业都有哪些劳动技能，举例说明这些职业可在哪些岗位上实现就业，见表4-1。

如果表4-1中没有你所学专业涉及的职业，或者你还有其他向往的职业，可以自行添加。

表4-1 职业与技能及就业岗位

| 职业名称 | 劳动技能 | 就业岗位举例 |
| --- | --- | --- |
| 汽车维修工 | 维护、保养机动车，诊断、排除机动车故障 | 汽车修理店机修工、汽车制造厂装配工、公交或物流运输企业维修工等 |
| 数控机床操作工 | | |
| 维修电工 | | |
| 烹调师 | | |
| 育婴员 | | |
| 网约配送员 | | |
| 互联网营销师 | | |
| （我所学专业涉及的职业） | | |
| （我向往的职业） | | |

步骤2：思考并讨论一下，运用你所学的专业技能能否进行创业，适合用哪种创业模式？为什么？填写对所学专业创业的看法调查，见表4-2。

表4-2 对所学专业创业的看法调查

| | |
| --- | --- |
| 我所学的专业是_____，我的专业技能适合创业的情况是 | （ ）非常适合创业，有很多机会可以去尝试<br>（ ）比较适合创业，遇到机会值得一试<br>（ ）勉强可以创业，但机会不多<br>（ ）不太适合创业，几乎找不到创业的空间 |
| 适合/不太适合创业的原因 | |
| 我所掌握的专业技能适合采用的创业模式 | （ ）独立创业<br>（ ）合伙创业<br>（ ）加盟创业<br>（ ）其他：_____ |
| 创业模式选择分析 | |

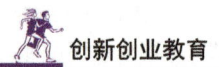

**步骤3：思考并回答问题。**

你的职业目标是什么？你将通过就业还是创业来实现？是否需要分阶段实现？

_____
_____
_____
_____
_____

## 单元二　创业素质和创业精神

**案例导读**

雷军和小米的创业故事

雷军29岁即升任金山公司总经理，堪称年少得志。

2007年年底，金山成功上市两个月之后，雷军以健康原因离开金山，这让雷军从习惯的枷锁中解脱出来。事后证明，正是这一次的离开，成就了雷军的脱胎换骨。

离开金山的雷军，转身成了天使投资人，开始从大势出发，以更大的视角来观察和思考互联网。雷军是最早投身移动互联网的人之一。2008年，他在个人博客中写下"移动互联网是下一波创业的大机会"。同时，雷军在移动互联网、电商、社交等多个领域连续投出成功项目。

在内心深处，雷军仍想做一个真正属于自己的事业。很快，雷军找到了自己的"势"——智能手机和移动互联网的大爆发。2010年4月，小米公司注册成立，第一个产品——MIUI在当年8月上线。2011年8月16日，小米第一代手机正式发布。随后，在一片质疑或赞誉中，小米在2012年卖出719万部手机，2013年卖出1870万部手机。在此过程中，小米完成四轮融资，估值迅速突破100亿美元。如今，小米已成为业界的现象级品牌。

议一议：

1. 有人称雷军为"中国乔布斯"，你认为雷军的哪种特质最值得称道？
2. 如今小米的产品线不断延伸，你认为小米赢得市场靠的是什么？

### 一、创业必须具备的素质

创业具有很大的自主性，创业者有很大的行动空间，因此，创业者必须具备一定的素质，才能在行动中约束自己，做出正确判断，找准方向，以正确的态度、方法，充分、有效地展现自己的才华与魄力。

（一）职业道德与创业动机

每个职业都有其行为准则，以创业的形式参与的社会生产也不例外。在创业过程中，我们既要遵守创业项目所涉及行业领域的职业道德，还要注重身为创业者应有的行为准则。这主要体现在：一是创业行为必须遵守国家法律、法规，创业构思必须符合社会主义主流价值观。二是创业者应注重知识产权保护，不能采用抄袭、剽窃的方式盗用他人成果。三是创业者不能采用夸大描述、误导性描述、虚假宣传、财务数据造假等手段欺骗客户或骗取投资。四是创业者应为项目发展尽职尽责，靠实际行动兑现承诺。创业可以失败，但不能失信。

创业动机是创业行为的出发点与价值取向。高尚的创业动机旨在为行业发展、社会进步做出贡献。损人利己的创业动机是不良的创业动机，应当受到遏制。

（二）知识与技能储备

知识与技能既体现劳动者在专业领域的水平层次，又直接或间接地决定其创业素质。一是知识技能的储备能提升劳动者对所处行业的认知。二是一定的知识技能积累能有效提升创业项目的起点，并为项目今后的发展提供空间。三是部分知识与技能可以在创业经营中直接发挥作用。知识与技能具有一定的迁移性，这使得劳动者可根据创业活动开展情况及时有效地掌握新的知识与技能。四是劳动者若成为管理者，知识技能的积淀将使其能更好地从事管理岗位工作，避免出现"外行管内行"的现象。

（三）资源整合能力

在创业过程中，如果充分运用现有资源，将现有资源进行创造性优化组合，则能产生1+1>2的效果。不少优秀的创业项目就是资源整合的产物。资源整合不是简单地相加，而是需要融入创造性思考。

共享单车巧妙整合物联网控制模块与自行车这两种硬件，再通过GPS（全球定位系统）定位网络、移动支付平台、大数据平台实现商用，让用户可以便捷地租车、还车、支付费用，并可对用户的出行行为进行分析，提升车辆使用率，并向其他商家引导潜在消费者。

除新技术应用、模块化硬件整合外，资源整合还包括用户类型整合、概念整合等。

抖音、快手等短视频平台实际上淡化了创作者和受众之间的界限，并通过"直播带货"的形式整合了商户卖家。而概念整合其实就是当今流行的"跨界"，其打通了两个或多个行业间的壁垒，实现用户转化与泛化，充分挖掘市场、开拓市场。

资源融合能力对创业者要求较高，创业者需精通多个领域。这是创业者综合素质的重要体现。

（四）健康的身体与良好的心理素质

创业是一项需要投入大量精力并长期坚持的艰辛劳动。如果没有健康的身体条件，将难以应对要求高、内容繁杂、强度大的创业活动。如果身体条件不允许，创业活动也很难坚持下去。

此外，创业者需要经常面对诸多压力，如资金不足、技术困难、内部意见不合和项目运行效果不理想等。创业者需要有良好的心理素质，保持积极乐观的心态，这样才能在各种压力面前保持冷静，做出正确的判断，将压力变为动力。

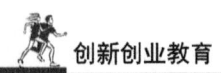

> **案例 4-3**
>
> **返乡创业 直播带货带出农产品销售一片天**
>
> 杨世民是土生土长的平罗县宝丰镇人,早年在外做煤炭生意。随着煤炭行业进入寒冬,从小在黄河岸边长大的杨世民决定返乡创业。
>
> 经过市场调查,杨世民在宝丰镇建起了石磨面粉厂,做起了一碗"干捞面"的文章。2015 年 10 月,杨世民成立了平罗县实民农副产品流通专业合作社。2017 年 10 月,杨世民引进几套石磨面粉机械,成立了宁夏实民粮油食品有限公司。公司通过流转土地,采取订单经营模式,从源头上保障原粮质量。
>
> 为了让石磨加工的面粉走出去,杨世民又琢磨着在产品包装上做文章。他把加工好的面粉按用途包装成 2.5 千克的和 5 千克的,打出石磨面粉"沙湖雪"的品牌。依托良好的口碑,石磨面粉远销东北三省以及北京、山西、河北等地。
>
> 如今,手机、手机支架、充电宝、数据线成为杨世民的必备"农具",他也渐渐精通直播圈里的"十八般武艺",从一个话都说得不太利落的直播"菜鸟",变为固定时间开播、与粉丝互动的主播。短短一个多月时间,杨世民的账号有近两万粉丝,已经卖出了 1000 多单,销售额近 5 万元。
>
> 一部小小的手机、一段来自原产地的视频,让杨世民摇身变为"网红",将质优价廉的农产品直接推送到消费者面前,在互惠双赢中走出一条致富新路。"今年我打算请一些网红主播到田间地头、企业车间,搞一场大型直播活动,把石磨面粉推广出去,让我们石嘴山的农副产品走向更广阔的市场。"这是杨世民的新期许。

## 二、创业素质的提升方法

创业素质不是与生俱来的。在当前这个崇尚创新、包容失败的创业时代,不论在学校里还是在社会上,都可以找到提升自己创业素质的方法。

### (一)在学习活动中提升

创业素质可以通过学习专门的创业课程来提升,但更重要的是与自己的专业相结合,切入自己的专业领域,与相应技能共同提升,并发挥实践作用。

创业素质的提升需要平台、载体、内容和行动,而这些最好的依托就是自己所学的专业。从专业角度去说创业,那是一种脚踏实地的创业,而不是空中楼阁或美丽幻想。

职业院校、技工院校的专业都具有很强的就业指向性和实用性。在某一专业就读,实际上也就为在某一行业就业创业打下了基础。在专业学习中,对专业技能的掌握与转化、对所在行业的融入与思考都将直接或间接地提升创业素质。

一体化教学也为提升创业素质提供了良好的体验环境。在一体化教学中,学生被赋予了充分的主动权,并采用小组模式开展学习,这种形式非常有利于提升创业素质。

### (二)在实习或工作中提升

在企业实习能真切地了解、体验生产活动,进一步提升技能。据统计,目前我国的中小企业近 2600 万家,占全国企业总数的 97%。部分中小企业作为创业的实体,本身就是创业活动的生动体现。中小企业对新技术的研究或引进、企业科技成果的转化对其经营发展至关重要。劳动者在参与企业生产活动的过程中，能对科技成果的转化、自身技能的应用以及企业经营管理产生直观的认知。

找到一份工作后，或许一时并没有创业的想法。但在工作的过程中，创业素质其实也在悄悄地成长。在某一行业工作久了，就会熟悉这一行业的运作特点与需求，更容易发现这一行业的痛点。我们如果意识到这一点，开展有针对性地积累与反思，则定会对自己的职业生涯产生积极的影响。

### （三）通过参加双创大赛提升

参加双创大赛对提升创业素质非常有帮助。当前，双创大赛种类很多，其中就有不少双创大赛是职业院校、技工院校在校生可以参与的。这些双创大赛在参赛要求及评分规则上具有很强的概括性及指导性。若以之为参照，就能很快发现自身的不足，并制定行之有效的素质提升策略。同时，双创大赛具有强烈的宣传、号召作用，能够营造浓厚的创新创业氛围，促进创业团队的组建以及创业活动的开展。

如果项目获奖，有机会获得更多的专业指导与扶持。不少天使投资人、风险投资机构乐于通过双创大赛发现优秀项目，进而对项目进行投资。

### （四）借助众创空间提升

众创空间是创业项目的孵化器，其面向所有公众群体开放，提供创业一条龙服务。针对在校学生、毕业生，众创空间往往会有非常优惠的政策，甚至免费提供办公场所，为项目落地提供大力支持。

除此之外，众创空间往往还会不定期举办创业沙龙、创业讲座等公益活动，面向广大正在创业或即将创业的人群提供各种政策讲解、信息指引、问题咨询及专家辅导等服务。随着移动互联网的普及，这些活动大多都是线上的，参与者可不受地点的限制，能够更好地参与互动。积极关注、参与众创空间举办的这些活动，对提升创业素质大有帮助。

---

**知识拓展**

#### 如何选择合适的众创空间

众创空间给创业者带来不少便利，然而，面对众多的众创空间，创业者该如何选择？不妨考虑以下几个因素。

1. 行业属性

现在的众创空间并不是单一性的，基本都是利用各自的优势专门服务于某个特定行业，比如电商、金融、艺术和互联网等。选择一个合适的联合办公空间，不仅有助于自己的公司更好地发展，还有助于及时掌握行业动态以及在同行竞争中成长。

2. 服务内容

每个众创空间的运营模式和提供的服务可能不同，初创公司可以针对自己所需要的服务进行挑选，除了财务、法务、金融、人力资源和投融资对接等基础服务外，有的众创空间还设立了天使、早期基金，有的帮助初创企业进行补贴政策申请，有的还提供工位注册的工商服务等。

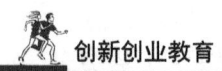

### 3. 工作氛围

提到工作氛围，跟办公环境脱不了干系。正如每个众创空间所服务的行业各不相同，装修风格自然也各有千秋。无论是低调高雅还是夸张个性，又或是温馨自然，选择适合自己团队的氛围尤为重要。

### 4. 价格因素

价格往往是很多初创公司考虑的第一要素，在公司起步时，节约的每一分钱投入到市场中，都有可能为公司带来更多的利润。所以，选择租约周期越灵活、综合性价比越高的众创空间比较好。

### 5. 综合实力

就像选择合作伙伴一样，创业者会慎重地从能力、性格、背景各个方面综合考察，选择众创空间其实也一样，市场上的众创空间运营者实力参差不齐，选择一家综合实力强的众创空间，可以保障创业者办公环境的稳定性。

## 三、创业精神的内涵

### （一）创业精神的特征

创业精神对创业活动具有重要的价值引导作用，并将伴随创业者不断成长。与此同时，社会上各行各业创业者在创业精神上的集中体现，也注定将参与构成社会核心价值体系。

#### 1. 具有责任感使命感

创业精神首先应具有责任感、使命感。我能为社会做点什么？我为什么要创业？创业的想法在起初可能只是劳动者为了解决自身就业，实现自身利益。然而，创业并不只是个体的行为，更是一项社会活动。劳动者对创业产生了责任感、使命感，创业想法也就上升到了创业精神的层面。

创业要打破常规，要面对很多不确定性，并且很可能是没有前车之鉴的全新情况。这时，责任感使命感驱使创业者不畏艰险，迎难而上，主动面对挑战。在复杂问题面前，责任感使命感则引导创业者站在社会的角度正确权衡，做出正确的价值判断。

#### 2. 具有鲜明的个性特征

创业精神还应具有鲜明的个性特征。每个劳动者都是不同的个体，都有选择自身发展道路的权利。我有哪些独特的想法？我能否用自己的想法走出一条精彩的道路？劳动者既普通又不平凡，而能成为成功创业者的劳动者，一定具有鲜明的个性特征，并通过切实可行的方法，让这种特质大放光彩，为社会做出贡献。

在个性特征中，冒险精神是需要审慎对待的品质。首先，正确的冒险精神确实是一种非常优秀的品质。许多成功的创业者都有惊心动魄的冒险经历，即所谓成功险中求。然而，如果缺乏应有的知识技能积累与社会生产经验，一味地求异、求刺激，那么冒险就变成了轻浮与鲁莽，于人于己都是不利的。

#### 3. 具有矢志不渝的信念

创业离不开自信自主、自强自立。一旦选择了这条道路，更要有矢志不渝的信念。创业者在创业的道路上免不了受到挫折，甚至遭受否定。道路是正确的，但却并不平坦，甚至充满荆棘。面对这样的挑战，创业者唯有具备义无反顾的精神，才能走出一条别人不愿走、不敢走的道路。

一次失败并不可怕，许多成功的创业者都是经历了多次创业失败后才最终成功的。追求卓越、追求美好也是各行各业劳动者的共同心愿。在失败面前不气馁、不放弃，创业者就不会迷失前进的方向。

（二）创业精神的作用

创业精神应指引我们在工作、创业中始终树立正确的思想意识，用实际行动展现创业者的风采。

1. 激情创业，奉献青春

当今时代给劳动者提供了充分展现自我的舞台，社会也从各个方面为创业提供了良好的条件和有力的支持。作为即将或已经走向工作岗位的年轻一代，作为生产一线的劳动者，职业院校、技工院校的学生必将成为创业主力军中的一个重要群体。

作为年轻的劳动者，要把握时代赋予的机会，用好社会提供的舞台，以积极、上进的态度面对自己的工作，开创自己的事业，展现自身价值，无愧青春韶华。

2. 勇于开拓，敢于担当

年轻一代处于时代的潮头，要敢闯会创。年轻的劳动者将以全新的视角见证社会的发展，同时更是社会发展新局面的开拓者。我们要用实践来检验真理，要在实践中不断探索，寻找正确的前进方向。

作为创业者，敢于担当的精神更应该深深地根植于心中。创业并不仅仅关系到自身的发展，还将对其他劳动者、广大客户及行业发展产生重要影响。创业者的担当既是对创业项目、创业团队负责，更是见证与参与行业的发展。

3. 合作共赢，共同进步

合作、共享的理念在创业精神中同样不可或缺。创业活动离不开社会环境，创业者的各项活动注定要与其他社会个体产生交集才能创造价值。创业团队的成员之间需要开展合作，创业团队之间也不仅仅是竞争，也应该谋求战略性合作。唯有分享资源、共同合作、公平竞争、合理布局，才能创造出一个健康的创业环境，保证全体参与创业的成员的共同利益，实现创业活动的社会价值最大化。

## 四、创业精神的历练

（一）热爱劳动，崇尚技能

作为职业院校的学生，首先应从热爱劳动、崇尚技能的角度出发，培养创业精神。劳动是人类认知、改造自然的实践活动，也是创业实践的最基本形式。一些同学可能对劳动和创业存在认知上的偏差，认为创业就可以少劳动、不劳动，让其他人代替自己劳动，这种观念是错误的。创业也是一种劳动，许多创业者都是从基层的劳动岗位做起，不断积累经验后才有了辉煌的成就。

技能是劳动者最宝贵的财富。劳动者要不断提升自己的专业技能，这样才能提高对行业

的认知水平，明确自己的定位。同时，作为创业者，还应尊重其他劳动者的技能，为各行各业的技能在生产中发挥作用、实现社会价值起推动作用。

### （二）爱岗敬业，实践摸索

创业鼓励采用新思路、新方法开拓属于自己的事业，但这并不意味着对平凡工作岗位、固定工作方式的否定。只有脚踏实地，才能仰望星空。劳动者依靠自己的技能立足于平凡的岗位，辛勤付出、默默耕耘，体现了其对本分工作的热爱与真情投入。这种情感积淀会转变成劳动者对事业的追求，对发展的期望。

同时，创业想法离不开实践的检验。不少专利因不具备量产价值而只得束之高阁。新的商业模式如果不能在实践中检验、通过实践推广，就无法证明其确实可行，也就无法产生价值。

### （三）文明创业，共创共赢

健康有序的市场环境是创业活动得以正常进行的必备条件。近年来，恶意低价竞争、恶意清退创始人和恶意抢夺公司控制权等事件时有发生。有人说，创业者要有狼性，要不择手段争夺、抢占市场。这种争强好胜的心态对于创业确实有积极的一面，但我们同时也应该意识到，成熟的创业环境应当具有文明、公平的竞争氛围。

以文明的方式参与市场竞争、以友善的态度共创共赢是一个成熟创业者应该具备的素质。

### （四）经受历练，升华人生

创业者追求成功和美好，但现实世界总是或多或少有一些不完美的地方。创业者在参与这场与时代洪流共进的赛跑时，难免遭遇挫折：认为自己是对的，但总是得不到市场的认可；感觉自己付出了很多，但却始终没有回报。有时，看似已经成功的创业者也会突然跌落神坛，之前的努力全部归零。这些对于经受风雨历练的创业者来说，都是要随时准备面对的。

让自己在创业的洗礼中得到蜕变，创业精神将升华为对人生意义的思考，成为创业者引以为傲的精神财富。

---

**案例 4-4**

### 应向阳：你我身边的创业之星

应向阳是《福布斯》中文版2013年"中国30位30岁以下创业者"之一。大学期间，他除了学习本专业课程，还辅修了第二专业财务管理。

2012年9月，在家人的支持和鼓励下，应向阳和几位同学共同出资创办了福州友宝电子科技有限公司，开发物联网的智能快递终端。投身物联网行业，是应向阳偶然产生的灵感。当时在搞研发的过程中需要从网上订购许多电子配件，很多时候他正在实验室研究某项关键技术，却因为急需去取快件而不得不中断思路。不过，这让他"嗅"到商机。

有了初步想法后，应向阳开始进行市场调研：到快递公司帮忙分拣快件，观察分析快递员的送件效率，向学校和社区发放调查问卷。快递和物业公司普遍反映，快件滞留会导致通信和人工成本增加，对他们是不小的负担。

应向阳和几个同学共同努力，开发出"智能便民寄存缴费系统"，并于2012年11月底申请了国家专利。智能快递柜成功地解决了快递最后一公里的问题，给自己、给投资人、给创业伙伴交出一份答卷。

快递柜项目成功后,应向阳又将目光投向了共享冰箱。

一夜之间,福州不少公司的茶水间都摆上了一个装着各式零食的无人值守的售货冰箱——鲜喵。使用共享冰箱,只需关注公众号,用手机扫码,选择产品,然后按"确定下单",冰箱门打开,就可以提货了。共享冰箱和自动售卖机最大的区别是,自动售卖机产品单一,大多只有饮料,而共享冰箱食物品种多,且可以做到私人订制。

无论共享冰箱最终战局如何,对于这位敢闯会创的年轻人,我们都应报以热切的期待。

## 能力训练

【能力训练1】自我认知与提升计划

步骤1:明确目标。

思考并回答问题:你所向往的职业是什么?你的职业追求是什么?这些能通过创业来实现吗?

_____

_____

步骤2:分析、归纳。

在实现职业目标的道路上,有哪些要求,需要哪些储备?你当前的具备吗?请完成职业目标分析,见表4-3。

表4-3 职业目标分析

| 项目 | 道德与动机 | 知识与技能储备 | 资源整合能力 | 身心健康 |
| --- | --- | --- | --- | --- |
| 目标要求 | | | | |
| 当前状况 | | | | |

步骤3:制定计划。

你在今后的学习、实习或就业中,将通过哪些途径提升自己,以实现自己的职业目标?

_____

_____

【能力训练2】创业访谈

步骤1:邀请一位本地、身边的创业者,让他谈谈创业的心得体会。

| 访谈记录 |
| --- |
|  |

**步骤2：分析、思考。**

你能从创业者身上学到些什么？他的哪些思想值得你学习、借鉴？相比之下，你觉得自己有哪些不足，或者自己有没有更为突出的优势？

_____

_____

_____

# 模块五 创业环境与创业机会

● **名人名言**

机不可失,时不再来。

——张九龄

善于识别与把握时机是极为重要的。在一切大事业上,人在开始做事前要像千眼神那样察视时机,而在进行时要像千手神那样抓住时机。

——培根

● **导读导学**

创业环境分析是发现创业机会的基础,是进行创业可行性分析的前提。随时变化的环境能给创业者带来机遇,也能给创业者造成威胁。创业者必须清楚宏观的、微观的、行业的等各种环境因素及其发展趋势,以及对具体行业、企业的影响是限制性的还是促进性的。只有这样,创业者才能抓住机遇,避免严重威胁,才能成功创业。

本主题主要阐述了创业环境的内涵,包括社会环境与自然环境、内部环境和外部环境、融资环境与投资环境、生产环境与消费环境等。同时,还介绍了宏观创业环境、微观创业环境及创业环境的分析方法(PEST分析法、SWOT分析法)。

创业是一个识别、开发和利用创业机会的过程,一个成功的创业过程开始于一个好的创业机会。识别创业机会就是我们所熟知的发现商机。只有用科学的方法和手段去寻找和识别创业机会,才能少走弯路。因此,创业者要对创业机会进行科学的分析与评价,然后做出是否创业的决定。

● **思维导图**

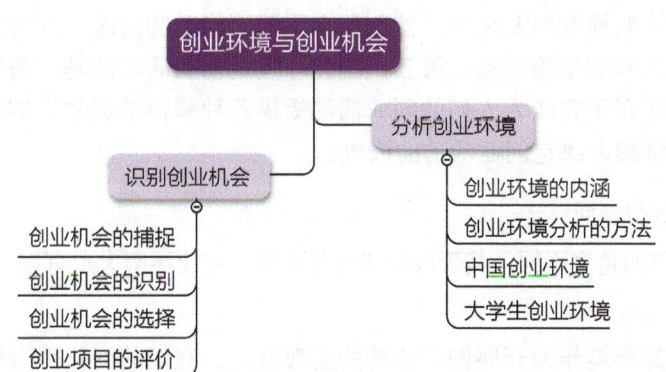

创新创业教育

## 单元一　分析创业环境

> **案例导读**
>
> 破茧成蝶终成功
>
> 　　凭着对机械的热爱，小梁怀抱热情投入到汽车运用与维修专业的学习，在校的三年，他不仅学到了扎实的专业知识，提升了自身的综合素质，还练就了坚忍不拔、不怕苦不怕累的意志。
>
> 　　毕业之后，小梁选择先在4S店工作，目的是锻炼自己，为创业做积累。通过自己的努力，他很快适应了4S店的工作，并且干的非常出色，先后从事汽车维修、汽车营销等岗位，相继担任了汽车综合维修主管、汽车销售经理和汽车服务经理等职务。经历三年的磨炼和经验的积累，小梁认为他创业的时机成熟了。
>
> 　　于是小梁从4S店离职，开始准备创业，他克服了很多困难，对合伙人、资金、主营业务、选址和员工等方面进行了精心准备。经过半年的准备，小梁的汽车服务有限公司终于隆重开业，门店面积100多平方米。他充分运用所学知识和积累的经验，把汽车服务有限公司打造成集汽车美容、维修、轮胎、保养、装饰、精品销售、汽车保险专业代理、二手车等业务的一站式汽车综合服务平台。发展潜力巨大，仅开业当月营业额就高达200万元，新会员300余人。

### 一、创业环境的内涵

#### （一）创业环境的含义

　　创业环境就是指开展创业活动的范围和领域，是创业者所处的境遇和情况。它是对创业者创业思想的形成和创业活动的开展能够产生影响和发生作用的各种因素和条件的总和。

　　上述概念反映了创业环境内在的三个含义：第一，创业环境是创业活动的领域。所有的创业活动都是具体的、现实的，都要有一个明确的方向和目标。在哪个行业里创业，要从实际出发，受环境的支配，不能随心所欲。创业环境在很大程度上规定了创业的性质和活动范围。第二，创业环境是创业者面临的处境。环境在本质上是一个动态系统，具有较大的不确定性。创业环境始终处于不断地发展变化中，使创业者不断面临新的情况，解决新的问题，这就决定了创业是一项变革和创新的活动。第三，创业环境是创业活动的基本条件。创业环境对创业活动的决定性作用在于它能为人们的创业活动提供各种精神的或物质的条件，能从各个方面影响创业活动的进程，决定创业活动的成败。

#### （二）创业环境的表现形式

　　对创业环境所取的角度不同，其表现形式也就不同。创业环境大致有以下几种表现形式。

　　1. 社会环境与自然环境

　　社会环境和自然环境作为开展创业活动的宏观背景，它们的变化能对创业活动产生巨大的影响。创业者只能利用它们，但却无法改变它们。

2. 内部环境与外部环境

内部环境是创业者的家园，是创业活动的根基。外部环境是创业组织发展的保证。

3. 融资环境与投资环境

融资环境是创业者为了扩大创业实力的需要聚集资金的社会条件。投资环境特指创业者资金投向的项目、行业及地区的情况。融资与投资是创业活动不可分割的两个方面，同样都受特定地区人们的经济收入、消费观念、风险意识及国家政策等环境因素的影响。

4. 合作环境与竞争环境

合作环境与竞争环境是创业组织生存与发展极为重要的外部条件，任何创业者都无法脱离这个环境而存在。

5. 生产环境与消费环境

生产环境是指创业者的资金转化为产品过程所需要的各种要素。消费环境是指创业者的商品转化为货币的过程。

创业者只有全面认识和把握自身所处的环境的基本构成，熟悉各种环境所包含的共同趋向和基本要求，才能够切中时代的脉搏，进行卓有成效的创业活动。

## 二、创业环境分析的方法

（一）宏观创业环境

宏观创业环境又叫总体创业环境，是指那些给企业造成市场机会或环境威胁的主要社会力量。一个国家或者地区的市场开放程度，政府的国际地位、信誉和工作效率，金融市场的有效性，劳动力市场的完善性及法律制度的健全性，形成了新的创业企业的外部宏观环境，会对新的创业企业的生存和发展产生重要的影响。具体来说，创业的宏观环境包括政治法律环境、经济环境、社会文化环境以及技术与教育环境。宏观环境的分析方法称为 PEST 分析，其中，P 是政治（Politics）环境，E 是经济（Economic）环境，S 是社会（Society）环境，T 是技术（Technology）环境。在分析一个企业所处的背景时，通常是通过这四个因素来分析企业所面临的状况。

1. 政治法律环境

政治环境包括对组织经营活动具有实际与潜在影响的政治力量和有关的法律、法规等因素。当政治制度与体制、政府对组织所经营业务的态度发生变化时，当政府发布了对企业经营具有约束力的法律法规时，企业的经营战略必须随之做出调整。法律环境主要包括政府制定的对企业经营具有约束力的法律、法规，例如反不正当竞争法、税法、环境保护法以及外贸法规等。政治法律环境实际上是和经济环境密不可分的。国家制定的相关法律与政策可分为大政策环境与小政策环境，前者是针对所有创业者而言的，后者则是针对某一特定人群，如大学生创业者。

2. 经济环境

经济环境是国家或地区的整体经济状况，包括一个国家的经济制度、经济结构、经济体制、

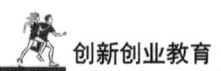

宏观经济政策、产业布局、资源状况、经济发展水平、物价水平、劳动力情况以及未来的经济走势等。构成经济环境的关键要素包括 GDP（国内生产总值）的变化发展趋势、利率水平、通货膨胀程度及趋势、失业率、居民可支配收入水平、汇率水平、能源供给成本、市场机制的完善程度以及市场需求状况等。

3. 社会文化环境

社会文化环境主要指的是一个国家或地区的民族特征、人口状况、社会阶层、价值观念、生活方式、风俗习惯、宗教信仰、伦理道德和文化传统等的总和。文化水平会影响居民的需求层次；宗教信仰和风俗习惯会禁止或抵制某些活动的进行；价值观念会影响居民对组织目标、组织活动以及组织存在本身的认可与否；审美观点则会影响人们对组织活动内容、活动方式以及活动成果的态度。社会文化因素影响社会对企业产品或劳务的需要，也能改变企业的战略选择。

4. 技术与教育环境

技术与教育环境指的是一个国家或地区的科技发展水平、国民受教育程度、人力资源的开发程度以及教育方式等。技术要素不仅仅包括那些引起革命性变化的发明，还包括与企业生产有关的新技术、新工艺、新材料的出现和发展趋势以及应用前景。

> **案例 5-1**
>
> **华为的企业 PEST 环境分析**
>
> 华为是一家生产销售通信设备的民营通信科技公司，总部位于中国广东省深圳市。华为的产品主要涉及通信网络中的交换网络、传输网络、无线及有线固定接入网络、数据通信网络及无线终端产品，为世界各地的通信运营商及专业网络拥有者提供硬件设备、软件、服务和解决方案。
>
> 1. 政治法律环境
>
> 国内政治环境稳定，经济不断发展。中国与其他国家的外交关系密切。根据国务院对软件企业的鼓励政策，新的信息化应用、云计算、物联网、移动 5G 和三网融合等新技术、新应用将是软件企业的重点发展方向。电信运营企业逐步实现政企分开，政府直接采购减少。国内的专利法比较稳定，中国加入 WTO（世界贸易组织）后进出口的限制越来越少。金融危机过后，各国为促进本国经济发展，必将采取各种严格的保护措施。
>
> 2. 经济环境
>
> 金融危机后，全球经济逐渐缓和。人民币持续升值，将提高华为的海外销售成本，从而降低净利润收入。中国国内地区间的收入和消费习惯差异比较大，东部明显较其他地区高。
>
> 3. 社会文化环境
>
> 人们对售后服务的要求越来越高，世界人口逐渐进入老龄化，人们的生活方式趋向于个性化、休闲化。随着经济的发展，互联网及移动互联网快速普及，手机终端业务需求快速增长。国内教育事业发展快速，文盲比例逐年下降。世界经济低迷，人们习惯把钱存到银行。人们的购买行为越来越理性化，喜欢性价比高的产品。收入差距目前相当明显，并

且会持续一段时间。重视品牌和产品质量已成为当前人们的消费理念,以家庭为单位的消费品需求数量增加。

4. 技术环境

科技企业竞争很激烈。科技发展降低了产品和服务的成本,并提高了质量。世界科技发展速度非常快,产品生命周期明显缩短。商用化程度较低,技术投资风险巨大,自主研发技术成本非常高,但如果成功收益也将很大。全球科技产业逐渐被几大企业所垄断,新兴企业很难存活。外购技术成本较高,有被卡脖子的风险,专利费用越来越高。外界对各公司技术水平的主观排序很重要,是公司实力的象征。

（二）微观创业环境

微观环境包括行业环境、竞争环境、中介环境、顾客环境、公众环境和内部环境。

1. 行业环境

创业者创业不论进入哪个行业都会遇到很多方面的行业壁垒,一定程度的规模经济、投入巨资的风险程度、行业周期不同阶段供货商和消费者的议价能力,这些都是创业者需要考虑和分析的行业环境影响因素。

2. 竞争环境

竞争环境是影响新创企业生存和发展的关键因素。创业者需要考虑新创企业所入行业可能需求的产品或服务差异化程度、生产的产品或经营的商品是否有替代品、行业现有竞争者的强弱、行业潜在进入者的潜能大小,这些都是竞争环境影响因素。

3. 中介环境

创业者所面临的行业中的中介环境是由中间商和服务商两个群体及其行为要素形成的:一是由中间商（代理商、批发商、零售商）业务水平高低、渠道冲突大小、管控难易程度等因素形成的,二是由调研公司、咨询公司、策划公司、广告公司、金融机构（银行、信用社、信贷公司、保险公司、孵化器等）等服务机构服务水平的优劣形成的。

4. 顾客环境

创业者及其新创企业需要分析所进入的行业的顾客需求及其消费状况,即分析消费者市场,发现潜在需求,锁定目标市场。尤其要关注和分析潜在消费者对处在行业周期不同阶段的产品或服务的不同需求。满足顾客需求是新创企业经营活动的起点和归宿。

5. 公众环境

创业者及其新创企业面临的公众环境包括:政府机构（主管部门、工商、税务、财政部门等）、媒体（报纸、杂志、电台、电视台、网络）、社会团体（行业协会、权益保护组织、环保组织等）、地方大众（地方官员、居民群众、社区组织等）和网民群体。

6. 内部环境

新创企业的内部环境影响因素包括:创业者自身的能力和素质、企业成员的整体素养、组织结构、激励机制、公关水平和企业文化等。

**案例 5-2**

海底捞"无人餐厅"

随着消费升级、信息化、大数据、人工智能等新科技的发展,"跨界"和"智能"成为当前餐饮业的关键词。2018年10月28日,斥资1.5亿元打造的海底捞全球首家"智慧餐厅"在北京正式营业。所谓"智慧餐厅",是指从等位点餐到厨房配菜、调制锅底和送菜,都融入了一系列"黑科技",实现了高度"无人化"。海底捞的"智慧餐厅"从"智能大脑""智能定制""智能出菜""智能体验"四个部分诠释了从生产到服务的全过程,给消费者带来全新的视听享受和就餐新体验。

海底捞的"智慧餐厅"为国内智慧餐饮打造了"样板间"。事实上,不只海底捞,多方巨头均不约而同瞄准了"智慧餐厅"。例如,快餐巨头德克士要开2300家未来店,碧桂园要开1000家机器人餐厅,家电巨头长虹要开机器人餐厅。餐饮行业的迭代正在驶入"快车道",智慧餐厅具有"人力成本低、出品水平稳定、大数据加持"等竞争优势。未来"餐饮智慧化"成行业趋势,传统餐厅或将逐渐消失。

科技改变着我们的生活,海底捞"智慧餐厅"可以优化经营模式和链条,造就低人力成本、高质量产品和全新智能体验。人工智能改变了传统经营模式,许多智慧餐饮企业相继涌现,从阿里、金马鲜生,到五芳斋、庆丰包子铺等都开始了智慧餐厅的试验,利用移动互联网技术改变运营模式,改善服务质量。

## 三、中国创业环境

从目前的经济发展形势来看,我国的就业形势依旧比较严峻,这也或将刺激更多年轻人选择创业,开始自己的创业之路。国家已出台一系列政策措施,大力扶持创业创新。2015年,党中央、国务院便出台了推进"大众创业,万众创新"的政策措施,这表明了我国对创新创业的高度重视。在国家政策的号召和引领下,各行各业都加入了创新创业的队伍,纷纷开始了创新创业的实践。例如,发展电子商务,在高等学校、职业院校开展创新创业教育,支持农民工等人员返乡创业等。以大学生创业为例,我国加强了创业培训,在资金方面给予支持,同时出台了税费的减免政策,进行落户政策支持,提供创业服务等。

"十三五"规划建议提出,完善创业扶持政策,鼓励以创业带动就业,建立面向人人的创业服务平台。这是面对全球新一轮科学技术革命与产业变革、面对我国经济发展新常态下的趋势变化和长期存在的就业压力提出来的。对于创业创新,国家还将大力支持。要想更好地实现创业带动就业,从政府角度讲,需要营造公平的创业环境,简政放权,降低创新创业成本,进一步完善创新创业的法制环境,加快创新创业人才的培养,打造众创空间,拓宽融资渠道,加大减税降费的力度。

目前,我国高技能人才总量不足、结构问题突出,人才断档现象严重,与世界先进水平差距较大,与我国目前经济社会发展的需要极不相称。

**案例 5-3**

"微店"从小打小闹到快速发展

如今,"微信营销"俨然成了年轻人创业、兼职的潮流。许多大学生选择微信平台做生意,就是看中它不用租房子、不用注册公司,只需要手机号、身份证号就能快速开店。

在"朋友圈"做生意收益如何?小静曾在"朋友圈"卖暖手宝就成交了200个,赚了1000多元。但小静同时表示,毕竟"朋友圈"里只有那么几百人,能挖掘的客户资源有限,赚更多的钱有一定难度。"朋友圈"做生意卖什么?那就要看你的小伙伴都是什么来头了,大四学生小庞的朋友圈里除了同学、老师,还有很多"富二代"和潮男靓女,她看准这个市场,在"朋友圈"里卖起了奢侈品,名包、名表、名服饰,因为找到一手货源,小庞的卖品性价比特别高,生意很红火。

如果说微信"朋友圈"是"摆地摊",那么微信服务号做生意更像是"进商场"。"微信服务我来做!送餐、送水果、送零食,跑腿就为你满意……"各地大学城里一股"微信营销"风蔚然兴起。大学生们申请微信公众号经营"微店",通过微信提供服务和买卖。"只要你拥有一部智能手机,想吃什么,动动手指,很快就能送到你面前。"

### 四、大学生创业环境

大学生创业对促进国家经济发展与社会进步有重要作用。2020年,高校毕业生数量巨大,且受新冠肺炎疫情影响,大学生就业形势严峻。国务院不断出台创业优惠政策,旨在增加大学生创业热情,鼓励创新创业,缓解就业压力。然而现实的情况的确不容乐观,大学生创业比例依旧很低。

(一)大学生创业的宏观环境

大学生创业者在创业时对地区环境的评价应主要考虑以下因素:创业者对该地区的熟悉程度,创业者在该地区有多大的影响力,拟创立的企业在该地区会产生怎样的影响,创业者有无特别的人际关系技能来培养关键的地区关系,

【问卷调查】大学生创业现状

采取什么样的实际步骤来加强地区支持、使当地创业机会最大化,采取什么样的实际步骤来减少地区的反对、使当地问题最小化。任何一个新创企业都必然归类为某个行业或某几个行业,因此,行业分析对新创企业十分重要。一般来说,新创企业的行业环境分析主要关注两个问题:一是行业内的竞争程度及变化趋势,二是行业所处的生命周期。美国学者麦克尔波特的五种力量模型反映了新创企业环境因素。他认为,现在市场竞争者、潜在的进入者、供应商、消费者和替代品生产者决定了一个行业的竞争力,构成了行业环境因素。

(二)大学生创业的微观环境

创业者在寻找和分析外部机遇时,时刻不能忘记自身的优势与劣势。只有将优势与外部的机遇有机地结合起来,才能使创业成功。内部环境是创业组织内部各种创业要素和资源的总称,比如人员、资金、设施、技术、产品、生产、管理和运行等方面的情况。内部环境是创业活动的根基。要从创业团队、资金及其来源、产品竞争力、技术开发水平、生产工艺、市场渠道、货源等方面找出自身的优势和劣势。

(三)大学生创业的优势和劣势

优势:当代大学生自主创业意识较强,对创业有浓厚的兴趣,有创业的激情和梦想。大学生想通过创业展示自我的价值和才能,为社会和自己创造财富。当代大学生有较好的文化素养和创业潜能,在人际交往、协调沟通、想象空间、运动空间、团队合作及组织管理等方

面表现出较强的能力,在非智力因素方面有较大的优势。

  劣势:大学生对于自己的创业能力缺乏客观的评价,很多大学生都有急功近利的思想,总是希望自己能通过创业快速致富,缺乏长期创业的心理准备,对在创业过程中要遇到的风险和困难预计不足。有部分大学生怕苦怕累、怕竞争,不想从基层做起,做事缺乏经验,不敢尝试冒险,不善于观察和思考。

  当前,国家高度重视大学生创新创业,出台了一系列的相关政策,为大学生创业提供了支持和保障。大学生要懂得抓住机遇,充分发挥自身的优势,全面提高自身的素质,为创业做好准备。

【量表测试】你是否适合创业

## 能力训练

【能力训练】案例分析

**步骤1:阅读案例。**

  白凯明的大学专业是电子商务,毕业时恰逢就业形势不好,于是,白凯明准备自己创业。他看到农村老家口罩制造小有规模,从事者也都实现了发家致富,白凯明决定加入其中。白凯明用8万元启动资金,开始了"如雪"牌口罩的生产经营。他购置了4台机器,花费12000元;生产的场地是自家的厢房;雇佣的6名工人是当地的农村妇女。经过4个月的摸索,白凯明渐渐摸出了门路,再加之甲型流感的蔓延,市场对口罩的需求激增,白凯明接到的订单越来越多,工人们开始加班加点。到年底,白凯明获得7万元的净利润。经过将近一年的历练,他发现利润最高的是最新流行款式,而跟不上潮流的样式则是低价难销。2010年,白凯明将生产的重心放了在新款式口罩上,聘请了一名学习服装设计的在校大学生设计口罩的款式。这一年白凯明不仅保持了上一年度的高销售额,并且由于样式新颖的口罩利润丰厚,他实现净收入15万元。2011年年初,白凯明将口罩事业发展到了电子商务领域,其所学专业知识发挥了作用。利用网络的便捷优势,白凯明已经成为西北和东北地区多家大型口罩批发商的供货商。考虑到生产扩张,白凯明打算租一处厂房,成立凯明口罩制造有限公司,使自己的口罩事业再上一个台阶。

**步骤2:根据案例,回答问题。**

  白凯明的自主创业是成功的,分析其原因有哪些。

# 单元二　识别创业机会

> **案例导读**
>
> 寻找创业机会，创造"复星"神话
>
> "复星四剑客"分别是郭广昌、梁信军、汪群斌和范伟。在郭广昌的带领下，他们不断创造着资本神话。
>
> 复星把握商机有独到的眼光，每开辟一个新领域，都选择在行业低谷时进入。复星的"第一桶金"是1992年靠做市场调查赚到的，一年就赚了第一个100万元。1994年，复星作为上海早期的房产销售商之一，当年就赚了第一个1000万元。1997年，复星主攻PCR试剂生产，生物制药业务又给他们带来了第一个1亿元。1998年，改制后的"复星实业"上市，随即募集资金3.5亿元。2001年，复星对豫园商城、友谊股份进行控股收购，真正将产业与资本对接。2002年，复星对建龙钢铁投资时，正处于中国钢铁行业的低迷时期，复星以极低的成本投资了建龙。2003年，复星投资德邦证券时，证券业也正处在低潮期，没人愿意购买。2004年，复星投资招金矿业，黄金价格也处在历史低点。这样的消费理念，也逐渐形成了复星人常挂在嘴边的"快半步"文化，就连复星的上海总部大楼，都是1999年买下的烂尾楼盘，当时的价格只有4500元/平方米。
>
> 这个案例说明了什么？

## 一、创业机会的捕捉

### （一）创业机会的概念

对于创业机会的内涵，研究学者们各自从不同的角度进行了解读。美国百森商学院蒂蒙斯教授认为，创业机会具有吸引力、持久、适时的特性，它根植于可以为客户或最终用户创造或增加价值的产品或服务中。纽约大学柯兹纳教授认为，创业机会就是未明确的市场需求或未被充分利用的资源或能力。英国经济学家卡森认为，创业机会是在新的生产方式中引入新产品、服务、原材料等要素，并结合起来满足市场需求，进而创造价值的可能性。奥地利经济学家熊彼特认为，创业机会是通过把资源创造性地结合起来，以便迎合市场的某种需求，从而创造价值的一种可能性。我国创业领域的著名学者邓学军认为，创业机会是一种满足未被满足的有效需要的可能性。

不难看出，上面的表述都强调了市场需求和产品（服务）两个核心要素。创业机会是指创业者寻找并创造性地组合各类资源，力图通过形成产品或服务来满足某种市场需求，并使自身获益的一种商业可能性。

### （二）创业机会的来源

创业者要想赢得创业机会，就需要搞清楚并关注创业机会的来源。创业机会的来源主要有以下五个方面。

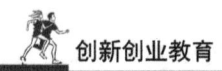

#### 1. 解决问题

创业的根本目的是满足顾客需求，而顾客需求在没有得到满足前就是问题。因此，创业机会的一个重要途径就是善于去发现和体会自己和他人在需求方面的问题或生活中的难处。问题就是机会。例如，上海有一位白领发现，家离公司远的白领们中午想忙里偷闲地多休息一会儿，以便舒缓身心的疲惫、养精蓄锐，但公司一般不允许放床，于是，她创办了一家名为"睡吧"的小旅馆，年入百万元，这就是一个把问题转化为创业机会的成功案例。

#### 2. 环境变化

创业的机会大都源于不断变化的市场环境。当环境变化了，市场需求、市场结构必然发生变化。这种变化主要来自于产业结构的变动、消费结构升级、城市化加速、人口思想观念的变化及政府政策的变化等诸多方面。例如，由于居民收入水平提高，私人轿车的拥有量将不断增加，这就会派生出汽车销售、修理、配件、清洁、装潢以及二手车交易、代驾等诸多创业机会。

#### 3. 创意与发明

发明创造是运用现有的科学知识和科学技术，首创出先进、新颖、独特的具有社会意义的事物及方法，来有效地解决某一实际需要。创造发明提供了新产品、新服务，更好地满足顾客需求，同时也带来了创业机会。例如，智能手机的出现带动了操作系统、应用程序、移动互联网和手机配件等产业的发展。

#### 4. 市场竞争

现代市场并非铁板一块，只要在细分市场中找准适合自己的缝隙，通过调整市场竞争策略，进而弥补竞争对手的缺陷和不足，就能找到创业机会的突破口。例如，美国"即拍得"照相机就是靠着能为用户提供"只要10秒钟就可洗出照片来的喜悦"这样一种新的体验和乐趣成功打入了拥有佳能、尼康等优质照相机品牌的日本市场。

#### 5. 新技术新模式

从第一次工业革命到现在的工业4.0，几乎每一个新兴产业的形成和发展都是技术创新的结果。产业的变更或产品的替代，既满足了顾客的需求，同时也带来了前所未有的创业机会。例如，对新能源的利用加速了新能源汽车、蓄电池、配套设施等产业的兴起。

### （三）创业机会的类型

按创业机会的来源分，创业机会可以分为问题型机会、趋势型机会和组合型机会。

按目的与手段关系的明确程度，创业机会可以分为识别型机会（目的与手段关系明确）、发现型机会（目的与手段关系有一方不明确）和创造型机会（目的与手段关系均不明确）。

> **知识拓展**
>
> **创业机会的特征**
>
> （1）时代性  机会总是与时代紧密联系在一起的，具有鲜明的时代特征。
> （2）普遍性  凡是有市场、有经营的地方，客观上就存在着创业机会。
> （3）偶然性  机会在大多数情况下是偶然被捕捉到的。
> （4）风险性  机会带来利益的同时，也给人们带来投资风险。

(5) 隐蔽性　机会是一种无形的事物，只能凭感觉意识到它的存在，而无法用视觉看到它。

(6) 消逝性　机会表现为稍纵即逝和一去不复返。

### 案例 5-4　"牛仔大王"李维斯的创业故事

"牛仔大王"李维斯的创业发迹史中曾有这样一段传奇：当年他像许多年轻人一样，带着梦想前往西部淘金，途中一条大河拦住了去路，于是陆续有人向上游、下游绕道而行，也有人打道回府，更多的则是怨声一片。但李维斯却不断重复着对自己说："太棒了，大河居然挡住我的去路，又给我一次成长的机会，凡事的发生必有其因果，必有助于我。"果然，他真的有了一个绝妙的创业主意——摆渡。淘金的人们都愿意花一点小钱坐他的渡船过河，很快，他人生的第一笔财富居然因大河挡道而获得。

一段时间后，摆渡生意开始清淡，他决定放弃生意，并继续前往西部淘金。来到西部，李维斯发现，因为采矿人出汗很多，造成饮用水很紧张，但似乎大家的注意力都在淘金上，并没有人关注缺水的问题。于是，别人采矿，他卖水，不久他卖水的生意便红红火火，又赚了不少钱。慢慢地，也有人加入到了卖水的行列，再后来，同行的人已越来越多。一个壮汉为了抢生意，将李维斯暴打了一顿，还拆烂了他的水车。李维斯无奈地接受现实，但他立即调整心态，转移自己注意的焦点。他发现，来西部淘金的人的衣服极易磨破，同时又发现西部到处都有废弃的帐篷。于是，他又有了一个绝妙的好主意：把那些废旧的帐篷收集起来，洗干净后做成裤子，再卖给工人。结果销量非常好，从此，他一发不可收拾，最终成为举世闻名的"牛仔大王"。

## 二、创业机会的识别

创业的关键因素就是如何识别创业机会，创业过程就是围绕着创业机会进行识别、开发、利用的过程。识别正确的创业机会是创业者应当具备的重要技能。许多好的商业机会并不是突然出现的，而是对于"一个有准备的头脑"的一种"回报"，或是当一个识别市场机会的机制建立起来之后才会出现。

### （一）影响创业机会识别的关键因素

分析影响创业机会识别的关键因素及其相互关系，有助于深入把握创业机会识别的内在规律。影响创业机会识别的因素主要有以下6个。

1. 创业愿望

创业愿望是创业的原动力，只有拥有强烈的创业愿望，创业者才有可能更多、更有效地发现和识别市场机会。反之，再好的创业机会也会与创业者失之交臂。

2. 认知能力与专业知识

一般来说，拥有某个领域更多专业知识的人，会比其他人对该领域内的机会更具警觉性与敏感性。例如，一位计算机工程师就比一位律师对计算机产业内的机会和需求更为警觉与敏感，具有商业敏感度。

3. 先前经验

根据走廊原理，创业者一旦创建企业，就开始了一段旅程，而在这段旅程中，通向创业机会的"走廊"将变得清晰可见。也就是说，特定产业中的先前经验有助于创业者识别出创业机会。有调查发现，70%左右的创业机会其实是在复制或修改以前的想法或创意，而不是全新创业机会的发现。

4. 社会资本

创业者的社会资本是指与创业者个人及组织所建立的各类社会关系连接在一起形成的一系列资源，实际上是创业者各类社会关系资源价值的集中体现。创业者的社会关系网络包括政府、金融机构、高校、专业支持机构、商业合作伙伴、朋友、家庭和同事等。有关研究发现，社会关系网络是个体识别创业机会的主要来源。在通常情况下，建立了大量社会与专家联系网络的人，会比那些拥有少量网络的人更容易得到机会。

5. 创新思维

创业的本质是创新。创业机会的识别过程也要求创造新的手段——目的关系，最终形成新的产品、新的服务、新的原材料以及新的组织方式，其本身就是一个不断反复的创造性思维过程。创新思维对于创业机会识别及其后续的创业活动十分重要。例如，从纷繁复杂的信息中，你有没有可能挖掘出客户的需求，并提出具有创意性、产生新价值的产品或者服务解决方案，取决于你的创新思维能力。

6. 创业环境

创业环境是创业过程中多种因素的组合，包括宏观经济政策与制度、产业结构、人口环境、技术环境、自然环境、市场环境和创业价值观等。例如，创业型经济发展的政策倾向、人们生活方式的改变、市场竞争环境的公平性，都会对创业机会的识别产生较大程度的影响，甚至影响创业者的创业积极性。

（二）常见创业机会的识别方法

识别创业机会的方法有多种，其中有的来自启发，有的依靠经验获得，有的较为复杂，需要市场研究专家的支持。这里主要归纳较为常见的3种方法。

1. 通过系统分析发现创业机会

大多数的创业机会都可以通过系统分析得到，人们可以从企业的宏观环境（政治、法律、技术、人口等）和微观环境（顾客、竞争对手、供应商等）的变化中发现机会。注重二级调查、借助市场调研、不断记录想法并从环境变化中发现机会，是发现创业机会的一般规律。

2. 通过问题分析和顾客建议发现创业机会

（1）问题分析　从一开始就要找出个人和组织的需求以及其面临的问题，这些问题可能明确，也可能含蓄，重要的是抓住核心问题，那就是"什么才是最好的"。

（2）询问顾客的建议　一个新的创业机会也许会由顾客识别出来，因为他们知道自己究竟需要什么。顾客的建议是多种多样的，最简单的也是经常听到的一些诸如"如果那样的话不是更好吗"这样的非正式建议，多留意这些，将有助于你发现创业机会。

### 3. 通过创造获得创业机会

这种方法在新技术行业最为常见，如 3D 打印、无人机等，它可能始于明确拟满足的市场需求，从而积极探索相应的新技术和新知识；也可能始于一项新技术发明，进而积极探索新技术的商业价值。通过创造获得创业机会比其他任何方式的难度都大，风险也很高。如果能够成功，其回报也更大。

**案例 5-5**

**技术创新寻得创业机会、绘制精彩人生**

朱炳华是南京信息职业技术学院软件技术专业2010届毕业生。2009年12月，他凭借"华创自助打印系统"项目，参加学校举办的第二届创业计划大赛，荣获一等奖，并成功入驻大学生创业教育中心。2011年11月，"顺捷图文"正式注册，公司主要从事自助打印。

2007年，在入学的第一年，朱炳华就利用业余时间出去打工。他和7名同学利用打工积攒的一万元购买设备，在学校创业园开出一家"打印店"，为同学们服务，效益还不错。"传统打印机效率太低，又不能24小时服务。能不能研制一台自助式打印机，让消费者刷卡自助消费？"他的创业团队利用所学知识，先做软件研制，所在学院也将此列为课题攻关项目。在众人的共同努力下，功能化产品样机研制出来了。但到市场上寻找合作伙伴时却遇到一系列的麻烦，很多商家不肯合作。后来一家公司终于被朱炳华的诚意打动，帮助他研制出"总控盒"，再加上其他硬件，自助式打印机终于诞生。该款机器填补了市场空白，但毕竟是第一代产品，由于技术不成熟等原因，自助式打印机运作还不十分理想。而此时的朱炳华几乎全面陷入困境，10多万元的投入已使他们倾尽所有，同时团队成员面临毕业问题。

后来在学校的大力支持和配合下，该项目在"成业栖霞"青年创业挑战赛上取得季军，获得东南大学及企业专家直接进行创业辅导的机会。在政府、学校、企业的共同帮助下，2010年1月，"华创自助打印复印系统"研发成功。由南京品佳科技公司制作了第一台样机并投入使用。学校为项目安排了创业实践基地，在基地里，自助打印系统开始了实验性运营。在试运营阶段，通过学生的实际使用，朱炳华及其团队发现了许多问题，并完善了系统功能，更进一步提升了系统的稳定性，最终实现了自己建设服务器以及所有设备和配件的自主化生产。

## 三、创业机会的选择

### （一）创业机会选择的基本原则

想要捕捉到好的创业机会，选择最好的创业项目，要遵循以下创业项目选择的基本原则。

#### 1. 选择国家政策扶持并具有发展前景的行业

【量表测试】创业机会可行性

从中央到地方，各项优惠政策数不胜数。国家在鼓励某些行业发展的同时，在税收、用地、资金等各方面都会出台各项相关优惠政策，从另一个方面也说明该行业具有良好的市场发展前景和政策发展环境。因此，创业者应充分利用国家的优惠政策，挖掘具有发展前景的"朝阳行业"，因时利势，与时俱进，找准自己的"落脚点"。

2. 充分了解创业客观环境

想要创业，就要充分了解创业所在地的客观环境（包括社会、经济和人文环境），要认真分析当地的发展政策、消费环境、市场竞争强度和人文特点等。深入考察创业环境能够帮助创业者开阔视野，敏锐捕捉到市场机会，增强项目选择的合理性。

3. 充分发挥自身兴趣特长与资源优势

比尔盖茨曾经说过："做你自己最擅长的事。"创业者最擅长的事，容易在跟别人竞争时具有优势，也最有可能干好并脱颖而出。因此，创业者在创业之前，需要认真地分析自己的特点，找出自己的强项，决定着手点。对自己的情况分析得越透彻，就越容易找到扬长避短并适合自己的创业项目，越能提高创业的成功率。

在审视了创业环境之后，应从中甄选出可利用、开发的各种资源，充分发挥资源优势，做到自有资源优先，如专业技术、行业从业经验、经营管理能力、个人社会关系及私有物质资产等。自有资源的取得和使用成本较低，也容易使项目获得优势。

4. 认真做好市场调研，挖掘市场需求

创业项目的选择必须从社会需求出发，以市场为导向。要想知道什么项目是未来有潜在市场的，就需要创业者做一个详细的调研和论证，认真做好市场调研。例如，顾客的消费特点是什么？顾客的构成特点是什么？当地该产品的年销售总量是多少？顾客数量在增加吗？顾客数量稳定吗？什么地方最适合经营？至少需要多少流动资金？把所有问题列出来，做成清单，经过调查研究后逐个解决。

5. 量入为出，从小做起

创业者初次创业时，应尽量选择初始资金投入少、资金周转周期短的项目，保证创业项目后期运转有足够的资金，以维持企业的正常运营。应尽量规避初始资金投入较大、需要大量库存等风险较大的项目。要坚持量入为出的原则，要考虑项目启动资金是否可以承受、后续资金投入能否跟上、项目投入中固定部分和流动部分的比例是否合理等问题。

6. 创新与特色

创新与特色是企业的生命，也是创业成功的关键。所谓人无我有、人有我优、人优我特、人特我精，市场上没有的、先于别人发现的、与别人不同的、比别人强的项目都可以归类为有创新、有特色的项目。因此，创业者应该对市场的动态变化保持敏锐的感知，时刻了解市场需求变化的方向，发现市场空白，设计出具备创新与特色的创业项目，避免与同行竞争者拼杀，从而提升产品的辨识度和认知度，拥有更高的定价空间。

（二）有价值创业机会的基本特征

如果创业者在创业前能以比较客观的方式进行评估，判断出面对的创业机会是否具有创业价值，那么创业成功的概率也可以因此而大幅提升。有价值潜力的创意一般会具有以下基本特征。

1. 独特、新颖，难以模仿

创业的本质是创新，创新可以是新的发明、技术和方案，可以是差异化的解决办法，也可以是更好的措施。同时，新颖性还意味着在一定程度上的领先性。不少创业者在选择创业机会时，关注国家政策优先支持的领域就是在寻找领先性的项目。不具有新颖性的想法不仅将来不会吸引投资者和消费者，对创业者本人都不会有激励作用。另外，新颖性还可以加大被模仿的难度。

2. 客观、真实，操作性强

有价值的创意具有实用价值和现实意义。一个简单的判断标准是能够开发出可以把握机会的产品或服务，而且市场上存在对产品或服务的真实需求，或可以找到让潜在消费者接受产品或服务的方法。

3. 对用户的价值与对创业者的价值

有潜力的创意还具备对用户的价值与对创业者的价值。创意的价值特征是根本，好的创意要能给消费者带来真正的价值。创意的价值要靠市场来检验。好的创意需要进行市场测试。同时，好的创意要给创业者带来价值，这是创业动机产生的前提。

### 案例 5-6
#### "中药鸡"年销上千万元，并且带动周边农户走向富裕

张正群是来自重庆的80后"辣妹子"，是中国百万返乡创业的青年之一。7年前，她不顾亲人和朋友的反对，不畏乡村环境的艰辛，毅然来到重庆乡村的大山里养鸡。7年间，她从"门外汉"自学成为养殖专家，独创的"中药鸡"年销上千万元，并且带动周边农户走向富裕。

2012年，张正群在与老家一山之隔的青峰镇牌坊坝村流转了100多亩山坡，成立了永川态聚家禽养殖股份合作社，开始了土鸡养殖。

由于坚持"良知"，她拒绝喂养添加了各类抗生素的"饲料鸡"，而是选择用纯粮食喂鸡。这样一来，张正群家的鸡比同行业的饲料鸡抵抗力差得多，2013年禽流感来袭，即将出栏的2万只鸡损失惨重，导致直接亏损30多万元。

2013年4月，张正群邀请西南大学的教授作为技术顾问，用200只土鸡进行实验，用人参、山楂、当归等30多味中药，以1:20的比例添加杂粮作为主食，以昆虫及菜叶为辅进行喂养。此外，她还将过去的圈养改为竹林下散养，并且严格控制出栏时间。

半年过后，张正群将"中药鸡"送往权威机构进行检测，结果表明，中药鸡抵抗力大幅增强，抗生素、药物残留几乎为零，脂肪含量是普通土鸡的三分之一，而蛋白质和钙却高出三分之一。在越来越讲求食物品质的当下，张正群的"中药鸡"以高钙、高蛋白、低脂肪的特点迅速打开市场，受到消费者欢迎。

## 四、创业项目的评价

不是每个创业机会都一定会给创业者带来益处，每个创业机会都存在一定的风险，因此，创业者在利用创业机会之前，要对创业机会进行科学的分析与评价，要利用自己的商业敏感能力做出主观判断。同时，要利用一定的科学方法，做出定量分析，然后做出是否创业的决策。

### （一）主观评价创业机会的价值

识别创业机会的商业敏感能力与个人能力、天赋和决心直接相关。一般具备较高商业敏感能力的人都具备以下共同特征。

1. 较强的信息处理能力

发现创业机会需要相对充分、准确、及时的信息,并能获取别人难以获取的有价值的信息。而评价创业机会则需要较强的信息处理能力,这与个人的认知能力和逻辑思维能力相关。

2. 良好的人际关系

判断一个创业机会的价值,不同的人有不同的分析视角。因此,良好的人际关系不但可以帮助创业者发现更多的创业机会,还可以帮助创业者识别创业机会。

3. 专注精神

专注精神提高了一个人在某方面的认知程度。如果一个人专注于一个行业,并凭借专业知识,就能迅速判断创业机会的价值。调查表明,9%以上的创业者都是从先前工作的行业中发现创业机会,并迅速抓住创业机会而实现创业的。

4. 自信、乐观的心态

自信、乐观的人因为相信自己的判断,比较看好机会的前景而不是风险,在创业机会面前往往表现出的是一种勇敢和敢于尝试的冒险精神,能更好地识别和抓住机会。

主观评价创业机会的价值除了依靠创业者的个人能力外,具有价值的创业机会本身也具备一些共同特征,创业者也可以根据其特征分析自己的创业机会是否具有价值。

(1)满足顾客的需求  能否满足顾客需求是评判创业机会价值最根本的标准。

(2)较大的市场容量  较大的市场容量能带来较为旺盛的需求、较大的利润增长空间和更为广阔的发展空间,同时也意味着创业机会窗口关闭的时间会比较晚。

(3)需求的及时性  只有能及时满足顾客需求的市场,才能支撑起初创企业的生存。

(4)较明确的目标市场  具有价值的创业目标一般都有比较明确的服务目标市场。

(二)客观评价创业机会的价值

1. 定性分析

定性评价创业机会的流程,主要包括五大步骤:第一步,判断新产品或服务将如何使购买者创造价值,判断使用新产品或服务时的潜在障碍,如何克服这些障碍,根据对产品和市场认可度的分析,得出新产品的潜在需求、早期使用者的行为特征、产品达到创造收益的预期时间;第二步,分析产品在目标市场投放的技术风险、财务风险、竞争风险以及机会;第三步,在产品的制造过程中是否能保证足够的生产批量和可以接受的产品质量;第四步,估算新产品项目的初始投资额,使用何种融资渠道;第五步,在更大的范围内考虑风险的程度,以及如何控制和管理风险因素。常用的主要有PEST分析法、波特五力模型和SWOT分析法。

(1)PEST分析法  PEST分析法主要用于分析影响行业发展的主要外部因素,主要是针对政治环境(Politics)、经济环境(Economy)、社会环境(Society)、技术环境(Technology)这四大类因素加以分析,把握创业企业和项目所处宏观环境的现状及变化的趋势。

(2)波特五力模型  波特五力模型是迈克尔·波特(Michael Porter)于20世纪80年代初提出的,用于分析一个行业的基本竞争态势和市场吸引力程度的高低。"五力"是指行业中存在的决定竞争规模和程度的5种力量,分别为同行业内现有竞争者的竞争能力、潜在竞争者进入的能力、替代品的替代能力、供应商的讨价还价能力和购买者的讨价还价能力。这5种力量综合起来会影响产业的吸引力以及现有企业的竞争战略决策。

(3)SWOT分析法  SWOT分析法是能帮助创业者分析企业自身的竞争优势、竞争劣势、机会和威胁，从而将公司的战略与公司内部资源、外部环境有机地结合起来的一种科学的分析方法。利用SWOT分析法，创业者可以更加方便地抓住机会、发挥优势、克服不足及回避威胁。

2. 定量分析

（1）蒂豪斯的创业机会评价框架　美国柏森商学院的蒂豪斯教授提出的创业机会评价框架涉及行业与市场、经济因素、收获条件、竞争优势、管理团队、致命缺陷、个人标准、理想与现实的战略性差异8个方面的53项指标，提供了一套系统的评价框架和可量化的指标体系。创业者可以利用这个工具来评价创业项目的可行性及其价值。

（2）标准打分矩阵　标准打分矩阵是指将创业机会评价体系的每个指标设定3个打分标准（极好3分，好2分，一般1分）而形成的打分矩阵表，见表5-1。最后求出对于每个因素在各个创业机会下的加权平均分，从而可以对不同的创业机会进行比较。

表5-1　标准打分矩阵

| 标准 | 专家评分 | | | |
|---|---|---|---|---|
| | 极好（3） | 好（2） | 一般（1） | 加权平均分 |
| 易操作性 | | | | |
| 质量和易维护性 | | | | |
| 市场接受度 | | | | |
| 增加资本的能力 | | | | |
| 专利权状况 | | | | |
| 市场的大小 | | | | |
| 制造的简单性 | | | | |
| 广告潜力 | | | | |
| 成长潜力 | | | | |
| 投资回报 | | | | |

**知识拓展**

### 如何评价创业机会

著名管理学家蒂豪斯提出的创业机会评价见表5-2，目前在业内被广泛使用，可供参照。

表5-2　蒂豪斯的创业机会评价

| 评估框架 | 评估因素 |
|---|---|
| 行业与市场 | 1. 市场容易识别，可以带来持续收入<br>2. 顾客可以接受产品或服务，愿意为此付费<br>3. 产品的附加价值高<br>4. 产品对市场的影响力高<br>5. 将要开发的产品生命长久<br>6. 项目所在的行业是新兴行业，竞争不完善<br>7. 市场规模大，销售潜力达到1000万～10亿元<br>8. 市场成长率在30%～50%甚至更高<br>9. 现有厂商的生产能力几乎完全饱和<br>10. 在五年内能占据市场的领导地位，达到20%以上<br>11. 拥有低成本的供货商，具有成本优势 |

（续）

| 评估框架 | 评估因素 |
|---|---|
| 经济因素 | 1. 达到盈亏平衡点所需要的时间在 1.5～2 年<br>2. 盈亏平衡点不会逐渐提高<br>3. 投资回报率在 25% 以上<br>4. 项目对资金的要求不是很大，能够获得融资<br>5. 销售额的年增长率高于 15%<br>6. 有良好的现金流量，能占到销售额的 20%～30%<br>7. 能获得持久的毛利，毛利率要达到 40% 以上<br>8. 能获得持久的税后利润，税后利润率要超过 10%<br>9. 资产集中程度低<br>10. 运营资金不多，需求量是逐渐增加的<br>11. 研究开发工作对资金的要求不高 |
| 收获条件 | 1. 项目带来的附加价值具有较高的战略意义<br>2. 存在现有的或可预料的退出方式<br>3. 资本市场环境有利，可以实现资本的流动 |
| 竞争优势 | 1. 固定成本和可变成本低<br>2. 对成本、价格和销售的控制较高<br>3. 已经获得或可以获得对专利所有权的保护<br>4. 竞争对手尚未觉醒，竞争较弱<br>5. 拥有专利或具有某种独占性<br>6. 拥有发展良好的网络关系，容易获得合同<br>7. 拥有杰出的关键人员和管理团队 |
| 管理团队 | 1. 创业者团队是一个优秀管理者的组合<br>2. 行业和技术经验达到了本行业内的最高水平<br>3. 管理团队的正直廉洁程度能达到最高水平<br>4. 管理团队知道自己缺乏哪方面的知识 |
| 致命缺陷 | 是否存在任何致命缺陷 |
| 创业者的个人标准 | 1. 个人目标与创业活动相符合<br>2. 创业家可以做到在有限的风险下实现成功<br>3. 创业家能接受薪水减少等损失<br>4. 创业家渴望进行创业这种生活方式，而不只是为了赚大钱<br>5. 创业家可以承受适当的风险<br>6. 创业家在压力下状态依然良好 |
| 理想与现实的战略性差异 | 1. 理想与现实情况相吻合<br>2. 管理团队已经是最好的<br>3. 在客户服务管理方面有很好的服务理念<br>4. 所创办的事业顺应时代潮流<br>5. 所采取的技术具有突破性，不存在许多替代品或竞争对手<br>6. 具备灵活的适应能力，能快速地进行取舍<br>7. 始终在寻找新的机会<br>8. 定价与市场领先者几乎持平<br>9. 能够获得销售渠道，或已经拥有现成的网络<br>10. 能够允许失败 |

【知识拓展】波特五力模型

【知识拓展】SWOT 分析法

## 能力训练

【能力训练1】捕捉创业机会

步骤1：思考生活中存在的问题（你的烦恼）或未被满足的需求，并填入表5-3中。

表5-3 生活中的烦恼

| 烦恼一 | 烦恼二 | 烦恼三 | 烦恼四 | 烦恼五 |
| --- | --- | --- | --- | --- |
|  |  |  |  |  |

步骤2：对这些存在的问题（你的烦恼）进行分类，并选出最具代表性的烦恼。

步骤3：针对最具代表性的烦恼挖掘出用户需求，并填入表5-4中。

表5-4 发现用户需求

| 需求一 |  |
| --- | --- |
| 需求二 |  |
| 需求三 |  |

【能力训练2】识别创业机会

步骤1：每位同学将挖掘出来的用户需求展示给组员，全组同学讨论并投票选出一个创业机会。

步骤2：全组同学一起分析这个创业机会，对该创业机会进行描述并填写表5-5。

表5-5 识别创业计划

| 商机相关人员 | 需求描述 | 商机描述 |
| --- | --- | --- |
|  |  |  |
|  |  |  |

【能力训练3】评价创业机会

步骤1：全组同学讨论能力训练2中的识别创业机会结果。

步骤2：继续分析这个创业机会，确认解决方案并填写表5-6。

表 5-6　评价内容

| 商机相关人员 | 需求描述 | 商机描述 | 解决方案 |
|---|---|---|---|
|  |  |  |  |
|  |  |  |  |
|  |  |  |  |

步骤 3：将每个指标按照 2～5 分的标准进行评价打分，填入表 5-7。

表 5-7　评估商机

| 评估方面 | 资源获取 | 市场规模 | 盈利能力 | 竞争能力 | 可持续性 | 风险可控 | 创新能力 | 带动就业 | 成本结构 | 加权得分 |
|---|---|---|---|---|---|---|---|---|---|---|
| 评分 |  |  |  |  |  |  |  |  |  |  |
| 评估结论 |  |  |  |  |  |  |  |  |  |  |

# 模块六　创业资源与创业团队

● **名人名言**

天时不如地利，地利不如人和。

——孟子

创业者在企业成长的各个阶段都会努力争取用尽量最少的资源来推进企业的发展，他们要的不是拥有资源，而是要控制这些资源。

——霍华德·史蒂文森

● **导读导学**

创业资源和创业团队是企业创立和发展的两个重要因素。如何获取创业资源和组建创业团队就成为创业者必须考虑的问题。

资源整合是创业成功的重要因素。创业者在创业过程中需要有效识别创业所需的各种资源，并借助企业内外部的各种力量，对这些资源进行有效整合。可以说，获取并整合创业资源与企业的成长相生相伴，从企业的初创、发展壮大到健康成长，谁能获取更多更好的资源，谁将在激烈的市场竞争中占据有利地位。

创业团队是创业资源中人才资源的重要组成部分，创业离不开团队，建设一个高效的创业团队对成功创业起着非常重要的作用。

● **思维导图**

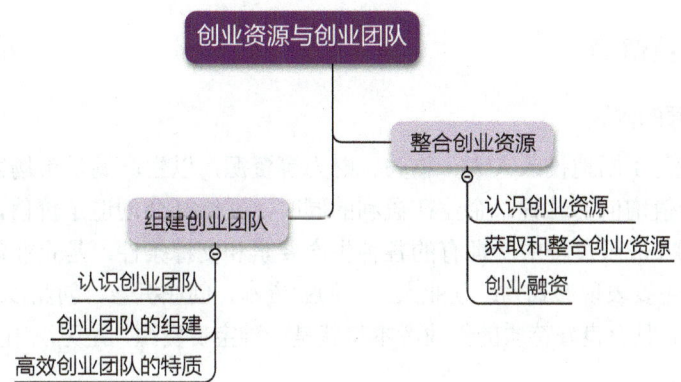

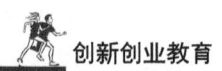

# 单元一　整合创业资源

**案例导读**

### 整合资源获得第一桶金

小王是一名在校学生，他看上了学校新建食堂 4 层的一块闲置的大厅。小王想以低价把这块场地拿下来。因为学校有 4 万名学生，虽然食堂在 4 层，只要宣传得当，学生还是愿意来的。他最擅长的是英语，且大学生对学习英语以及小语种的需求非常迫切，于是他巧妙地运用杠杆借力，开启了一个英语项目，赚得了第一桶金，他是怎么做到的呢？

首先，他解决了场地问题。他去和学校后勤负责人协商，保证每个月给学校带来 2 万元的营业额，条件是免费使用这个闲置的场地，后勤负责人同意了。

其次是项目内容。他重新定位了英语培训，在这个闲置的场地不做任何商业活动，只是用来带领学校的学生晨读。于是，一种百人晨读英语的训练项目诞生了。

接着，他为了确保晨读英语的权威性和可信度，塑造服务价值，与著名的培训机构新东方谈合作，帮新东方招生至少 100 名，条件是新东方提供培训资料的视频和老师，让老师每周过来一次或两次，带领同学们晨读英语，晚上在这个场地播放培训的相关视频。新东方为了扩大宣传和招生，同意合作。

最后，他找到英语协会的会长，协商他为协会提供办活动的会场和单独的会长办公室，条件是协会帮他招学生，协会的学生可以免费参加，只需要缴纳 3.5 元的早餐费。于是协会开始向学生宣传：新东方老师带领你晨读，每天一小时，英语轻松过四六级，仅限前 100 名，先报名先得。很多大学生排队报名，于是小王没花一分钱，轻松赚取了人生的第一桶金。

通过一年时间的运营，小王赚了 30 多万元。作为大学生的小王敏锐发现商机，巧妙整合资源，盘活了学校闲置资源，服务了师生，带动了校内多个部门和产业，自己也获取了人生第一桶金。

## 一、认识创业资源

### （一）创业资源的内涵

创业的过程就是不断地投入人力、物力、财力等资源，以生产满足市场需求的产品或提供服务，从而实现价值增值的过程。企业在盈利的同时，又给社会创造了价值。所以，创业资源就是企业创业初期及成长过程中所拥有的各种生产要素和支撑条件，是企业创立和顺利经营运转的基本保证，其主要表现形式为：创业人才、创业资本、创业机会、创业技术和创业管理等。对于初创企业来说，具有良好特质的创业者本身就是一种宝贵资源，是无法用金钱买到的资源。

### （二）创业资源的种类

创业资源多种多样，按资源的存在形态划分，可以将创业资源分为显性资源和隐性资源两大类别。显性资源一般是指具有物质形态的、价值能用货币衡量的资源,也即可量化的资产。如创业者的人力资源、购物资源和物质资源都属于显性资源。隐性资源一般是指非实体形式的政策资源、社会资源、信息资源等,其价值很难用货币做精确衡量。隐性资源对企业非常重要,能产生和创造的价值也不可估量。创业资源的分类和要点见表6-1。

表6-1 创业资源的分类和要点

| 资源类型 | 资源名称 | 具体内容 | 要点 |
| --- | --- | --- | --- |
| 显性资源 | 人力资源 | 创业者、团队成员、雇佣人员和人脉资源 | 人力资源是企业的核心资源,创业者是最重要的人力资源 |
| | 财务资源 | 存款、借贷款、融资和风投基金等 | 新办企业的关键资源,不同的融资方式各有利弊 |
| | 物质资源 | 场地、设备、原材料等 | 对物质资源的有效控制和合理利用是关键 |
| 隐性资源 | 政策资源 | 经济政策、行业政策、金融政策等 | 与创业企业有关的一切政策和法律法规 |
| | 社会资源 | 企业或企业员工所拥有的各种社会关系,包括整个创业团队及雇员的社会关系。包含商业关系资源和非商业关系资源 | 社会资源往往起关键作用,但学生的社会资源较少,主要依靠父母、亲戚、朋友、学校,以及政府相关政策的支持 |
| | 信息资源 | 企业外部信息和企业内部信息,是指企业生产和经营活动过程中所需要或所产生的各种信息 | 信息资源对企业发展非常重要,高效搜集、分析、综合利用信息是企业发展的重要条件。初创企业与成熟企业相比,信息的搜集和利用能力相对弱势,可以利用专业机构做专项信息的搜集、处理和传递,为创业者制定研发、采购、生产和销售的决策提供指导和参考 |
| | 管理资源 | 企业运行机制、管理制度以及创业者或管理者所拥有的管理经验、管理知识及管理能力 | 管理资源需要多年的经验积淀。学生作为创业者,也可以寻找专业的管理咨询策划机构,有助于提高企业的效率 |
| | 技术资源 | 与解决企业经营或生产中实际问题、软硬件设备等有关的具有商业价值的专利、成果等 | 技术是企业的核心竞争力,在企业创办初期,拥有竞争力强的技术产品或服务是企业立足的关键 |
| 双重性资源 | 品牌文化资源 | 既有显性的品牌标志、品牌形象,又有隐性的企业文化价值观 | 品牌是极具经济价值的资产,可以增强企业的社会影响力。企业文化是企业的灵魂,是凝聚企业力量的保证 |
| | 组织资源 | 既有显性的组织结构,又有内在的组织文化 | 组织结构要和组织文化相匹配 |

创业者获取创业资源的最终目的是为了组织这些资源,追逐并实现创业机会,提高创业绩效,获得创业的成功。无论是显性资源还是隐性资源,无论它们是否直接参与企业的生产,它们的存在都会对创业绩效产生积极的影响。显性资源可以直接促进新创企业的成长。隐性资源可以影响显性资源,并间接促进新创企业的成长。

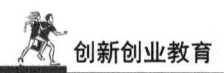

## 二、获取和整合创业资源

巧妇难为无米之炊。创业资源的获取是创业者在确认并识别资源的基础上,利用其他资源或者途径得到所需资源并使之为企业所使用的过程。

### (一)创业资源的获取途径

创业资源的获取途径主要有两种方式,一种是市场途径,另一种是非市场途径。市场途径主要包括购买、联盟、并购。购买是指利用资金从市场购入资源,但是很多关键性的资源是无法购买的。联盟是通过联合其他组织,对一些难以开发或者无法自己开发的资源进行共同开发,如高科技企业与高等院校、研究机构的联盟。并购是通过股权收购或资产收购,将企业外部资源内部化的一种交易方式。非市场途径主要有资源吸引和资源积累等。资源吸引是指发挥无形资源的杠杆作用,利用初创企业的商业计划,通过对创业前景的描述以及创业团队的魅力来获得或吸引物质资源(厂房、设备)、技术资源(专利、技术)、资金和人力资源(有经验的员工)。资源积累是指利用现有资源,在企业内部通过培育、开发、研究形成所需的资源。

对于职业院校学生创业者而言,更多的是通过资源吸引、资源积累和联盟的方式来获取资源。具体的方式有以下 4 种。

#### 1. 情感认同的方式

比如,通过创业者个体的影响力或魅力来影响其他资源所有者,基于价值观和人格的认同产生友谊或者喜爱之情,由此获得资源。

#### 2. 资源积累的方式

创业者基于现有的有限资源,借助已有的社会关系尤其是亲戚、朋友的关系,吸收各种资源。

#### 3. 利用学校资源

随时关注和留意高校、科研院所等机构发布的最新科研成果,定期查阅专利信息,及时关注科技信息、注意浏览科技报道,并从中挖掘具有商业潜力和市场前景的新成果、新技术、新工艺和新方法。积极参与科研活动和技能大赛活动,将科研成果和技能大赛项目产业化、市场化,从而获取创业资源。

#### 4. 巧用政策资源

近年来,政府和高校出台了一系列鼓励大学生创业的优惠政策。相对于一般的中小型企业,大学生创业者申请小额创业贷款更加容易,还可通过参加大学生创业大赛获得创业基金的资助。大学生在校期间,应积极参与学校开展的创业活动以及创业教育课程的学习,通过理论学习与模拟实战,培养自己的创业精神和创业能力。

### (二)有效整合利用已有资源

资源获取的内容不仅局限在单纯的量的积累,通过对各类已有的创业资源进行细致化与丰富化处理,可以获取新的竞争优势。资源整合就是创业者通过协调各种资源之间的关系,匹配有用资源,剥离无用资源,充分发挥各种资源的效用。有人说创业的最高境界是"空手套白狼",虽然这句话看起来很不可思议,但是一语道破了整合资源的重要性。未来的竞争,不再是产品的竞争,也不再是渠道的竞争,而是资源整合的竞争,是终端消费者的竞争。谁能够持有资源、持有消费者用户，不管他消费什么产品、消费什么服务，都能够盈利的时候，才能保证利益，企业才能走得更长久。

对职业院校学生创业者来说，可以直接控制的资源较少，资源需求缺口大，因此在资源高度约束的情况下创造财富，有效地整合与利用资金尤为重要。有限的资源并不能维持企业的正常运转，学生创业者必须利用自身资源整合能力，将已备的初始资源作为工具，从而撬动更多的外部资源，并将外部资源与已获取的内部初始资源组合利用，来提升创业绩效，使企业能够长期发展。此外，资源管理和整合的过程也是学生创业者能力不断提升并逐渐成长为成熟的创业型人才的过程。

在资源整合之前，要先想清楚6个问题：我有什么；我缺什么；我缺的东西都谁有；别人为什么把他的东西给我；我愿意付出什么样的代价得到我想要的；我该如何找到它。想清楚这6个问题后，开始行动起来，完成资源整合，实现利益最大化。

**知识拓展**

**资源整合小技巧**

1. 借鸡生蛋

借助他人的资源来达到自己的目的。现代经济活动中，当自身经济实力不足而又要发展事业时，许多人通过借钱，投资生产，赚回钱来，发展壮大自己的实力。这种经营谋略，也叫"负债经营，无钱走遍天下"。

2. 杠杆效应

杠杆效应又称为"四两拨千斤"，找准资源利用的关键或技巧，用最小的成本获得最高的效益。比如，商家为了吸引顾客推出的送代金券、优惠券等活动都属于杠杆效应。

3. 借船出海

这里的"船"一般指平台。平台往往有丰富的资源和经验，已经为创业者铺好了路，利用平台的高起点能帮助我们减少创业风险和成本。加盟连锁店、入驻天猫商城等都是借船出海的典范。

4. 草船借箭

利用智谋，通过定目标、做筹备、造声势和强力执行的方式，借助他人的人力或财力来达成自己的目的。像好记星、背背佳等都是草船借箭的典范。

## 三、创业融资

一般来说，创业离不开一定数量的资金支持。对于学生群体来说，本身都还没有收入，也没有积蓄。那么在创业时，就会遇到这样的问题：如何找到启动资金？资金对于创业企业来说犹如汽油对于汽车，是创业企业生存和发展所依赖的重要资源。2020年疫情发生后，很多企业就是因为资金链断裂导致破产。对于创业企业来说，融资更是一个难题，要化解这一难题，掌握融资渠道和技巧是新创企业的生存之道。

什么是创业融资？创业融资就是创业企业筹集资金的行为与过程，是创业企业根据不同发展阶段的需要，经过科学预测与决策，采取一定的方式，通过某种渠道向企业的投资者或者债权人筹集资金的一种经济活动。

## （一）估算创业启动资金

启动资金是指用来创办企业及运营企业所需准备的资金，包含投资资金和营运资金。由于企业从创办到盈利需要一个过程，并且未来的运营状况具有极大的不确定性，在准备创业启动资金时，为了保险起见，建议新创公司预算出投资资金后，再准备出3～6个月的营运资金。

启动资金的类型一般分为固定资金、流动资金和开办资金。

### 1. 固定资金

固定资金与流动资金相对应，是指企业垫支在劳动手段上的资金。固定资金包含两部分：一部分是固定资产。固定资产一般为实物形态，如厂房、机器等，一般使用年限较长，保持原来形态不变，直至其报废更新以前均可较固定地发挥作用；另一部分为固定投入，包含企业为保持企业生命力在技术与研发上的固定投入。

### 2. 流动资金

流动资金是流动资产的表现形式，即企业可以在一个生产周期内必须的变现或者耗用的资产合计，也就是要保证企业正常运转所需要支出的资金，也称为营运资金。流动资金通常包含企业支付给职工的工资福利、生产所需要的原材料、市场营销与销售所需要的费用以及物流费用等。

### 3. 开办资金

开办资金是指企业在筹建期间所发生的各种费用，包含筹建期市场调查费、培训费、资料费、注册登记注册费等。筹建期是指自企业被批准筹建之日起，到开始生产、经营（包括试生产、试营业）之日的时间段。

### 4. 估算创业启动资金的注意事项

1）估算费用时，应该经过实地调研或者参考同行业的平均费用，并结合项目本身的性质进行调查；计算出来的总额还需要加上一些不确定的费用（大概按照总额的5%～30%计算），以应对一些意料之外的开支。

2）尽可能地考虑所需要的各种支出，尽量提供预估算费用的明细表格，比如销售预算表、单位成本预算表和人工成本预算表。这样确保数据来源更有理有据，预估就更加准确。

3）想方设法节省开支，减少投资资金。

4）理解流动资金的需求量。如果企业流动资金是每3个月周转一次，那么需要的流动资金就是3个月费用的总和，而不需要将整年的费用作为流动资金。

在估算出创业启动资金之后，还需要梳理以下几个问题，并给出明确答案：有多少自有资金？能否满足初创资金需求？还需要筹措多少资金？筹措资金选择何种方式？能否预测盈利状况？预计什么时候可以盈利？

## （二）创业融资准备

虽然投资人很多，但是创业融资相对来说比较难。由于创业的不确定因素很多，风险较大，能否带来收益都不确定，难以获得投资者的信任。创业融资也有一定的风险。

在创业融资时应遵循合法性原则、合理性原则、及时性原则、效益性原则和杠杆性原则等。融资前，我们也要做好以下几方面的准备。

### 1. 加强企业自身建设

加强企业自身建设，树立良好的企业形象，以创造良好的融资信誉。从一定意义上来说，市场经济也是一种信用经济。因此，无论是吸引投资者投资，还是向金融机构或者社会融资，都必须以良好的企业形象和商业信誉为前提。

### 2. 制定融资战略

融资的前提是融资后的经营或投资总收益必须大于融资所发生的融资费用、利息和不确定的风险成本，否则就应该放弃融资。

### 3. 合理选择融资渠道和方式

融资的渠道和方式多种多样，不论哪种渠道和方式，都会产生一定的融资成本。不同的融资渠道和方式，融资成本也不一样。为了让企业效益最大化，应当合理选择融资渠道和方式，以降低资金成本。

### 4. 注意资金构成的比例关系

融资风险主要来源于创业资金的性质、用途、期限和效益。因此，在融资过程中，必须研究创业资金的需求情况，并根据项目生产经营的特点、市场供求状况的好坏、资金使用效率的高低及利息变动的程度等，合理确定自有资金与借入资金、流动资金与技改资金、长期资金与短期资金的比例，趋利避害，提高资金的增值能力，减少融资风险。

### 5. 寻求合适的融资机会

创业者要经常分析宏观经济形势、货币及财政政策等，及时了解国内外利率、汇率等，预测影响融资的各种因素，以寻求合适的融资机会，做出正确的融资决策。

---

**知识拓展**

#### 融资渠道

融资渠道指企业筹措资金的通道，体现了资金的来源和流量。了解企业的融资类型和融资方式，对企业的生存和发展是极其重要的。各种融资渠道的优劣势比较见表6-2，方便创业者根据自己的实际情况进行选择。

表6-2 各种融资渠道优劣势比较

| 融资渠道 | | 内涵 | 优势 | 劣势 |
| --- | --- | --- | --- | --- |
| 个人资本融资 | 个人积蓄 | 创业者本人的积蓄 | 筹集资金相对容易、迅速，且不用承担利息，风险小 | 会给自己带来风险，能筹到的资金数额少 |
| | 合伙人资金 | 创业合伙人的积蓄 | 可以有效筹措到资金，充分发挥人才的作用，有利于对各种资源的利用和整合，增强企业信誉，能尽快形成生产力，有利于降低创业风险 | 合伙人多了，意味着老板多了，易产生意见分歧，降低办事效率，也有可能因为权利和义务不对等而产生合伙人之间的矛盾 |
| | 亲友资金 | 属于负债融资的一种方式，向亲朋好友借钱 | 筹集资金相对容易、迅速，风险小 | 会给亲友带来风险，能筹到的资金数额少 |

(续)

| 融资渠道 | | 内涵 | 优势 | 劣势 |
| --- | --- | --- | --- | --- |
| 个人资本融资 | 天使投资 | 天使投资是自由投资者或非正式风险投资机构,对处于构思状态的原创项目或小型初创企业进行的一次性的前期投资 | 操作程序简单,融资速度快,门槛较低 | 天使投资人在投资的时候总想控股,因此,容易发生矛盾 |
| 机构融资 | 银行贷款 | 有4种形式:抵押贷款、信用贷款、担保贷款、贴现贷款 | 利息支出可以税前抵扣,融资成本低,运营良好的企业在债务到期时可以续贷 | 一般要提供抵押品,还要有不低于30%的自融资金。由于要按期还本付息,企业如果经营不善,会出现财务危机 |
| 机构融资 | 非银行金融机构借款 | 非银行金融机构指以发行股票和债券、接受信用委托、提供保险等形式筹集资金,并将所筹集的资金运用于长期性投资的金融机构 | 发放贷款手续简单,办理便捷 | 非银行机构贷款比银行贷款的费用高 |
| 机构融资 | 中小企业互助基金 | 解决其抱团自助和危机互助的问题 | 融资快 | 资金规模小,总体支撑力不足;缺少担保运营的专业队伍;资金补偿机制和风险控制不足 |
| 风险投资 | | 创业者通过出售自己的一部分股权给风险投资者来获得一笔企业发展资金 | 风险投资家以参股形式进入企业,企业偿债压力较小,短期内能够有大批资金支持 | 风投属于高风险高回报的投资,所以风投家在实现盈利目的后会退出企业,与企业的黏度低,而且风投对企业短期内快速盈利的要求比较高 |
| 政策基金 | | 政府提供的创业基金,是学生创业最值得争取的融资方式 | 投资方信用良好;政府投资一般都是免息或免费的,降低或免除了融资成本 | 申请创业基金有严格的程序要求,政府每年的投入有限,融资者竞争大 |

## 能力训练

**【能力训练1】资源置换游戏**

步骤1:将学生分为5人的小组,每个小组发放一根棒棒糖。

步骤2:每个组只能用这根棒棒糖在校园内换取其他物品,在两个小时内换到的物品价值最高者胜出。

步骤3:各组派代表对本组和其他组资源获取情况进行评价和分析,让同学掌握创业资源获取的方法。

注意事项：在以物换物的时间内，不得擅自增加用于置换的其他物品，不得用钱买物品，不得弄虚作假。小组成员需群策群力，积小成大，步步为营。

【能力训练2】大咖投资集锦

选择5位天使投资界的大咖，通过网络和图书馆，搜索他们的相关信息和所投资过的项目，分析和归纳这5位天使投资人的投资特点和投资偏好。

_____

_____

【能力训练3】测算启动资金，设计融资计划

步骤1：测算启动资金。

结合本组的创业项目，以6个月为周期，测算创业启动资金，填入表6-3中。

表6-3 启动资金测算

| 项目 | 具体内容 | 预算金额（万元） |
| --- | --- | --- |
| 固定资金 | 场地 |  |
|  | 设备等生产条件 |  |
|  | 技术与研发投入 |  |
|  | 仓储 |  |
| 流动资金 | 工资福利 |  |
|  | 原材料 |  |
|  | 企业开办与运营 |  |
|  | 市场营销与销售 |  |
|  | 物流 |  |
| 开办费用 | 筹建公司期间所发生的费用 |  |
| 总计 |  |  |

步骤2：优化创业资金。

1. 可以减少固定资金需求的替代解决方案。

_____

_____

2. 基于各小组项目特点及创业者的资源，分析各种融资渠道的优劣，商讨采用的融资方式。

_____

_____

# 单元二　组建创业团队

**案例导读**

一个创业团队的故事

某公司的创始人主要有4位，这4人曾经供职于4家不同类型的公司，具有不同的履历、教育背景和能力特长。第一位创始人充满激情且非常善于挖掘创业机会，第二位创始人是一个技术过硬的"计算机天才"，第三位创始人是资本运作和管理的高手，第四位创始人是有着丰富管理经验的行业专家。该公司在成立之初，4位创始人就约定清楚：各展所长、各管一摊。该团队是营销、技术、管理运作和行业拓展的完美组合，这种技能互补的团队成员搭配，能够保证企业在创业之初快速发展。正是因为创始团队保持这样的合作模式，该公司获得了快速发展。

## 一、认识创业团队

### （一）创业团队的概念

创业团队是指由两个或两个以上创业者组成的具有特定的组织功能并协同工作的创业群体。团队中的成员有着共同的创业理想，具备不同的专业知识和能力，能够形成一个优势互补的动态系统。

狭义的创业团队是指有着共同目的、共享创业收益、共担创业风险的一群创建新企业的人。广义的创业团队不仅包括狭义的创业团队，还包括与创业过程有关的各种利益相关者，如风险投资家、专家顾问等。

创业团队成员对公司的经营理念高度认同，具有极强的创新精神，为了实现共同的创业愿景，积极参与新公司的创办、成长、管理等不同发展阶段，共同参与公司决策的制定、实施过程，共担风险，共享收益，为创业成功发挥不可替代的作用。按照能力、贡献、角色等不同，创业团队成员按比例享有一定的股权，并且他们之间具有一定的利益关系。他们团结合作，共同承担着公司创建、发展过程中的责任，通常担任公司的高管。

### （二）创业团队的成员构成

创业团队成员要分工明确，根据自己的性格特征、知识能力、资源条件等匹配合适的岗位，担任适合的角色，最大程度发挥自己的作用。同时，各团队成员间要密切配合，互帮互助。

创业团队组建初期，需要考虑成本、工作效率等情况，可以根据工作需要挑选、分配相应的角色。创业团队的成员原则上可以按照以下几种职位来组建，但并不是所有角色都必须齐全。

【案例分享】苹果的创业元勋

1. 首席执行官（CEO）

首席执行官是公司最高的行政负责人，对公司的一切重大经营拟做事项进行决策，包括制定公司的战略、团队组建、重要招聘等，对资源分配有最终话语权。

2. 首席运营官（COO）

首席运营官负责公司复杂的运营细节，辅助 CEO 的工作，确保公司每天运营良好，同时了解需要满足哪些需求、实际的运营情况等。

3. 首席财务官（CFO）

首席财务官需具备丰富的金融理论知识和实务经验，通过制定预算和财务策略管理公司资金，确保公司的财务健康。

4. 首席营销官（CMO）

首席营销官是指企业中负责市场（营销）工作的高级管理人员，是公司市场（营销）战略的制定者。CMO 应该了解整个行业的发展，帮助推广产品，确保消费者接受产品。

5. 首席技术官（CTO）

如果技术对公司发展影响很大，那么创业者就需要一位首席技术官。首席技术官是企业内负责技术的最高负责人，确保公司可以紧跟市场的技术潮流。

6. 首席品牌官（CBO）

首席品牌官是企业专门负责品牌战略管理与运营的高级管理人员，代表 CEO 就企业形象、品牌以及文化进行内外部沟通。CBO 不仅是一种专业人才，更是一种特殊人才。因为他不仅仅是一个传播者，更是一个企业价值设计的参与者和企业品牌资产经营的责任者。

## 案例

### 马化腾和他的五人创业团队

1998 年秋天，马化腾与他的同学张志东合资注册了深圳市腾讯计算机系统有限公司。之后又吸纳了 3 位股东：曾李青、许晨晔和陈一丹。为避免彼此争夺权力，马化腾在创立腾讯之初就和 4 个伙伴约定：各展所长、各管一摊。

马化腾是 CEO（首席执行官），张志东是 CTO（首席技术官），曾李青是 COO（首席运营官），许晨晔是 CIO（首席信息官），陈一丹是 CAO（首席行政官）。

保持稳定的关键，就在于搭档之间的合理组合。马化腾非常聪明，但非常固执，注重用户体验，愿意从普通用户的角度去看产品。张志东头脑非常活跃，是对技术很沉迷的一个人。马化腾技术也非常好，但是他的长处是能够把很多事情简单化，而张志东更多的是把一件事情做得很完美。许晨晔是马化腾、张志东在深圳大学计算机系的同学。他是一个非常随和且有自己的观点，但不轻易表达的人，是有名的"好好先生"。而陈一丹是马化腾在深圳中学时的同学，后来也就读于深圳大学。他做事十分严谨，同时又是一个非常张扬的人，能在不同的状态下唤起大家的激情。

## 二、创业团队的组建

### （一）创业团队组建的基本原则

#### 1. 共同的目标、一致的价值观

组建创业团队，首先应当有明确的目标，即所组建的团队应确定要做什么、要开发什么产品。此外，还应具有共同的价值观。创业团队拥有共同的价值观的重要意义主要有以下两个方面。一方面，可以保证创业团队在一些重要决策的制定、发展战略规划、收益分配、职权划分及做人处事等方面不会产生原则性分歧，减少内部矛盾对公司项目的影响。如果出现团队成员在一些核心问题上意见无法一致的情况，就会严重影响公司项目的推进。另一方面，同质性价值观可以提高工作效率，利于团队沟通合作。当团队成员具有一致的价值观和期望时，更容易一起积极讨论、解决一些问题，处理事务的方式也趋近相同，有利于营造良好的工作氛围。即使出现一些问题，团队成员也能积极协调，促进团队向前发展。

#### 2. 互补

创业团队想要获得 1+1>2 的效果，需要强强联合、优势互补，这就需要团队成员最大限度地发挥自己在知识、性格、技能和资源等方面的不同作用，依靠集体的智慧解决创业团队遇到的问题。一个团队在开展创业活动时，必然会有技术、市场、销售及管理等不同类型的工作任务需要成员去分工、承担，如此便产生了知识能力互补的人才需求。在创业团队组建过程中，应当合理选择团队成员，要考虑队员的年龄互补、知识互补、能力互补、性格互补、气质互补和性别互补等，从各个专业挑选人才。

#### 3. 精简、高效

创业团队要注意精简、高效，团队成员贵在精而不在多，这样既可以节约创业成本，又可以避免因为人员众多导致意见分歧严重，难以统一、议而不决等情况。早期创业团队的组建，应当坚持"三个一"，即一个核心、一个愿景、一个产品。一个核心指团队只能由一个人最后拍板，过于民主会丧失效率，同时激化内部矛盾；一个愿景指团队所有人都明白公司的愿景，大家努力的方向能保持一致；一个产品指创业团队在创业初期做产品时，数量不能太多，宜把一个产品、一件事情做精。

#### 4. 开放

创业过程中随时会面临各种风险，随时会出现各种突发状况。在创业过程中，也可能会出现人员退出、新人加入等情况。所以，创业团队需要秉承开放性原则，吐故纳新，确保团队成员富有活力和创业激情。

### （二）创业团队组建步骤

一个新的创业团队的建立，可以通过下面 6 个步骤来进行。

#### 1. 确立清晰明确的创业目标

创业目标需要体现出团队成员的利益，同时也要求所有团队成员能正确理解并在团队内部达成共识。此外，创业团队的目标还必须切实可行，既不应太高，也不应太低，可以把总目标加以分解，设定若干可行的、阶段性的子目标。随着环境和组织的变化，目标也要及时调整。

2. 制订可执行的创业计划

在确定了目标之后，需要制订周密的创业计划。创业计划是在对创业目标进行具体分解的基础上，以团队为整体来考虑的计划。创业计划确定了在不同的创业阶段需要完成的阶段性任务，通过逐步完成这些阶段性任务，最终实现创业目标。

3. 招募合适的成员

招募合适的成员是创业团队组建的关键一步。一般而言，创业团队至少需要管理、技术和营销三方面的人才。团队人数不宜过多，成员之间需要优势互补，这是保持创业团队稳定的关键。缺乏创业激情和对事业缺乏信心的成员即使能力很强，也是团队的负能量源头，不宜招入。

4. 职权划分合理明晰

团队成员间职权的划分必须明确，既要避免职权的重叠和交叉，又要避免无人承担造成工作上的疏漏。此外，由于还处于创业过程中，面临的创业环境又是动态复杂的，会不断出现新的问题，团队成员可能会不断更换，因此，创业团队成员的职权也应根据需要不断地进行调整。

5. 制定完善的团队制度

创业团队制度要体现出对成员的控制和激励作用，并以书面形式确立。一方面，创业团队需要有完善的约束制度（包括纪律财务、保密等条例），避免成员做出不利于团队发展的行为。另一方面，创业团队需要有有效的激励手段（包括股权、工资、奖金等），激发成员的最大潜能。

6. 团队的调整改进

随着团队的运作，团队组建时在人员匹配、制度设计、职权划分等方面的不合理之处会逐渐暴露出来，这时就需要对团队进行调整。在进行团队调整的过程中，最为重要的是要保证团队成员间经常进行有效的沟通与协调，培养、强化团队精神，提升团队的士气。

## 三、高效创业团队的特质

每个创业者都希望有一个高效得力的团队。一个优秀的团队并不是那么简单就能组建成功的，这需要耗费创业者大量的心血和努力。但大量案例证明，这些付出是完全值得的。

"幸福的家庭都是相似的，不幸的家庭各有各的不同。"团队也是一个大家庭，那些失败的团队往往各有各的问题，而那些高效的企业团队，则拥有以下4个相同的优点特质。

（一）目标明确，价值观统一

只有具备一个明确的目标，才会让所有人齐心协力，使团队发挥最大的潜能。明确团队目标后，要让团队的每个人都认同团队的目标，并为达成目标而努力工作。

（二）凝聚力强，能力互补

凝聚力是团队成功的根本保证，一盘散沙是无法成就事业的。能力互补使团队成员能发挥各自的长处，相互配合，充分发挥群体的整体功能，使得团队更富有战斗力。

（三）相互信任，精诚沟通

互相信任，不猜忌，精诚合作。良好顺畅的沟通是团队合作的基础，只有沟通顺畅，才能做到思想一致、动作协调、相互配合，使得团队工作能够顺利地开展。

（四）股权分配公平合理，经营成果共享

公平公正的股权分配能保持和谐的团队氛围，使团队避免不必要的纷争。同时，经营成果是团队成员共同奋斗的目标，只有共享成果才会激发团队的凝聚力和战斗力。

## 能力训练

【能力训练1】团队正能量

步骤1：根据规则，完成活动。
1. 将参与者分成若干小组，每组在5人以上为佳。
2. 每组先派出两名参与者，背靠背坐在地上。
3. 两人双臂相互交叉，合力使双方一同站起。
4. 依此类推，每组每次增加一人，如果尝试失败，需再来一次，直到成功才可再加一人。
5. 最终以人数最多且用时最少的一组为优胜。

步骤2：思考与讨论。
1. 你能仅靠一个人的力量就能完成起立的动作吗？
_____

2. 如果参加的队员能够保持动作协调一致，这个任务是不是更容易完成？为什么？
_____

3. 用什么办法来保证队员之间的动作协调一致？
_____

【能力训练2】组建最佳团队

步骤1：全班同学3人为一小组，分成若干组。
步骤2：制作征集合伙人广告。

假设你想寻找合伙人共同创业，创办一家服装公司，请拟一份征集合伙人的广告。注意以下几个方面：
1) 你是召集人，但不一定是领导者。
2) 创业的初始目标、计划。
3) 你掌握的资源及你需要的资源。
4) 所需伙伴的数量和特点。
5) 你对股权分配、团队管理的设想。
6) 有吸引力的回报及可能的风险。
7) 其他你认为需要说明的问题。

步骤3：3分钟演讲
1) 张贴广告，并用3分钟进行宣讲，吸纳人才。
2) 小组同学共同评估，选出几位同学做团队参与者。

步骤4：评估团队结构。

从以下方面分析哪个团队组成结构更好。分数低的组阐述以后将如何调整以赶超其他团队。

1）团队成员加入的目的。
2）团队成员的知识结构。
3）团队成员的性格、个性和兴趣。
4）团队成员的价值观念。

步骤5：确定团队成员。

团队创建者可以根据同学对下面5个问题的解答情况，决定其去留。

1）团队中唯一权威主管问题。
2）团队成员间的相互信任问题。
3）妥善处理不同意见和矛盾。
4）合理分配股权问题。
5）妥善处理团队成员间的利益。

步骤6：团队展示。

各团队经过讨论完成表6-4，并进行集体展示。展示内容包括团队名称及LOGO，团队愿景，创业项目，团队领导者、成员及分工，团队管理制度。

表6-4 团队成员表

| 团队人员 | 岗位 | 职责 | 团队目标、队言、名称 |
| --- | --- | --- | --- |
|  |  |  |  |
|  |  |  |  |
|  |  |  |  |
|  |  |  |  |
|  |  |  |  |

步骤7：推荐最佳团队。

重新评估这几个团队，推选出最佳团队。

# 模块七 商业模式设计与创新

● **名人名言**

　　利人为利己的根基。在商业经营上,如果老是为自己着想,而不顾及他人,利也就可能随之"飞"了。

—— 梁宪初

　　今天企业之间的竞争,已经不是产品和服务之间的竞争,而是商业模式之间的竞争。

—— 彼得·德鲁克

● **导读导学**

　　商业模式这一词汇首次出现在1957年,但是其真正流行起来是在20世纪90年代末。商业模式的兴起,对整个社会产生了非常深远的影响。近几年,现代化的技术不断发展,计算机与互联网等技术已经渗透到人们的生活和工作中,对于各行各业均产生了极大的影响。所以,竞争的格局也出现了较大的变化,许多旧有的传统商业模式已经难以满足现代化的需求,并且不适应企业的发展。因此,在实践工作的过程中,需要一种全新的商业模式,开创出全新的商业设计理念,以促进企业的发展。

● **思维导图**

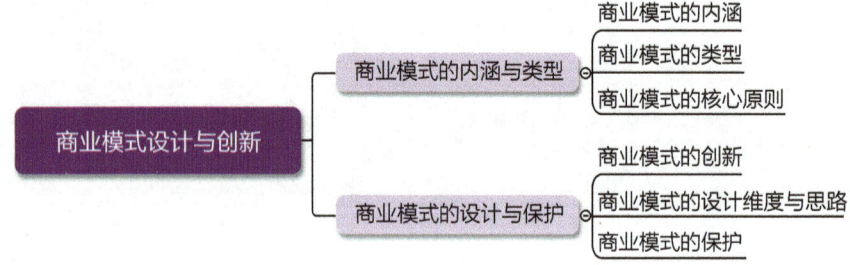

# 单元一　商业模式的内涵与类型

> **案例导读**
>
> ### 商业模式的应用
>
> 在互联网思维被赋予多重定义的时代，新的商业模式与传统的商业模式相比，不再是关于成本和规模的讨论，而是关于重新定义客户价值的讨论。商业模式就是如何创造和传递客户价值和公司价值的系统。
>
> **1. 抖音短视频——碎片式娱乐**
>
> 抖音短视频是今日头条旗下一款音乐创意短视频社交软件，是一个专注于年轻人的音乐短视频社区。据中国产业研究院大数据库发布的报告，随着智能手机的普及和4G网络的全面覆盖，中国移动视频用户快速增长，用户注意力发生不可逆的转移。未来短视频将会是网上最主流的形式。
>
> 创新性：平台的内容不再局限于媒体的输入，用户可以自己生产内容并进行发布，用户不仅仅是信息的接收者，更多的情况下是信息的发布者。用户之间点对点的信息传递逐渐增多，网络传播也日趋个性化。
>
> **2. 拼多多——消费模式新变革**
>
> 拼多多是将娱乐社交的元素融入电商运营中，通过"社交＋电商"的模式，让更多的用户带着乐趣分享实惠，享受全新的共享式购物体验。这种商业模式其实并没有什么标新立异，只是在传统的团购模式上有了一个新的创新，即将分销与团购相结合。
>
> 创新性：从用户调研的结果来看，拼多多对目标用户群体进行选定（三四线及以下城市、年轻、偏女性、学历偏低），分析用户的购买动机（消费观倾向折扣类、性价比高的商品）、用户的来源（以网购为主，也有以线下渠道购买为主），通过平台主营品类（高频易耗品）、产品主要板块及楼层设计（被动选择为主的活动专题）以及多变的优惠方法（好友砍价、分享红包和熟人拼团等），满足了所选定的用户需求。

## 一、商业模式的内涵

### （一）商业模式的概念

商业模式是一个企业创造价值、传递价值以及获取价值的核心逻辑和运行机制。商业模式至少要满足两个必要条件：第一，商业模式必须是一个整体，有一定的结构，而不仅仅是一个单一的组成因素。第二，商业模式的组成部分之间必须有内在联系，这个内在联系把各组成部分有机地关联起来，使它们互相支持、共同作用，形成一个良性的循环。

商业模式为实现各方价值最大化，要把企业运行的内外各要素整合起来，形成一个完整的、高效率的、具有独特核心竞争力的运行系统，并通过最好的实现形式来满足客户需求，实现各方（包括客户、员工、合作伙伴和股东等利益相关者）价值，同时使系统达成持续赢利目标的整体解决方案。

（二）商业模式的特征

1. 商业模式是一个系统

商业模式是一个整体的、系统的概念，而不仅仅是一个单一的组成因素。如收入模式（广告收入、注册费和服务费等）、向客户提供的价值（在价格上竞争、在质量上竞争）、组织架构（自成体系的业务单元、整合的网络能力）等，这些都是商业模式的重要组成部分。

2. 商业模式的组成部分有内在联系

商业模式的组成部分之间必须有内在联系，这个内在联系把各组成部分有机地关联起来，使它们互相支持、共同作用，形成一个良性的循环。

（三）商业模式的组成要素

（1）价值主张　即公司通过其产品和服务向消费者提供的价值。价值主张确认公司对消费者的实用意义。

（2）消费者目标群体　即公司所瞄准的消费者群体。这些群体具有某些共性，从而使公司能够（针对这些共性）创造价值。

（3）分销渠道　即公司用来接触消费者的各种途径，即公司如何开拓市场。它涉及公司的市场和分销策略。

（4）客户关系　即公司同其消费者群体之间所建立的联系。

（5）价值配置　即资源和活动的配置。

（6）核心能力　即公司执行其商业模式所需的能力和资格。

（7）合作伙伴网络　即公司为有效地提供价值并实现其商业化而同其他公司之间形成的合作关系网络。

（8）成本结构　即所使用的工具和方法的货币描述。创业公司的成本包括直接成本、营销和销售成本、日常开支和售后成本等。在计算成本时，可以把预估的成本与同类公司发布出来的报告对比一下。一个可行、有投资价值的商业模式是创业者需要在商业计划书中强调的首要内容之一。

（9）收入模型　即公司通过各种收入流来创造财富的途径。

## 二、商业模式的类型

（一）运营性商业模式

重点解决企业与环境的互动关系，包括与产业价值链环节的互动关系。运营性商业模式创造企业的核心优势、能力、关系和知识，主要包含以下主要内容：

（1）产业价值链定位　企业处于什么样的产业链条中，在这个链条中处于何种地位，企业结合自身的资源条件和发展战略应如何定位。

（2）赢利模式设计（收入来源、收入分配）　企业从哪里获得收入，获得收入的形式有哪几种，这些收入以何种形式和比例在产业链中分配，企业是否对这种分配有话语权。

## （二）策略性商业模式

策略性商业模式是对运营性商业模式的扩展和利用。应该说，策略性商业模式涉及企业生产经营的方方面面，具体包括以下几个方面：

（1）业务模式　企业向客户提供什么样的价值和利益，包括品牌、产品等。

（2）渠道模式　企业如何向客户传递业务和价值，包括渠道倍增、渠道集中和压缩等。

（3）组织模式　企业如何建立先进的管理控制模型，如建立面向客户的组织结构、通过企业信息系统构建数字化组织等。

每一种新的商业模式的出现，都意味着一个新的商业机会的出现，谁能率先把握住这种商业机遇，谁就能在商业竞争中先拔头筹。

商业模式具有生命性。一个世纪前，通过赠送产品来赢得财富，创造了一种新的商业模式；今天，当各商家都用打折或买一送一的方式来促销时，就不再是一种商业模式。

商业模式具有可移植性。如果今天生产剃须刀片的企业仍然通过免费赠送剃须刀来卖刀片，它就不能称之为商业模式；而当新型的网络企业通过各种免费方式赢得眼球时，就能称这种免费形式为网络企业的新商业模式。在企业的创办过程中，每一个环节有多种创新形式，偶尔的一个创新也许就能改变企业的整个经营模式。也就是说，企业的商业模式具有偶然性和广阔的衍生性。

## （三）制造商领域的商业模式

制造商、品牌商、经销商和终端商都有自己比较独特的商业模式。目前，制造商的商业模式主要有以下6种形式。

### 1. 直供商业模式

直供商业模式主要应用在一些市场半径比较小，产品价格比较低或者是流程比较清晰，资本实力雄厚的国际性大公司。直供商业模式需要制造商具有强大的执行力，现金流状况良好，市场基础平台稳固，具备市场产品流动速度快的特点。由于中国市场战略纵深很大，市场特点迥异，渠道系统复杂，在全国市场范围内选择直供商业模式是难以想象的。因此，即使强大如可口可乐、康师傅等跨国企业也开始放弃直供这种商业模式。但是，利润比较丰厚的一些行业与产业还是会选择直供商业模式，如白酒行业，很多公司就选择了直供的商业模式。

### 2. 总代理制商业模式

这种商业模式被中国众多的中小企业广泛使用。由于中国众多的中小企业在发展过程中普遍面临着两个最为核心的困难：一是团队执行力比较差，很难在短时间内构建一个庞大的执行团队，而选择经销商做总代理可以省去很多实际执行的困难。二是资金实力上的困难。中国中小企业普遍资金实力比较薄弱。企业选择总代理制商业模式，可以在一定程度上占有总代理的一部分资金，更有甚者，企业可以通过这种方式完成最初原始资金的积累，实现企业快速发展。

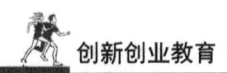

### 3. 联销体商业模式

随着大量中小企业选择采取总代理制商业模式，市场上好的经销商成为一种稀缺的战略性资源，很多经销商对于鱼目混珠的招商产生了严重的戒备心理。在这样的市场状况下，很多比较有实力的经销商为了降低商业风险，选择与企业进行捆绑式合作，即制造商与经销商分别出资，成立联销体机构，这种联销体既可以控制经销商市场风险，也可以保证制造商始终有一个很好的销售平台。联销体这种方式受到了很多制造商的欢迎，如食品行业的龙头企业娃哈哈就采取了这种联销体的商业模式，空调行业巨头格力空调也选择了与区域性代理商合资成立公司，共同运营市场，取得了不错的市场业绩。

### 4. 仓储式商业模式

仓储式商业模式也是很多消费品企业选择的商业模式。很多强势品牌基于渠道分级成本很高、制造商竞争能力大幅度下降的现实，选择了仓储式商业模式，通过价格策略打造企业核心竞争力。比如20世纪90年代，四川长虹电视在国内市场地位如日中天，为降低渠道系统成本，提高企业在市场上的价格竞争能力，长虹集团就选择了仓储式商业模式，企业直接将产品配送到消费者手里。

仓储式商业模式与直供最大的不同是，直供企业不拥有直接的店铺，通过第三方平台完成产品销售，企业将货源直接供应给第三方销售平台。而仓储式商业模式是企业拥有自己的销售平台，通过自己的销售平台完成市场配货功能。

### 5. 专卖式商业模式

随着中国市场渠道终端资源越来越稀缺，越来越多的中国消费品企业选择专卖形式的商业模式。如TCL幸福村专卖系统，五粮液提出的全国两千家专卖店计划，蒙牛乳业提出的蒙牛专卖店加盟计划，云南乳业出现的牛奶专卖店与牛奶总汇等。选择专卖店商业模式需要具备以下三种资源中的任何一种或者三种均具备。其一是品牌。选择专卖商业模式的企业基本上具备很好的品牌基础，消费者自愿消费比较多，而且市场认知也比较成熟。其二是产品线比较全。要维系一个专卖店具有稳定的利润，专卖店产品结构就应该比较合理。因此，选择专卖渠道的企业必须具备比较丰富的产品线。其三是消费者行为习惯。在广大的农村市场，可能这种专卖模式就很难起到推动市场销售的功能，因此，专卖式商业模式需要成熟的市场环境。

专卖式商业模式与仓储式商业模式完全不同，仓储式商业模式是以价格策略为商业模式核心，而专卖式商业模式则是以形象与高端为核心。

### 6. 复合式商业模式

由于中国市场环境异常复杂，中国很多快速消费品企业在营销策略上也选择了多重形式。复合式商业模式是基于企业发展阶段而做出的策略性选择。但是，要特别注意的是，一般情况下，无论多么复杂的企业与多么复杂的市场，都应该有主流的商业模式，而不能将商业模式复杂化作为朝令夕改的借口，使得营销系统在商业模式上出现重大的摇摆。而且，一旦选择了一种商业模式，往往需要在组织架构、人力资源配备、物流系统、营销策略上做出相应的调整，否则，就不能认为这个企业已经建立了成熟的商业模式。

**知识拓展**

### 钉钉5.0——未来新商业模式

疫情期间，线上课程流量持续增长，钉钉也收获了大量的活跃用户。钉钉5.0版本于2020年2月25日19：30在线上举行新品见面会，并在钉钉开启"圈子"功能。钉钉的圈子分为"内部圈""在线教学圈""商业交流圈"及"社群运营圈"。除了"在线教学圈"之外，其余3种都是类似于企业内部的交流圈。开放的"圈子"是否意味钉钉要从企业端走向客户端？

根据官方消息，钉钉"圈子"定位为私域流量运营平台，企业可免费使用钉钉圈子进行私域社群管理，可运用话题、作业、直播、群控等工具。

圈子产品对内可以帮助企业打造组织文化，对外可以链接上下游合作伙伴、学员、门店和粉丝，建立统一管理的私域社群。帮助企业建立数字化私域社群，打造企业文化阵地，建立数字化运营社群，促进企业业务、规模、效率的增长。

目前，在流量获取越来越难、越来越贵的情况下，钉钉建立"圈子"社群获取私域流量对商业和品牌的价值意义非常重大，或许会激发出越来越多的新型商业模式。

## 三、商业模式的核心原则

商业模式的核心原则是对商业模式定义的延展和丰富，这是成功商业模式必须具备的属性，包括：客户价值最大化原则、持续赢利原则、资源整合原则、创新原则、融资有效性原则、组织管理高效率原则、风险控制原则和合理避税原则等八大原则。

### （一）客户价值最大化

一个商业模式能否持续赢利，与该模式能否实现客户价值最大化有必然的关系。一个不能满足客户价值的商业模式，即使赢利也是暂时的、偶然的，是不具有持续性的。反之，一个能实现客户价值最大化的商业模式，即使暂时不赢利，但终究也会走向赢利。所以，我们把对客户价值的实现、满足当作企业应该始终追求的主观目标。

### （二）持续赢利

企业能否持续合法赢利是判断其商业模式是否成功的唯一的外在标准。因此，在设计商业模式时，赢利和如何赢利也就自然成为重要的原则。持续赢利是指既要赢利，又要有发展后劲，具有可持续性，而不是一时的偶然赢利。

### （三）资源整合

资源整合就是要优化资源配置，就是要有进有退、有取有舍，就是要获得整体的最优。

在战略思维的层面上，资源整合是系统论的思维方式，是通过组织协调，把企业内部彼此相关但却彼此分离的职能、企业外部既参与共同的使命又拥有独立经济利益的合作伙伴整合成一个为客户服务的统一体，取得1+1>2的效果。

在战术选择的层面上，资源整合是优化配置的决策，是根据企业的发展战略和市场需求对有关的资本进行重新配置，以凸显企业的核心竞争力，并寻求资源配置与客户需求的最佳结合点，目的是要通过组织制度安排和管理运作协调来增强企业的竞争优势，提高为客户服务的水平。

### （四）创新

三星集团董事长李健熙说："除了老婆和孩子外，其余什么都要改变！"时代华纳前CEO迈克尔·恩说："在经营企业的过程中，商业模式比高技术更重要，因为前者是企业能够立足的先决条件。"一个成功的商业模式不一定是在技术上的突破，而是对某一个环节的改造，或是对原有模式的重组、创新。商业模式的创新形式贯穿于企业经营的整个过程中，贯穿于企业资源开发、研发、制造、营销及市场流通等各个环节。也就是说，在企业经营的每一个环节上的创新都可能变成一种成功的商业模式。

### （五）融资有效性

融资模式的打造对企业有着特殊的意义，尤其是对中国广大的中小企业来说更是如此。我们知道，企业生存需要资金，企业发展需要资金，企业快速成长更需要资金。资金已经成为所有企业发展中绕不开的障碍和很难突破的瓶颈。谁能解决资金问题，谁就赢得了企业发展的先机，也就掌握了市场的主动权。

从一些已成功的企业发展过程来看，无论其表面上对外阐述的成功理由是什么，都不能回避和掩盖资金对其成功的重要作用。许多失败的企业就是因为没有建立有效的融资模式而失败了。如巨人集团，因为近千万的资金缺口而轰然倒下；曾经与国美不相上下的国通电器，虽然拥有过30多亿元的销售额，也仅因为几百万元的资金缺口而销声匿迹。所以说，商业模式的设计很重要的一个环节就是要考虑融资模式。甚至可以说，能够融到资并能用对地方的商业模式就已经成功一半。

### （六）组织管理高效率

高效率是每个企业管理者都梦寐以求的境界，也是企业管理模式追求的最高目标。用经济学的观点来看，决定一个国家富裕或贫穷的砝码是效率，决定企业是否有赢利能力的也是效率。

按现代管理学理论来看，一个企业要想高效率地运行，首先要解决的是企业的愿景、使命和核心价值观，这是企业生存、成长的动力，也是员工能够干好的理由。其次，要有一套科学实用的运营管理系统，解决的是系统协同、计划、组织和约束的问题。最后，还要有科学的奖励、激励方案，解决的是如何让员工分享企业成长果实的问题，也就是向心力的问题。只有把这三个主要问题解决好了，企业的管理才能实现高效率。万科、联想、华润及海尔等企业的管理模式的建立都是可圈可点的，也是值得广大企业学习的。

### （七）风险控制

设计得再好的商业模式，如果抵御风险的能力很差，也会像在沙丘上建立的大厦一样，经不起任何风吹雨打。这个风险包括系统外的风险（如政策、法律和行业风险）和系统内的风险（如产品的变化、人员的变更、资金断链等）。

### （八）合理避税

合理避税，而不是逃税。合理避税是在现行的制度、法律框架内，合理地利用有关政策，设计一套利于企业经营的体系。合理避税做得好，能大大增加企业的赢利能力。

### 能力训练

【能力训练】制造商领域的商业模式的特点和典型案例

分析制造商领域的商业模式特点，通过多种方式查找典型案例，填入表7-1中。

表7-1 制造商领域的商业模式的特点和典型案例

| 制造商领域的商业模式 | 特点 | 典型案例 |
| --- | --- | --- |
|  |  |  |
|  |  |  |
|  |  |  |
|  |  |  |
|  |  |  |

## 单元二 商业模式的设计与保护

### 案例导读

#### 新加坡的国家商业模式

**基本情况介绍：** 新加坡的国土面积有714.3平方公里，却在各国投资参与开发工业园区，总面积近12万平方公里（"新加坡－廖内－柔佛"区域达11万平方公里）。

**核心业务：** 新加坡商业模式的主角是两个国家控股公司。一个是贸易工业部下的"裕廊集团"（JTC Corporation，旗下有腾飞集团、裕廊国际、裕廊港口），另一个是财政部下的"淡马锡控股公司"（Temasek Holdings，旗下有吉宝集团、胜科工业集团、新加坡科技工业集团、凯德置地）。

**盈利模式：** 裕廊集团由新加坡政府控股，在本国建立了40多年工业园区，贡献了本国25%的GDP，也造就了该国独特的商业模式，并将工业园区复制到印度、印度尼西亚、菲律宾、中国等地。这一商业模式之所以能够不断复制，关键在于裕廊集团拥有很强的园区规划和管理能力，可以吸引全球著名企业入驻，从而为当地带来就业和税收。而新加坡政府的外交能力同样也是这一商业模式得以长远、稳定运行的关键。

## 一、商业模式的创新

商业模式的创新是指企业价值创造提供基本逻辑的变化,即把新的商业模式引入社会的生产体系,并为客户和自身创造价值。通俗地说,商业模式的创新是指企业以新的有效方式赚钱。新引入的商业模式,既可能在构成要素方面不同于既有商业模式,也可能在要素之间的关系或者动力机制方面不同于既有商业模式。商业模式的创新属于企业最本源的创新。离开商业模式,其他的管理创新、技术创新都失去了可持续发展的可能和赢利的基础。商业模式的创新不仅仅是要求产品和技术的创新,更是强调企业整个商业系统的创新。如果说依靠产品技术创新是让一座大厦的某个局部(比如外墙)更美的话,那么,商业模式的创新则是让整座大厦更美好。商业模式的创新通常有以下特点。

1. 注重客户体验

商业模式的创新更注重从客户的角度、从根本上思考和设计企业的行为,视角更为外向和开放,更关注企业经济方面的因素。商业模式创新的出发点是如何从根本上为客户创造增加的价值。因此,它逻辑思考的起点是客户的需求,要考虑如何有效满足客户需求,这点明显不同于许多技术创新。一种技术可能有多种用途,技术创新的视角常是从技术特性与功能出发,看它能用来干什么,去寻找它潜在的市场用途。商业模式的创新即使涉及技术,也多是涉及技术的经济方面因素,与技术所蕴含的经济价值及经济可行性有关,而不是纯粹的技术特性。

2. 顺应形势

好的商业模式都是适应形势、顺势而为的产物。在国内互联网行业,每一个崛起的互联网品牌的背后都有着自己独特的商业模式,如腾讯 QQ 的背后是即时通信,盛大游戏的背后是游戏,百度的背后是搜索,优酷的背后是视频,阿里巴巴、淘宝、携程、当当的背后是电子商务,前程无忧的背后是招聘等。这些知名互联网品牌无不是某种互联网商业模式的代表。

3. 难以被竞争者模仿

从绩效表现看,商业模式的创新如果提供全新的产品或服务,那么它可能开创了一个全新的可赢利产业领域,即使提供已有的产品或服务,也能给企业带来更持久的赢利能力与更大的竞争优势。传统的创新形态能带来企业局部效率的提高、成本的降低,但它容易被其他企业在较短时期内模仿。商业模式的创新虽然也表现为企业效率提高、成本降低,但它更为系统,涉及多个要素的同时变化,因此更难以被竞争者模仿,常给企业带来战略性的竞争优势,而且优势常可以持续数年。

4. 脚踏实地

企业要做到量入为出、收支平衡。脚踏实地就是实事求是,就是把商业模式建立在对客户行为的准确理解和假定上。这个看似不言而喻的道理,要想日复一日、年复一年地做到,却并不容易。

## 二、商业模式的设计维度与思路

亚历山大·奥斯特瓦德提出了著名的商业模式画布(Business Model Canvas,BMC)。

BMC 是指一种能够帮助创业者催生创意、降低猜测、确保他们找对目标用户、合理解决问题的工具。BMC 把商业模式涉及的 9 个关键模块整合到一张画布之中，可以灵活地描绘或者设计商业模式。他认为，一个完整的商业模式应该包括 4 个视角、9 个模块。

### （一）商业模式的 4 个视角、9 个模块

#### 1. 商业模式的 4 个视角

商业模式的实质就是提升企业的价值创造能力，更快地为客户创造新的价值。只有围绕客户价值最大化的商业模式，才能在竞争中真正形成价值竞争优势和持续赢利。商业模式从 4 个视角来分析企业是如何创造价值、传递价值和获取价值的，如图 7-1 所示。

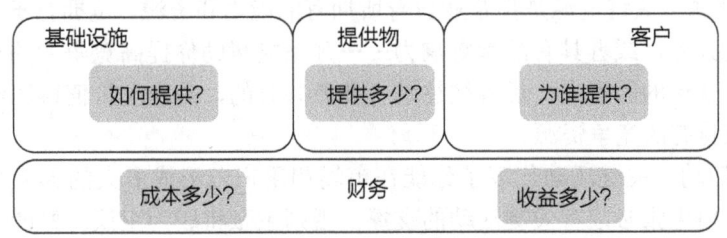

图 7-1　商业模式的视角

---

**知识拓展**

**判断项目的标准**

如果要用几个问题来判断一个创业项目是否靠谱，可以提出以下问题：

第一，你能给哪些特定客户带来什么价值？

第二，你有什么资源和能力为客户创造价值？

第三，你的盈利模式（包括收入结构和成本结构）如何？

第四，你如何持续地为客户和公司创造价值？

---

#### 2. 商业模式设计的 9 个模块

（1）客户细分　这代表了两个意思：一是你选择哪种类型的客户，二是你能不能把所瞄准的客户再细分一下，并找出他们的共性。找共性是很多项目会忽视的，但共性一旦被真实地描述出来，你的产品和服务就可以有的放矢，提高需求满足的精准度。找不出客户共性意味着对客户了解得不够。市场上充斥着各种伪需求项目，产品经理在"想象"客户需求，毫无疑问，这类项目的成功难以持续。

（2）价值主张　价值主张需要告诉消费者为什么选择你而不是选择其他，解决的是"WHY"的问题。在信息过剩且消费者普遍有选择焦虑的情况下，需要一开始就把你的产品服务清晰、明了地传达给消费者。好的价值主张需要进入客户细分场景，思考客户在使用场景下的痛点是什么，并洞察其内心的渴望或期盼。卓越的价值主张是对客户需求理性满足前提下的感性表达。客户的痛点往往很多，识别出核心痛点，进行有针对性的满足，就能吸引新客户及保有现有客户，随之而来的就是项目营收增长，企业表现向好。

（3）渠道通路　瞄准了目标用户，就需要考虑怎样接触目标用户。同时，还需要评估哪些渠道最有效、投入产出比较高，就是我们经常所说的 ROI（投资回报率）。现在一般

都有线上线下的做法,重点是如何更高效地接触并让你的用户留存在你的渠道里,这里的高效可以用以下方法来印证:是否能提升客户对产品和服务的认知?是否能帮助客户评估公司价值主张?是否能协助客户购买特定产品和服务?是否能向客户传递价值主张?是否能提供售后服务支持?

（4）客户关系　客户关系要考虑的重点是如何与客户建立联系,并努力产生黏度,使客户形成一定程度的依赖性。这是一个不断加强与客户交流、不断了解顾客需求,并不断对产品及服务进行改进以满足顾客需求的过程。

（5）重要伙伴　明确谁是我们的重要伙伴?谁是我们的重要供应商?我们需要或正在从合作伙伴处获取哪些核心资源?

（6）关键资源　关键资源是指企业自身所拥有的能力和资源。是拥有雄厚的经济实力,还是拥有一流的人才,或者具有品牌影响力……凡是能帮助你提高竞争力的东西都是资源。关键资源与重要伙伴的区别是,后者往往是行业所共有的,是企业价值链的组成部分,而前者是自己独有或特有的竞争资源。

（7）关键活动　关键活动代表了你能在市场和用户方形成多大的影响力,以左右他们的购买决策。价值主张必须有关键活动的支撑,否则主张将成为空谈。好的关键活动是综合可调动资源和可控成本下的最优设计或选择。

（8）固定成本　成本包括场地成本、人力成本、营销成本、仓储成本、物流成本和进货成本等。或者可以看一下你所处行业的财务报表,找到同业的上市公司公开的财物报表,通过不同的机构对其进行的分析,可以看出成功企业的钱都花在了什么地方,以及主流的行业趋势。

（9）收入来源　哪些项目可以收钱,是只收一次还是可以收多次,占比有多高,是否可持续。一项生意要避免成为"死意",收入要大于成本,如果收入小于成本,就要让投资人相信你未来的收入是可以大于成本的。

（二）BMC

BMC是简单易行的商业模式设计工具,能帮助你理清思路,完成描绘或者设计商业模式,如图7-2所示。

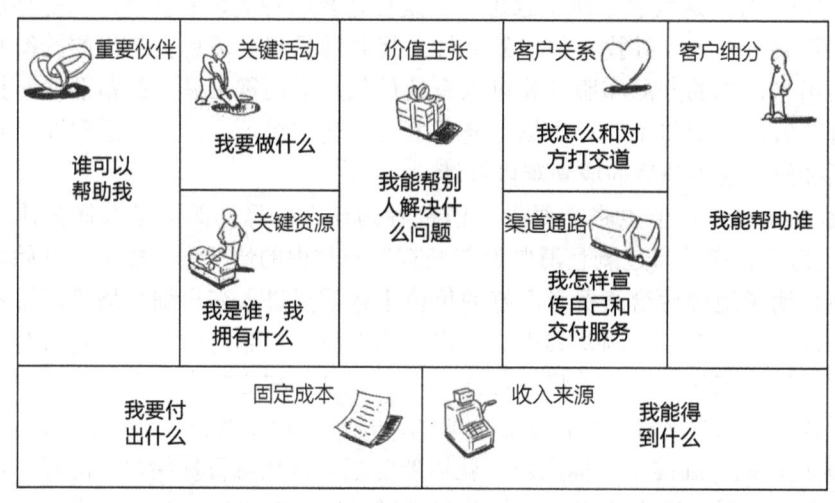

图7-2　BMC

对商业模式的设计可归纳为三维四度九步法，具体如图 7-3 所示。

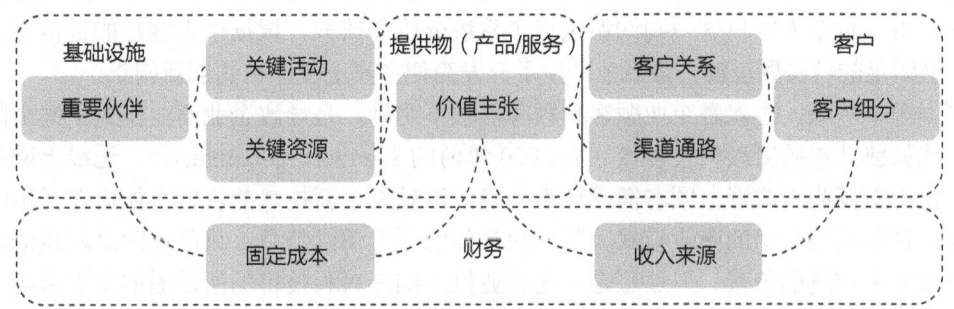

图 7-3　商业模式框架设计（三维四度九步法）

案例 7-1

### 欢乐谷的主题公园模式

欢乐谷是华侨城主题公园"北上"的典型代表，初来北京，也"水土不服"。

最终，欢乐谷明确了以"主题文化"为核心的发展思路。针对北京的人群特点，巧妙构思，策划开展了"百艺闹春欢乐节"等六大亲民、乐民、惠民的主题活动。通过极富有吸引力及轰动性的主题活动，打造全新的旅游亮点和阶段热点，从而打破了传统主题公园过分依靠园区建筑、设施为主题服务的常规，转而力求通过打造丰富多彩、创意十足的活动来服务于欢乐谷的主题文化建设。

欢乐谷与时俱进，首创性地将专项活动和主题文化相结合；精心设置满足不同群体的景观、表演、设施；引进大型赛事；建设明星、极限、街舞、魔术四大俱乐部……极大地丰富了园区主题活动内涵。

欢乐谷的"活动品牌"战略赢得了巨大成功，而成功背后收获更大的是摸索出了一条属于自己的主题公园发展模式，避免了国内主题公园娱乐活动同质化，也将为未来的欢乐谷赋予最为独特的竞争力，为国内的文化旅游产业提供了一个良好的范本。

（三）商业模式设计思路

设计和完善企业商业模式，需要借助有效的分析手段。无论是设计还是完善企业商业模式，都必须遵循商业模式设计完善的五步法。

1. 界定和把握利润源——顾客

企业利润源是指购买企业商品或服务的顾客群，它们是企业利润的唯一源泉。企业利润源及其需求的界定，决定了企业为谁创造价值。企业顾客群分为主要顾客群、辅助顾客群和潜在顾客群。好的目标顾客群要有清晰的界定，没有清晰界定的顾客群往往是不稳定的；要有足够的规模，没有足够的顾客群规模，企业的业务发展必然受到限制；企业要对顾客群的需求和偏好有比较深的认识和了解。

设计商业模式的时候，首先需要分析顾客需求，目的就是要为产品寻找能够比较容易呈现价值的顾客群。一般来说，企业赢利的难度并非在技术与产品端，主要在顾客端。有时即使是把握好了企业顾客的一点点需求，也可能产生巨大的顾客价值。如在复印机行业，施乐公司的利润源主要是大型企业与专业影印公司,因看不到个人客户对于影印便利的需求,失去了开发桌上型复印机的先机。佳能公司在资源规模上无法与施乐公司竞争,因此采取差异化策略,重点对个人客户这一利润源进行了系统分析和研究,根据个人客户的价值需求,发掘尚未被满足的特殊顾客群,最后才产生了开发简便型桌上复印机的创新构想。

利润源不清晰,也就是企业顾客和顾客需求不明确,是导致企业商业模式不健全的重要原因。比如前几年的新兴科技领域(如2000年前的Internet、e-commerce、无线上网等新产业),由于市场尚未成形,顾客需求还不明确,很难发掘新技术的价值将如何在新市场中具体呈现。许多网络公司的商业模式大都欠缺具体的顾客需求信息,只能以网络科技的发展趋势来描绘未来市场的美景。但这正是一些企业投入到新兴科技市场所遭遇的主要风险:新技术具有创造价值的高度潜力,但新事业却持续大幅亏损。

大量经营实践表明,设计和完善商业模式时,分析顾客需求并寻求产品在市场中的最佳定位,是设计商业模式的一项重要工作。

2. 不断完善企业利润点——产品

利润点是指企业可以获取利润的、目标顾客购买的产品或服务。利润点决定了企业为顾客创造的价值是什么,以及企业的主要收入及其结构。

好的利润点是顾客价值最大化与企业价值最大化的结合点,它要求:针对目标顾客清晰的需求偏好,为目标顾客创造价值,为企业创造价值。有些企业的产品和服务缺乏顾客的针对性,或者根本不创造利润,就不是好的利润点。

**案例 7-2**

**微软的商业模式**

微软的商业模式是国际公认的最为成功的商业模式之一,但回顾微软不断完善企业利润点的历史,就会发现其并不是一开始就能够设计出具有竞争力的产品的。看一看微软开发图形操作系统就会发现,根据顾客的需求对产品持续改进是微软商业模式的竞争力所在。当微软推出Windows1.0时,这个产品与数字研究公司的GEM图形用户界面相比,并无优势。评论家们甚至将它比作是对施乐PARC所开发产品的模仿。只有在1990年Windows3.0发布时,微软才拿出了内存管理方面的改进成果,从而可以让用户利用286和386微处理器的能力。1993年,微软又改进了与Windows95界面类似的NT,新产品强大的管理控制功能使得WindowsNT在IT社区中流行起来。在网络浏览器业务上,微软又用了三次长期的努力才赶上网景。微软建立了伟大的商业模式,原因是微软倾听客户反映,修复了产品中的不足。

微软完善了一个整合客户反馈和改进企业利润点的系统,这可以解释为何微软长期以来成为这个领域的头部企业。

3. 打造强有力的利润杠杆,构筑商业模式内部运作价值链

打造利润杠杆、规划企业内部运作价值链是商业模式设计与完善的重要内容,它决定了产品或服务是否为企业带来价值和带来多少价值。设计良好的利润杠杆可以使商业模式极具竞争力。

企业利润杠杆主要包括组织与机制杠杆、技术与装备杠杆、生产运作杠杆、资本运作杠杆、供应与物流杠杆、信息杠杆和人力资源杠杆等。这些内部运作活动可以清楚地界定企业的内部运作的成本及其结构，以及计划实现的利润目标。

### 案例 7-3　美国西南航空公司的利润杠杆

美国西南航空公司创下了连续 29 年赢利的业界奇迹。能取得这样的成功，在于西南航空公司始终坚持"低成本营运和低票价竞争"的策略，在内部价值链上下功夫，找到了属于自己的财富增长点。西南航空公司主营国内短途业务。由于每个航班的平均航程仅为一个半小时，西南航空只提供软饮料和花生米，这样既可以将非常昂贵的配餐服务费用"还之于民"，又能让每架飞机净增 7~9 个座位，每班少配备 2 名乘务员。在西南航空公司的大多数市场上，它的票价甚至比城市之间的长途汽车票价还要便宜。

同样的产品，由于利润杠杆不同，或者说由于企业内部运作价值链的差异，导致了产品的成本迥异，一个企业可能赚钱，另一个企业则可能亏损。这足以说明利润杠杆决定了企业利润的多寡。

### 案例 7-4　典型公司的利润杠杆

劳斯莱斯将其主要精力集中于发动机的核心竞争力上，而对于车身等部分则完全外购，从而取得价值最大化。宝马公司控制着与其核心竞争力密切相关的关键部件，如发动机、车辆平台的设计，其他非关键零部件的生产则外包出去。

将没有竞争优势的企业内部价值链外包，是打造利润杠杆的一条有效途径。很多公司意识到在一个非常长而复杂的企业内部价值链上，他们也许只能在价值链的 3~4 个环节具有高度竞争力，要想在所有环节上都具有竞争力是不太可能的。而一旦认识到企业内部价值中的优势环节，就应该把公司定位在那个位置，将其他部分以签约方式外包给别的公司，从而使利润杠杆更加有力。

**4. 疏通拓宽利润渠，构筑商业模式外部运作价值链**

利润渠即企业向顾客供应产品和传递产品信息的渠道，是商业模式得以正常运作必不可少的外部价值链。产品或服务的价值传递是企业把产品和服务传递给目标客户的分销和传播活动，目的是便于目标客户方便地购买和了解公司的产品或服务。

1963 年，家乐福在巴黎郊区创办第一家超级市场。在 30 年内，家乐福发展成为一个年销售额 290 亿美元、市值 200 亿美元的国际连锁超市集团。其成功的关键是为客户提供了优异的渠道。在家乐福产生前，法国拥有高度分散的小商店系统。它们对客户和供应商来说是一个十分低效的渠道。客户需要花数小时采购，而分销商需要花费可观的成本和费用运送货物到成百上千家零售店。这一渠道的多重失效和低效，激发了渠道集中的趋势。家乐福发掘到这一机会，从而创造了巨大的股东价值。家乐福、沃尔玛的成功是因为它们为众多商品生产企业构筑了高效的流通渠道，而这是所有的商业模式都必不可少的。

5. 建立有效保护利润的利润屏障

利润屏障是指企业为防止竞争者掠夺本企业的目标客户，保护利润不流失而采取的战略控制手段。利润杠杆是撬动"奶酪"为我所有，利润屏障是保护"奶酪"不为他人所动。

比较有效的利润屏障主要有建立行业标准、控制价值链、领导地位、独特的企业文化、良好的客户关系、品牌、版权及专利等。在20世纪80年代的大部分时间和90年代早期，苹果拥有的图形界面使用系统比微软的先进得多。然而竞争的结果是，1000亿美元的股东价值从苹果转移到微软，因为微软全力以赴使自己的操作系统成为行业的标准。

### 三、商业模式的保护

#### （一）商业模式保护的重要性

商业模式创新给企业所带来的是价值空间和价值创造效率的提升，相比技术创新更容易吸引他人抄袭。一旦商业模式被抄袭，企业将失去竞争优势，尤其在创新者的资本、市场、人才等资源处于明显劣势的情况下，对企业的打击和影响往往是致命的。因此，商业模式创新需要良好的知识产权保护。但因商业模式不同于传统知识成果的特殊性，需要在既有的知识产权保护框架下选择恰当的知识产权方式对其进行有效的保护。

#### （二）商业模式侵权的形式

从商业模式的侵权来源来看，一种是内部侵权，另一种是外部侵权。内部侵权主要是指企业员工、企业的股东、高管违反了企业内部规章制度，或是没有遵守竞业禁止约定，将从企业获得的商业模式信息或资源传播到企业的外部，这些人员离职后，直接或间接将商业模式信息或资源用于和原企业进行竞争；外部侵权主要是指相同经营领域或即将进入该领域的竞争对手，模仿、复制、抄袭其他企业现有的商业模式，以达到快速进入该商业领域的目的，而不必经过市场的探索、商业渠道的磨合和其他实验性的投入等过程，减少了企业进入该商业领域的成本投入。侵犯他人的商业模式，本质上和以前的傍名牌相似，不过之前复制模仿的是他人的具有一定市场知名度的品牌或有形产品，现在复制模仿的是他人已经初具成效的商业模式，这两种侵权方式都破坏了社会主义市场经济的正常秩序，属于不正当竞争行为。

从商业模式侵权的具体客体分类，商业模式被侵权的客体主要包括注册商标、企业名称、著作权、专利权、公司商誉及合同权利等。

#### （三）商业模式保护的措施

1. 企业进行内部风险防范

1）通过企业内部规章制度、保密协议、劳动合同、公司章程和竞业禁止协议等途径进行内部自控，形成商业模式内部保护机制。对于经营性资源，如有关商业活动的市场营销策略、货源情报、产销策略、定价政策、产品价格和成本等进行内部预防和保护。

2）对企业经营过程的各个环节进行风险防控。针对产品或技术的研发阶段、生产资料的采购环节、产品的生产环节、产品或技术的销售环节等经营过程，严格执行公司的各项规章制度。例如：在研发阶段，做好技术或产品的保密工作，技术的权属要和员工约定明确。在生产资料的采购环节，规避供应链上其他厂商的知识产权风险。在生产阶段，防止方案外泄。

有些企业允许外部人员参观工厂,如果没有建立好完善的参观制度,在这个环节很容易出现技术方案外泄。在销售阶段,注意设置相应的员工激励方案。

2. 企业商业模式中的技术型资源应进行知识产权保护

涉及企业的技术性资源的信息包括但不限于技术方案、工程设计、制备方法、配方、工艺流程、技术指标、计算机软件、数据库、研发记录、技术报告、检测报告、实验数据、试验结果、图样、样品、模型、模具、产品结构(公开前)、操作手册、技术文件及相关的函电等。对不适合公开的技术型资源作为商业秘密加以保护,对适合公开的技术性资源进行各种形式的知识产权外部保护,如注册商标、申请专利权、申请软件著作权保护等。企业的技术资源是受法律保护的权利载体。

3. 利用专利法保护商业模式

修改后的《专利审查指南》将专利保护范围扩展至含有技术特征的商业模式、商业方法,明确计算机程序所表达的技术方案属于可受专利保护的范围。可通过计算机软件和商业方法或商业模式以及硬件介质三者相结合,形成商业方法或商业模式的专利技术方案。这个技术方案必须同时具备技术问题、技术手段、技术效果这三个要素。将含有商业模式的技术方案申请专利,进行知识产权保护。

### 案例 7-5　亿拓新能源开发有限公司起诉案

陕西亿拓新能源开发有限公司起诉陕西蛙能煤层气开发有限公司、陕西中洁煤层气发电有限公司等侵犯商业秘密纠纷案中,原告主张,其在生产、经营过程中所形成的独特的"煤层气抽采、开发、利用、销售及瓦斯发电"经营模式,属于原告的商业秘密。被告则辩称,煤层气瓦斯发电项目在全国有非常多的案例,该商业模式的协议及其范本在互联网都是公开信息,任何人均可以从公开渠道获得,不属于商业秘密。

一审法院经审理认为,商业经营模式的价值必须在将该模式付诸实践后才可以体现出来,实践行为本身就是一种对外公开的行为,所以对商业经营模式而言,其价值性与不为公众知悉存在一定矛盾,而价值性与不为公众知悉是商业秘密必备的两个特征,所以,商业经营模式本身并不具备商业秘密的全部特征,不构成商业秘密。基于此,一审法院对原告提出的"煤层气抽采、开发、利用、销售及瓦斯发电"经营模式系其商业秘密的主张未予支持。对于该争议问题,二审法院维持了一审判决。

我国反不正当竞争法在修订前后,均要求商业秘密"不为公众所知悉"。笔者认为,"不为公众所知悉"即为商业秘密构成要件中的"秘密性"。上述诉讼中,涉案商业经营模式正是由于不符合"秘密性",原告的主张才未获得法院支持。

## 能力训练

【能力训练】用 BMC 分析商业模式

步骤1:任选一个企业(可由教师给出企业的标识),用 BMC 分析其商业模式,请填写如图 7-4 所示的空白项。

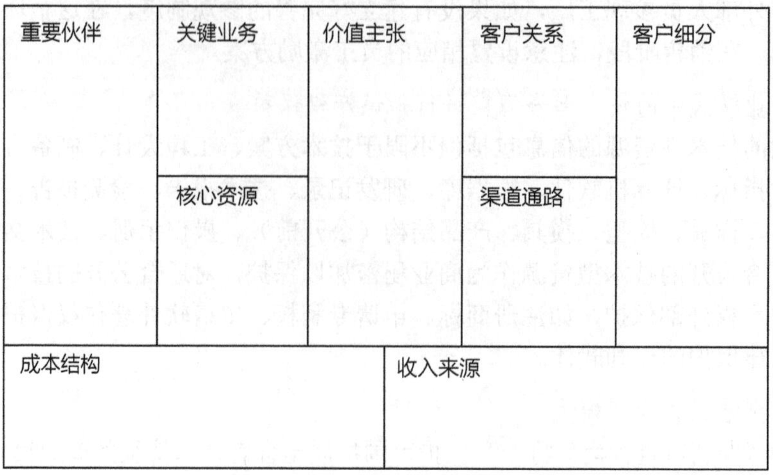

| 重要伙伴 | 关键业务 | 价值主张 | 客户关系 | 客户细分 |
|---|---|---|---|---|
| | 核心资源 | | 渠道通路 | |

| 成本结构 | 收入来源 |
|---|---|

图 7-4　BMC 分析结果

步骤 2：按照三维四度九步法，通过 BMC 设计一个自己的商业模式（如图 7-5 所示）。

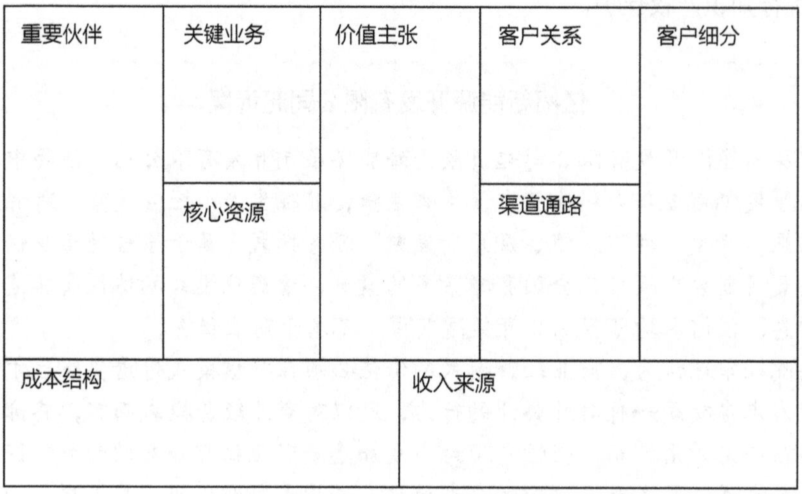

| 重要伙伴 | 关键业务 | 价值主张 | 客户关系 | 客户细分 |
|---|---|---|---|---|
| | 核心资源 | | 渠道通路 | |

| 成本结构 | 收入来源 |
|---|---|

图 7-5　设计自己的商业模式

# 第三部分
# 创业实战——成功之源

在新时代背景下
掌握创业技能
开展创业实践
提升自我
积蓄能量
迈向成功

# 模块 八 新企业的创立

● **名人名言**

在所有组织中，90% 左右的问题是共同的，不同的只有 10%。只有这 10% 需要适应这个组织特定的使命、特定的文化和特定的语言。

——彼得·德鲁克

● **导读导学**

通过自己的努力，开办属于自己的企业，是非常宏大的梦想。要实现这个梦想，还是得靠着脚踏实地、开拓进取和务实的精神才行。在新企业的创立过程中，要熟悉流程和把握关键点。

● **思维导图**

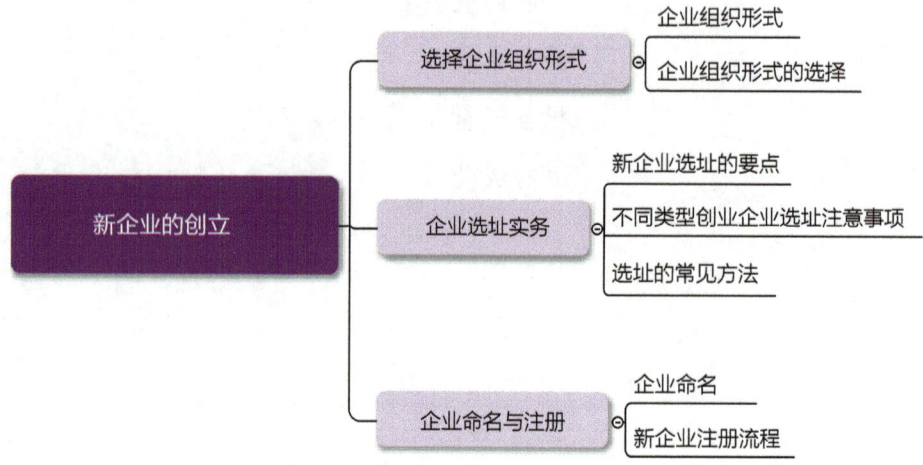

# 单元一　选择企业组织形式

> **案例导读**
> 
> **退伙怎么分钱？**
> 
> 小江、小齐和小李三个人共同出资，合伙从事长途贩卖海鲜工作。其中，小江出资10万元，小齐出资15万元，小李出资5万元，共计30万元。平时冰库的温度都保持在0～14℃，小李为了省电，将冰库的温度调到16℃。小汪负责进货，小齐负责异地销售。出资额加上他们半年来赚的100万元，共计130万元，而他们的损失却高达180万元，小李此刻却想退伙。
> 
> 想一想：
> 1. 请为他们分分家，谁该承担多少赔偿责任。要求公平合法地偿还债务。
> 2. 如何正确选择法律形式，避免创业风险？

## 一、企业组织形式

在市场经济条件下，企业是法律上和经济上独立的经济实体。任何一个企业都要依法设立。投资人在创建一个企业时，面临企业的组织形式选择问题。新创企业一般都是小型企业，常见的企业组织形式有个体工商户、个人独资企业、合伙企业和公司制企业。

### （一）个体工商户

1. 含义

公民在法律允许的范围内，依法经核准登记，从事工商业活动的为个体工商户。个体工商户是新创企业的原始形态。

2. 法律特征

个体工商户是个体工商业经济在法律上的表现，其具有以下特征：

1）个体工商户是从事工商业经营的自然人或家庭。自然人或以个人为单位、以家庭为单位从事工商业经营，均为个体工商户。根据有关政策，可以申请个体工商户经营的主要是城镇待业青年、社会闲散人员和农村村民。

2）自然人从事个体工商业经营必须依法核准登记。个体工商户的登记机关是县以上工商行政管理机关。个体工商户经核准登记，取得营业执照后才可以开始经营。个体工商户转业、合并、变更登记事项或歇业，也应办理登记手续。

3）个体工商户只能经营法律、政策允许个体经营的行业。

### （二）个人独资企业

1. 含义

个人独资企业是指依法在中国境内设立，由一个自然人投资、财产为投资人个人所有、投资人以其个人财产对企业债务承担无限责任的经营实体。个人独资企业属于非法人组织，具有团体人格的组织体属性。

2. 法律特征

1）从组织结构形式上看，个人独资企业的出资人是一个自然人。该自然人应当具有完全民事行为能力，并且不能是法律、行政法规禁止从事营利性活动的人。国家机关、国家授权投资机构或国家授权部门、企业、事业单位等都不能作为个人独资企业的设立人。

2）在责任形态上，投资人以其个人财产对企业债务承担无限责任。投资人若以家庭的共同财产作为个人投资的，以家庭共有财产对企业债务承担无限责任。

### （三）合伙企业

1. 含义

合伙企业又称为合伙制企业，是指自然人、法人和其他组织依照《中华人民共和国合伙企业法》在中国境内设立的，由两个或两个以上的自然人通过订立合伙协议，共同出资经营、共负盈亏、共担风险，并对合伙企业债务承担无限连带责任的营利性企业组织形式。

2. 法律特征

（1）合伙协议是合伙企业得以成立的法律基础　合伙协议是调整合伙关系、规范合伙人相互间的权利义务、处理合伙纠纷的基本法律依据，也是合伙企业得以成立的法律基础。当然，合伙协议的订立方式既可以是书面协议，也可以是口头协议。但是，根据合伙企业法的规定，合伙企业的合伙协议应当采用书面形式。

（2）合伙须由全体合伙人共同出资、共同经营　出资是合伙人的基本义务，也是其取得合伙人资格的前提。合伙出资的形式丰富多样，可以以现金、实物、土地使用权和知识产权等方式出资，还可以其他财产权利（如债权、技术等）出资，也可以劳务的方式出资，只要其他合伙人同意即可。

普通合伙人必须共同从事经营活动，以合伙为职业和谋生之本。可以说，合伙人之间是风雨同舟、荣辱与共的关系，合伙的一些具体制度如竞业禁止等即是基于此而产生的。当然，有限合伙企业的情形有所不同，有限合伙人可以不参加合伙企业的营业，不执行合伙事务。

（3）合伙人共负盈亏、共担风险，对外承担无限连带责任　合伙人既可按对合伙的出资比例分享合伙盈利，也可按合伙人约定的其他办法来分配合伙盈利。当普通合伙企业的合伙财产不足以清偿合伙债务时，合伙人还需以其他个人财产来清偿债务，即承担无限责任，而且任何一个合伙人都有义务清偿全部合伙债务（不管其出资比例如何），即承担连带责任。在有限合伙企业中，普通合伙人对合伙企业债务承担无限连带责任，有限合伙人则仅以其出资额为限，承担有限责任。

3. 类型

合伙企业分为普通合伙企业和有限合伙企业。

（1）普通合伙企业　由2人以上普通合伙人（没有上限规定）组成，合伙人对合伙企业债务承担无限连带责任。

（2）有限合伙企业　由2人以上、50人以下的普通合伙人和有限合伙人组成，有限合伙人以其认缴的出资额为限，对合伙企业债务承担责任。

### （四）公司制企业

**1. 含义**

公司制企业又叫股份制企业，是指由1个以上投资人（自然人或法人）依法出资组建，有独立法人财产，自主经营、自负盈亏的法人企业。

**2. 法律特征**

公司是一个由股东出资入股组成的法人团体，具有法人地位，按照一定的规章制度成立，拥有独立财产，在其法人财产基础上独立从事经营活动，并能以自己的名义行使权利，承担责任与义务。所有出资人都只以自己的出资为限，对公司的债务负有限的清偿责任。公司由一个法人治理机构来统治和管理，即由企业所有者、董事会、总经理组成的机构来管理，三者形成一种合力，同时也形成一定的制衡关系。通过这一形式，所有者将自己的资产交由公司董事会托管。公司董事会是公司的常设决策机构，拥有对高级经理人员的聘用、奖惩以及解雇权利。高级经理人员受雇于董事会，组成董事会领导下的总经理执行机构，在董事会的授权范围内经营企业。

**3. 类型**

公司制企业一般分为有限责任公司和股份有限公司。

（1）有限责任公司　有限责任公司简称有限公司，是指根据《中华人民共和国公司登记管理条例》规定登记注册，由50个以下的股东出资设立，每个股东以其所认缴的出资额对公司承担有限责任，公司以其全部资产对其债务承担责任的经济组织。

有限责任公司（有限公司）是我国企业实行公司制最重要的一种组织形式。其优点是：设立程序比较简单，不必发布公告，也不必公布账目，尤其是公司的资产负债表一般不予公开，公司内部机构设置灵活。其缺点是：不能公开发行股票，筹集资金范围和规模一般都比较小，难以适应大规模生产经营活动的需要。因此，有限责任公司这种形式一般适合于中小企业。

（2）股份有限公司　股份有限公司是指公司资本为股份所组成的公司。股东以其认购的股份为限，对公司承担责任。设立股份有限公司，应当有2人以上、200人以下的发起人，注册资本的最低限额为人民币500万元。

### （五）其他形式

**1. 特许经营**

特许经营分为直接特许和分特许。直接特许即特许者将经营权直接授予特许经营申请者。获得特许经营权的被特许者按照特许经营合同设立特许网点，开展经营活动，不得再行转让特许权。分特许（区域特许）即由特许者将在指定区域内的独家特许经营权授予被特许者，该被特许者可将特许经营权再授予其他申请者，也可由自己在该地区开设特许网点，从事经营活动。

【知识拓展】
有限责任公司与股份有限公司的区别

从事特许经营活动，必须签订特许经营合同。特许经营合同应当包括下列内容：特许经营授权许可的内容、范围、期限和地域；双方的基本权利和义务；对被特许者的培训和指导；各种费用及其支付方式；保密条款；违约责任；合同的期限、变更、续约、终止及纠纷的处理方式。

特许者可向被特许者收取下列费用：加盟费（特许者将特许经营权授予被特许者时所收取的一次性费用）；使用权（被特许者在使用特许经营权过程中按一定的标准或比例向特许者定期支付的费用）；保证金（为确保被特许者履行特许经营合同，特许者可要求被特许者交付一定的保证金，合同到期后应将保证金退还给被特许者）；其他费用（特许者根据特许经营合同为被特许者提供相关服务而向被特许者收取的费用）。

2. 连锁形式

连锁经营可分为直营连锁和自由连锁。

直营连锁是指连锁公司的店铺均由公司总部全资或控股开设，在总部的直接领导下统一经营。直营连锁要求总部筹集足够的资金，配备大批的管理人员。而特许经营中受许人是独立的企业法人，特许人无权干涉各个加盟店的人事和财务关系，特许人只需选择受许人，并向其提供培训和服务即可，而无需为其提供资金。

自由连锁是指各连锁公司的店铺均为独立法人，各自的资产所有权关系不变，各成员使用共同的店名，与总部订立采购、促销、宣传等方面的合同，并按合同开展经营活动，各成员可自由退出。自由连锁经营中的成员店的经营自主权比特许经营加盟店多，特许经营加盟店在合同期内不能自由退出，而自由连锁店可以自由退出。

## 二、企业组织形式的选择

（一）不同企业法律形式的比较和选择

一个新创企业可以选择不同的法律形式。不同法律形式的企业对创业者来说各有利弊，没有绝对的好坏之分。不能说哪种形式一定比另一种形式更好，关键是看其是否适合创业者自身的条件。

下面就个体工商户、个人独资企业、合伙企业、有限责任公司和股份有限公司法律组织形式对于创业者的优劣势做个比较，详见表 8-1。

【知识拓展】
特许经营和连锁的区别

表 8-1 不同企业组织形式对于创业者的优劣势比较

| 法律形式 | 优势 | 劣势 |
| --- | --- | --- |
| 个体工商户 | 1. 创办程序简单<br>2. 经营灵活<br>3. 投入相对较少 | 1. 创业者承担无限责任<br>2. 企业的成功过多地依赖创业者个人能力<br>3. 筹资困难<br>4. 企业随着创业者消亡，寿命有限 |
| 个人独资企业 | 1. 企业设立手续简便，费用低<br>2. 所有者拥有企业控制权<br>3. 对市场变化做出快速反应<br>4. 保密性强 | 1. 创业者承担无限责任<br>2. 企业的成功过多地依赖创业者个人能力<br>3. 筹资困难<br>4. 企业随着创业者消亡，寿命有限<br>5. 创业者投资的流动性低 |
| 合伙企业 | 1. 创办较简单，费用低<br>2. 经营比较灵活<br>3. 有更多的技能和能力<br>4. 资金来源较广，信用度较高 | 1. 合伙创业人承担无限责任<br>2. 绩效依赖合伙人的能力<br>3. 企业规模受限<br>4. 企业随着关键合伙人死亡或退出而解散<br>5. 投资流动性低，产权转让困难 |

（续）

| 法律形式 | 优势 | 劣势 |
| --- | --- | --- |
| 有限责任公司 | 1. 股东只承担有限责任，风险小<br>2. 公司具有独立寿命，易于存续<br>3. 可吸纳多个投资人<br>4. 促进资本集中<br>5. 多元化产权结构有利于决策科学化 | 1. 创立的程序相对复杂<br>2. 存在双重纳税，税收较重<br>3. 不能公开发行股票，筹集资金的规模受限<br>4. 产权不能充分流动，资产运作受限 |
| 股份有限公司 | 1. 创业股东承担有限责任，风险小<br>2. 筹资能力强<br>3. 公司具有独立寿命，易于存续<br>4. 职业经理人进行管理，管理水平较高<br>5. 产权可以股票形式充分流动 | 1. 创立的程序复杂<br>2. 存在双重纳税，税收负担较重<br>3. 股份有限公司要定期报告公司的财务状况、公开自己的财物数据，不便严格保密<br>4. 法规要求比较严格 |

## （二）选择企业组织形式的考虑因素

### 1. 拟创业的项目及其涉及的行业和经营内容

对于一些特殊的行业，法律规定只能采用特殊的形式。比如律师事务所只能采用合伙形式而不能采取公司制形式，而对于银行、保险等金融事业，法律则要求必须采用股份有限公司制的形式。因此，根据拟投资的行业，确定可以采取的企业组织形式是首先应当考虑的。

对于法律没有强制性要求的，则需要根据实务中通常的做法以及创业者的特殊要求来确定组织形式。例如：高科技行业基本上都应该采取公司制形式；饮食行业比较适合采用个体工商户或合伙制形式；普通网店通常适合采用个体工商户或合伙制形式；涉及高科技行业的网店也建议采用公司制，主要是容易建立企业信誉、后期便于规范管理；对外贸易企业则适合采用公司制企业，比较容易走出国门，容易取得出口资格、赢得外国客户的认同。

### 2. 融资需求和风险规避

如果创业者自身资金充足，拟投资的事业所需资金要求也不高，则最佳的方式是个人经营。结合经营内容，采取个体工商户或者独资企业形式较佳，经营比较灵活。如果资金需求量稍大并且一个人很难解决的，则建议采用合伙制形式。只有当资金需求量非常大时，才建议采用有限公司的形式，因为有限公司成本提升了。如果不是法律强制要求或者有上市需求的，均不建议采取股份有限公司形式，因为股份有限公司是所有企业组织形式中要求最高的治理模式，营业成本也是最高的。

对于初创企业，不建议一开始就直接采取有限公司或股份有限公司形式，除了考量经营成本外，还应该把风险规避因素同时纳入考量范畴。如果投资者要规避家庭财产以及私人其他财产的风险因素，就应该采取公司制，所有的公司制企业都是仅以出资额承担有限责任的。换句话说，公司一旦亏损，对于超出出资部分的亏损，投资人不再承担任何法律责任，无需用个人财产或者家庭财产赔偿债权人。

### 3. 税务考量

不同的企业组织形式所缴纳的税不同，因此，选择企业组织形式时必须考虑税赋问题。根据我国相关税法的规定，对个人独资企业和合伙企业生产经营所得计征个人所得税，其中合伙企业的投资者将全部生产经营所得按协议约定的分配比例，确定各自的应纳税所得额，分别缴纳个人所得税。而对于公司制企业，既要就公司经营所得缴纳企业所得税，又要在向股东分配利润时为股东代缴个人所得税，即按 20% 的税率缴纳个人所得税。因此，从税赋筹划的角度而言，选择合伙企业以及个人独资企业，通常所需要缴纳的税赋较公司制企业更低。但是这并不能一概而论，对于一些特殊的行业，例如高新技术企业、微小企业以及毕业 5 年内的大学生创业企业，我国政府对其采取税收优惠政策，在享受税赋优惠政策的情况下，公司制企业或许更加节税。

## 能力训练

**【能力训练】债务该如何处理**

步骤1：阅读案例。

杜同学、许同学和梅同学共同出资组建生物技术有限责任公司，各分别出资 200 万元、150 万元、250 万元，形成公司总资产 600 万元整。经过一年后，资不抵债，被迫进入破产清算。法院核算后，发现公司总债务大于总资产 150 万元。

步骤2：根据案例，回答问题。

1. 150 万元债务该怎么处理？谁来负责赔偿债权人？
2. 查找模板，制定一份公司章程。

# 单元二　企业选址实务

## 案例导读

### 星巴克的选址

星巴克选址的策略其实很简单。星巴克的定位就是"第三生活空间"，这是什么意思呢？就是家和办公室，中间应该还有一个地方可以供大家休息、畅谈，包括用于洽谈一些商务的环境，星巴克进入市场的切入点就是这一点。星巴克选址首先考虑的是商场、办公楼、高档住宅区等汇集人气、聚集人流的地方。此外，对星巴克的市场布局有帮助或者有巨大发展潜力的地点，即使在开店初期的经营状况很不理想，星巴克也会把它纳入自己的版图。

星巴克对开店的选址一直采取发展的眼光，并有整体规划的考量。因为现在不成功并不等于将来不成功。星巴克全球最大的咖啡店是位于北京的星巴克丰联广场店。当初该店开业时，客源远远不足，经营前期一直承受着极大的经营压力。但随着周边几幢高档写字楼的入驻率不断提高，以及区政府对周边道路的改造力度不断加大，丰联广场店最终成为该地区的亮点之一。

模块八　新企业的创立

> 想一想：
> 星巴克选址成功之处有哪几点？
> 创业企业都需要有经营场所，企业的选址与未来的经营发展有着很大的关系。对于创业者来说，将创业的地点选在哪个城市、哪个区域是一件先决性的事情。尤其是以门店为主的商业或服务型企业，店面的选址往往是成功的关键。好的选址等于成功了一半。

## 一、新企业选址的要点

创业大学生在选择经营场所时要慎重。由于所创企业经营类型不同，对经营场所的要求也不同。但是不管从事何种经营，一般来说，都要注意从以下几个方面综合考量，做出最优选择。

【知识拓展】
500强企业选址就靠这6条铁律

1. 方便性

人都有一定的惰性，买东西或者是享受服务都希望方便，而不希望费时、费力地寻找。因此，要想使你的生意兴隆，最好的办法就是让你的顾客能尽可能便捷地享受服务。

2. 安全性

任何人在购物或享受服务的时候都希望处于一个安全的环境中。因此，在选择经营场所的时候，创业大学生要注意的是，不要选在治安差的地方，也不要选择在管理较为混乱的集贸市场或娱乐场所附近，因为这些区域是治安和火灾事故的易发地区，容易威胁到顾客的人身安全。

3. 竞争性

现在行行有竞争，处处有竞争，创业大学生不要妄想找到一个没有竞争的经营场所。当然，竞争太强或太弱都不行。如果竞争性太强，不利于刚创办企业的发展；如果一个地方没有任何竞争，那就说明这地方不适合做这个行业。在有竞争对手的地方创业，有利于获得同行的经营状况和整个行业的发展状态，适时调整自己的经营方向与运作策略。

4. 愉悦舒适度

创业大学生在选择经营场所的时候，要注意所选择的场所及其周围设施的愉悦舒适度。经营场所附近的配套设施要齐全一些，如有路灯和绿化设施，空气比较清新。店内的装修要美观大方，做到冬暖夏凉，让人进入店内后有一种清新愉悦的感觉。

5. 人流量

正常情况下，在繁华的商业区和人口密度较高的大中型社区选址创业，人流量大，市场需求旺盛，相对来说客源较为稳定，在一定程度上可以保证创业的稳定性和较高的盈利。反之，在偏僻的地区或小型的、不成熟的社区，人流量小，客源不稳定，无法保证经营的可持续发展。

6. 租赁价格

经营场所地点不同，租赁价格相差甚远。在一些老牌的商业集中区域，租赁价格高。相反，在一些相对偏僻的老区或是新开发地段，租赁价格较低。到底要选择哪里，要根据创办企业的性质、经营定位和自身的经济实力来综合考虑。

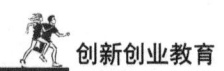

现在很多地方为鼓励和吸引投资，都在本区域范围内设立了各式各样的开发区、软件园、高科技园区等名目繁多的特别经济区域。在这些区域内设立企业，可以享受很多优惠政策。因此，大学生在创业时非常有必要了解一下相关政策，尽量把创业场所选择在特别经济区域内，这样既可以简化手续又能节省费用。

> **知识拓展**
>
> 选址的重要性
>
> 圮地无舍——地势偏远、无市场潜力、交通不便、外部环境不好的地方，不宜开店。
>
> 衢地交合——四通八达的地方适于开店，无论是客流量还是货物运输都相对较为方便，容易取得经营的成功。
>
> 绝地无留——如果不慎盲目开了一个小店，经过一两年的运营，仍是亏本，那么就应早调整，处理掉不赚钱的店，在适当的地方重开一家。
>
> 围地则谋——如果所开的店面位于繁华热闹之地，但同业竞争者甚多，狭路相逢，唯有以谋略经营，出奇制胜。
>
> 商场如战场，借鉴《孙子兵法》选战址的原则，因店经营的内容不同，同一地点对不同的经销商而言意义不同。比如，海边和海滩对泳衣、泳具、小吃等经销商来说是围地，需要用谋略，即经营策略取胜。但该地对汽车、家具家私等经销商来说却是绝地，很难持续经营下去。当然，如果是汽车维修，则该地只是圮地，并非绝地。但要想取得经营的成功，必须付出很大的代价。诸如低价高质，慢慢培养客户的忠诚度。

## 二、不同类型创业企业选址注意事项

### （一）生产性质的创业企业选址

这类创业企业在选址时要考虑具备生产条件：交通方便，便于原料运进和产品运出；生产用电要满足，生产用水要保证；生产所使用的原料基地要尽量离企业近一些；所使用的劳动力资源要尽量就地解决；考虑当地税收是否有优惠政策。如果是一些可能对环境造成影响的生产项目，还须考虑环保因素。

### （二）商业性质的创业企业选址

这类创业企业在选址时应考虑创业地的实际情况、客流量、店铺租金等。如在城市，若干个商业圈往往带动圈内商业的规模效应，选择在商业圈内会较易经营。但与繁华商圈寸土寸金的消费能力相对应，店铺租金或转让费也同样不菲，往往会让创业者的资金情况捉襟见肘，想要得到立足之地会倍感困难。因而可以在商业圈内利用联合经营、委托代销等方式，或者在商业圈边缘选址，转向"次商圈"，将节约下来的资金用于货品升级、提升服务等。在选址时要有"借光"的意识，比如在体育馆、展览馆、电影院旁边选址等。如果选择商圈之外的经营场所，则要注意做出特色，形成自己独特的风格，以达到"酒香不怕巷子深"的效果。

### （三）服务性质的创业企业选址

这类创业企业在选址时要根据具体的经营对象灵活选址，但对客流量要求较高。"天下熙熙,皆为利来;天下攘攘,皆为利往",客流一定程度上就等于财流。在车水马龙、人流量大的地段经营,成功的概率往往比在人迹罕至的地段要高得多。但也应结合企业的目标消费群体特点,如针对居民的应设在居民社区附近,针对学生的则应设在学校附近。如果以订单为主,低成本、高效能的办公楼则成为首选。

(四)"互联网+电子商务"类创业企业选址

这类企业要同时考虑仓库和办公间,应把便利性放在第一位,主要考虑物流的运输成本和运输的方便性,要根据不同的货物特点,充分考虑采用储藏间或者仓库,确保货物的安全性、进出的运输方便性等。在满足便利性和仓储性两个主要条件后,尽量把价格控制在较低的范围内,提高公司的盈利。

目前,创业的年轻人多以从事服务性和知识性的产品为主,而且集中在网络技术、电子科技、媒体制作和广告等产业。这些性质的公司可以选在行业聚集区、较成熟的商务区以及新兴的创意产业园区。

在选择经营场地时,各行业考虑的重点不同,其中有两个因素是不容忽略的,即租金给付的能力和租约的条件。经营场地租金是最固定的营运成本之一,即使不营业,也会有支出。有些货品流通迅速、空间要求不大的行业,如精品店、高级时装店、餐厅等,负担得起高房租,就设于高租金区;而家具店、旧货店等需要较大的空间,最好设在低租金区。

## 三、选址的常见方法

*1. CKE 方法*

这是美国人 Carl Karch Ent(连锁餐饮的企业家)提出的一种方法。用数理模型对店址进行评估。

$$Y = a - X_{[,1]}A + X_{[,2]}B + X_{[,3]}C + X_{[,4]}D$$

式中,Y 代表新开店的预计销售额;a 表示系数;X 表示估计以下几项因素的系统;A 表示本地区现有的店数;B 表示工薪阶层人口在该地区的比例;C 表示该地区人口平均年龄;D 表示距该店开车需 10 分钟行程范围内的职员人数;$X_{[,i]}$ 表示用于考量 A、B、C、D 要素权重值的指数。

(1)相关区域的数据收集

1)周边街道上的平时交通流量(每天的车辆数)。

2)本区域内所有餐厅的座位数。

3)工薪阶层人口所占该地域人口的比例。

4)10 分钟之内就可以抵达餐厅的员工的估算人数。

5)周边 10 分钟就可抵达的单身人数。

6)本地域人口的年龄结构。

7)营业区域内现有的连锁餐厅数。

8)本区域方圆 2~5 千米的人口数量。

(2)创建线性回归方程:$Y = a - X_{[,1]}A + X_{[,2]}B + X_{[,3]}C + X_{[,4]}D$

(3)连锁经营公司具有取得成功的标准

1)本地域所有餐厅座位数 A 多于 1200 个。

2）该地域约有 75% 的人口归属于工薪阶层，即 B ≈ 75%。

3）该地域人口的年龄结构 C 在 26～32 岁。

4）10 分钟内大概有 10000 名员工可抵达这个餐厅，D ≈ 10000。

## 2. 正确选择堂口

（1）大门不宜正对城市主干道　车水马龙的地段虽然繁华，但是店铺的卫生安全保障很难做好，因此，大门不应对着城市主干道。若原来大门对着主干道，需要重新改大门的朝向。

（2）大门不宜对小巷　对着小巷，能见度低，很难引起客户的关注，想要吸引客户入店消费就会很难，无形中加大了营销难度。

（3）大门切忌正对人行天桥　虽然正对人行天桥会增加店铺的吸引力和关注度，增加入店客户数量，但是店铺的空气质量和产品的安全系数均会不同程度地下降。

（4）大门不能正对烟囱　此条也是考虑店铺的空气质量问题。

（5）大门切忌正对交通灯　有人认为大门朝着城市交通灯的方向，还能利用免费光源。实际上，就算这个光源真能起到店铺照明的作用，也难免会出现阴影等不良影响。

（6）大门切忌正对厕所　店铺大门对着厕所，臭气容易进入店铺内部，影响空气质量，从而影响客户的购物体验，甚至会导致无人光临的糟糕局面。

### 知识拓展　　选店址的经验

好店址不怕租金高。租金的高低不是衡量店铺选址的关键因素，考量租金的高低时，要以经营是否能盈利为主要的比对因素。即使租金高，但客流量大，消费能力能达到店铺要求，那么，高租金的地址也是可以的。相反，即使租金低，但客流量小，消费能力达不到店铺要求，此种地方也不应作为开店地址。

繁华地段不是唯一选择。是否繁华并非开店关键因素，经营内容是否与所在地段各种要素匹配，才是选址应该考虑的重要因素。

不要忽视方位。所谓方位考量，是指如何在保障店铺安全的同时，最大限度地吸引客户关注，以及方便他们进店购买。

## 能力训练

**【能力训练 1】选址训练**

请以你所在城市的市中心为例，列举该地段对什么经销商是妃地、对什么经销商是衢地、对什么经销商是围地、对什么经销商是绝地？

_____

_____

**【能力训练 2】选址案例分析**

步骤 1：阅读案例。

某小夫妻加盟了一个小吃店，专门卖烧烤和卤菜。在总店指导师的指导下，他们选择了本市最繁华中心地区某条大道与一条小路口的交叉口。斜对面是个小学，不远处有公共汽车站。隔着大道与几个本市的大商场相邻，大商场里面有小吃一条街。按理说，这样的地方是完全符合选店的原则的。可是他们进入后，连续一周门可罗雀。这样下去只能关门大吉。情急之下，他们请来了总店的指导师。指导师观察了几天后，给他们提出一个方案：店面重新装修，把操作间外移到临街的小道口，并全部用有机玻璃装修。这样他们又要继续投资不少于5万元的装修费。他们有点犹豫，将信将疑。自己刚刚投入十几万元装修的，才使用不到一周，又要重新装修，装修后一定能盈利吗？经过仔细盘算，他们抱着死马当活马医的想法，按指导师的意见把店面重新装修。没想到效果奇佳。刚刚装修完一周，他们的营业量就比没装修前翻了10倍，达到了周营业额四五万元的界限。

步骤2：根据案例，回答问题。

这个夫妻加盟店取得成功的诀窍究竟是什么？

_____

_____

_____

## 单元三　企业命名与注册

### 案例导读

小李就读于某大学计算机专业，他和同伴们利用课余时间打工，每人都积累了少则几千元多则上万元的资金。有两个同学创业热情空前高涨，甚至拿出了父母准备为自己娶媳妇的钱，大有"男子汉先立业后成家"的气概。一个当地的同学可以提供公司办公地点，小李还有两项专利技术呢！他们一商量，准备成立一家软件开发公司。于是，他们开始行动，去注册成立一家新公司。

想一想：

1. 你认为小李他们在成立公司前提前应做好哪些准备？
2. 你认为小李他们应该选择哪种企业设立方式？要怎样注册成立新公司？

### 一、企业命名

#### （一）企业命名注意事项

**1. 必须使用规范汉字**

有些人给公司命名时特别喜欢取英文名字，甚至采用古希腊语等其他非常用语种。本意是突显公司的新潮，但也要充分考虑经营所在地的人们，特别是客户的感受。如果取了个外国名字，很多客户不容易接受，也很难被人们记住。

2. 公司投资人姓名可以做字号

公司投资人的姓名做字号的好处是：活广告，金字招牌，容易被人记住，也容易流行下去，对投资人的知识产权保护力度大而且长远。不好的地方在于：注册时，名称获批准比较困难，容易重名。同时，有些行业是不太适合用投资人的姓名做字号的，例如高科技公司，不利于人们对该公司的科技含量和研发能力等产生认同。使用投资人的名字做字号，比较适合于食品、手工制作等行业。这样既能让客户记住，又能快速扩张知名度。

3. 不得使用行业字号

例如 VR 公司，就不能直接只注册"VR"两个字符作为公司名称。大学生创业网也不能直接注册"大学生创业网"，前面必须添加字号名称，或者增加后缀方可使用行业字号。即使如此，类似的使用行业通用名的公司在注册时就被"枪毙"的也时常会出现。

4. 不得使用"中华"等字样

不得使用"中国""中华""全国""国家"等字样，这些字样一般只有国有企业而且经过相关部门批准方可注册使用。

5. 不得使用已吊销或者使用的企业名称

为了避免产生法律纠纷时难以区分责任，市场监督管理局在核准设立新公司时，一定会审核比对其他曾用名，一旦发现曾用名和现用名重名，则新公司不能使用。

6. 要注意行政区划的规范要求

企业所在地即为企业注册成立的住所所在省市，不能作为企业名称使用。例如，公司拟设立在惠州，偏偏要取名广州XXX有限公司，这样的取名方式在办理工商登记时肯定不会通过。

7. 名字要正向的

公司名称必须给人以积极、正确的印象，不得有消极的负面影响。取名时必须遵循社会主流的价值观和道德观，否则，很容易产生误会，在工商审核登记时也很难通过，甚至会带来不必要的麻烦。

8. 公司名称尽量避免使用字母和数字

公司名称中使用字母和数字，容易被模仿，更容易引起歧义。

9. 应易读，易写，还要注意谐音

朗朗上口是公司取名的一个要诀，名字容易读，人们就容易记住该公司。但同时还得注意谐音，以免被误读，造成不必要的误会。

10. 符合公众的口味

绝大部分公司是为人服务的，想要取得客户的信任和爱护，符合公众口味的取名非常重要。如果得到了绝大多数人的认同，公司往后的经营自然就消除了很多障碍。

（二）标识（LOGO）设计注意事项

1. 美观

视觉效果好，目的是让客户和社会大众有良好的印象，并且更容易被记住。

2. 有内涵

能体现公司理念和文化，让客户和合作伙伴一眼就能看出公司的文化理念和未来愿景，更容易与公司达成合作关系。

3. 原创

坚持原创，既是自身发展的根本，也是法律的要求，更是避免不必要的纠纷的正确之道。

## 二、新企业注册流程

新企业注册的一般流程如下：

1. 核名

到市场监督管理局领取一张"企业（字号）名称预先核准申请表"，填写拟定的公司名称。由市场监督管理局检索是否有重名，如果没有重名，就可以使用这个名称，核发一张"企业（字号）名称预先核准通知书"。

2. 租房

去专门的写字楼租一间办公室，如果自己有厂房或者办公室也可以。如果租用居民楼办公，相对而言不是非常理想。租房时要签订租房合同，并让房东提供房产证的复印件。

3. 编写公司章程

可以在市场监督管理局网站下载公司章程的样本，参照样本内容制定公司章程。章程要由所有股东签名。

4. 领取"银行询征函"

到会计师事务所领取"银行询征函"。联系一家会计师事务所，领取一张"银行询征函"（必须是会计师事务所盖章的原件）。

5. 开立公司账户

去银行开立公司账户。所有股东带上自己入股的那一部分资金、公司章程、市场监督管理局发的核名通知、法人代表的私章、身份证、用于验资的资金和空白询征函表格，到银行去开立公司账户。开立好公司账户后，各个股东按自己的出资额向公司账户中存入相应的资金。

银行会发给每个股东缴款单，并在询征函上加盖银行的公章。

6. 办理验资报告

持银行出具的股东缴款单、银行盖章后的询征函，以及公司章程、核名通知、房租合同和房产证复印件，到会计师事务所办理验资报告。

依照《公司法》规定，公司的注册资本必须经法定的验资机构出具验资证明，验资机构出具的验资证明是表明公司注册资本数额的合法证明。依照国家有关法律、行政法规的规定，法定验资机构是会计师事务所和审计师事务所。

首先，凭公司名称核准通知书到银行开设一个公司的临时账户。各股东全部以现金出资的，应根据公司名称核准通知书、公司章程规定的投资比例及投资金额，分别将投资款缴存到公司的临时账户。缴存投资款可采用银行转账或直接缴存现金两种方式。需注意的是，股东在缴存投资款时，在银行进账单或现金缴款单的"款项用途"栏应填写"XXX（股东名称）投资款"。

股东如以实物资产（固定资产、存货等）或无形资产（专利、专有技术）出资，则该部分实物资产或无形资产需经过持有资产评估资格的会计师事务所或资产评估公司评估，取得

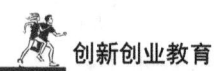

评估的报告书。

接着，与会计师事务所签订验资业务委托书，委托会计师事务所验资。验资时需向会计师事务所提供以下资料：

1）公司名称核准通知书。
2）公司章程。
3）股东身份证明。个人股东提供身份证，法人（公司）股东提供营业执照。
4）股东投资款缴存银行的银行进账单（支票头）或现金缴款单、资产评估报告书等资金到位证明。
5）如个人股东是以个人存折转账缴存投资款的，则需提供个人存折。

### 7. 办理公司登记注册

当前面所有的资料全部准备完整之后，就可以向市场监督管理局申请办理公司登记注册了。它主要包括以下几个步骤：

1）凭"企业（字号）名称预先核准通知书"，向公司登记机关领取相应的公司登记注册申请表，然后填写表格内容，主要包括公司名称、地址、股东和法定代表人等信息。

2）准备所有市场监督管理局要求的资料，包括：

① 法定代表人及自然人股东的照片。一般为大一寸照片，黑白或彩色都可以（在办理一家公司登记注册的整个过程中，法定代表人要准备约10张照片，股东要准备3张照片）。

② 所有股东的身份证原件及复印件。如果股东有企业法人，则必须准备其营业执照的原件及复印件。如果法定代表人的户口不在公司注册的所在地，必须办理当地的暂住证。

③ 公司董事长签署的设立登记申请书。

④ 全体股东指定代表或者共同委托代理人的证明。

⑤ 公司章程。

⑥ 验资报告书。

⑦ 载明公司董事、监事、经理的姓名，住所的文件以及有关委派、选举或者聘用的证明。

⑧ 企业（字号）名称预先核准通知书。

⑨ 公司住所证明（房屋产权证或能证明产权归属的有效文件。租赁房屋还包括使用人与房屋产权所有人直接签订的房屋租赁协议书或合同）。

⑩ 有的市场监督管理局还会要求提供其他一些证明，最好在注册之前询问清楚，以便能够一次性将材料准备齐全。

3）由公司全体股东（发起人）指定的代表或共同委托的代理人将上面所有的材料递交给市场监督管理局。市场监督管理局收到申请人的全部材料后，发放"公司登记受理通知书"。

4）市场监督管理局发出"公司登记受理通知书"后，对提交的文件、证件和填报的登记注册书的真实性、合法性、有效性进行审查，并核实有关登记事项和开办条件。

5）予以核准的，市场监督管理局则会在核准登记之日起15日内发"企业法人营业执照"。公司法定代表人按规定的时间到登记机关办理领照手续，缴纳登记费及有关费用后，公司法定代表人持缴纳费用的凭证、"公司登记受理通知书"和身份证，去领照窗口领取"企业法人营业执照"。如法定代表人因事不能前往办理领照手续的，可委托专人持法定代表人亲笔签名的委托书及领照人身份证（原件）代领。

### 8. 办理公章、财务章

凭市场监督管理局颁发的营业执照，到公安局指定的刻章社去刻公章、财务章（后面步骤中均需要用到的公章或财务章)。主要包括公司公章、财务专用章、法定代表人私章、合同专用章及发票专用章。

9. 去银行开基本户

凭营业执照，去银行开立基本账户。

开设基本账户的要求比较严格，必须准备以下材料：

1)"企业法人营业执照"（一般是副本）原件及复印件。

2)法定代表人的身份证原件及复印件。

3)公司财务人员的会计证原件及复印件。

4)开户申请书，并加盖公司公章。

5)公司印章一套（公司公章、财务专用章和法定代表人私章）。

10. 办理税务登记

领取营业执照后，30日内到当地税务局申请领取税务登记证。办理税务登记证时，必须有一个会计，因为税务局要求提交的资料中有会计的资格证和身份证。

【问卷调查】
企业注册与纳税认知

办理税务登记必须准备以下材料：

1)"企业法人营业执照"（一般是副本）原件及复印件。

2)法定代表人身份证原件及复印件。

3)公司财务人员的会计证。

4)办税人员身份证原件及复印件。

5)银行开户许可证复印件。

6)银行账号证明文件。

7)公司"组织机构代码证"原件及复印件。

8)公司章程复印件。

9)公司住所的产权证明。

10)验资报告。

11)填写税务登记表（可以事先向所在地税务局领取），并加盖公司公章。税务局（国税局和地税局）收到以上材料后，进行审核。如果审核通过，则发"税务登记证"（国税和地税是分开的两份证）。

11. 申请发票

无论经营性质如何，皆统一到当地税务局申请发票。

## 能力训练

【能力训练】公司成立模拟训练

步骤1：班级同学以5人为一小组，分为若干小组。

步骤2：学生完成本小组拟设立的新企业（公司）的取名，至少取2个以上的名字，防止同名。若有重名时，则有备用的第二套甚至第三套方案。同时，建议完成LOGO的设计。

步骤3：每个小组推荐一人上台演示，介绍公司的名字、经营范围和LOGO等。

# 模块九　初创企业的经营

## ● 名人名言

可持续竞争的唯一优势来自于超过竞争对手的创新能力。

——詹姆斯·莫尔斯

## ● 导读导学

蒋甲，一位生于北京，生活在美国的华裔青年。由于在起步筹集资金时经历了几次失败，他很害怕遭到拒绝。为了克服这种心理障碍，他决定拟定100个可笑的申请，用100天直面他人的拒绝。在如愿被拒绝了几天后，他来到了"卡卡圈坊"。令人意外的是，这次他成功了。"卡卡圈坊"的店员按照他的请求，为他做了一盒形似奥运五环的甜甜圈，甚至连颜色都是对应的。本准备被拒绝的蒋甲却收获了他的"哇哦"时刻。这一视频被上传到某视频网站上后，收获了超过500万的浏览量。

从蒋甲的案例可以看出，当客户得到超出期望的服务时会发出惊叹，而这种惊叹往往会通过"事件"来触发，并且极具传播性。

在当今激烈的竞争环境中，只有优秀的产品和服务才能脱颖而出。企业不能仅仅依靠机会，而是要通过设计、运营、营销，努力引导客户从了解到拥护。准备好创建你自己的"哇哦"时刻了么？

## ● 思维导图

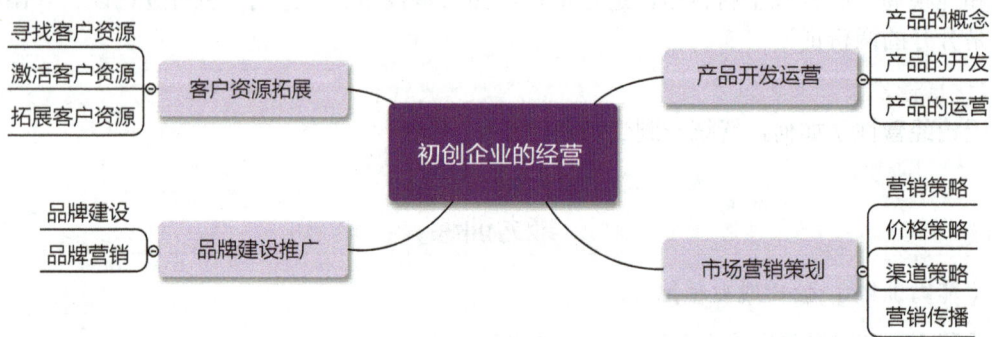

模块九　初创企业的经营

# 单元一　产品开发运营

> **案例导读**
>
> 锤子手机的失败
>
> 　　2012年5月，罗永浩创办锤子科技。2013年5月，锤子科技、以4.7亿人民币估值获得7000万风险投资。2014年5月，罗永浩正式发布了首款智能手机产品Smartisan T1。2019年10月31日，原锤子科技COO吴德周表示，罗永浩离开了坚果手机团队。
>
> 　　2014年7月8日起，第一批收到首批锤子手机的客户在网上晒出收到的真机，既有赞叹之声，也有用户投诉的问题：屏幕边框碎裂、漏光、摄像头内有污迹、前置摄像头位置不正、实体按键塌陷或窜键等。产能和良品率成为锤子手机面临的最大问题。
>
> 　　当时主流手机全部在用虚拟按键，而罗永浩为了追求他的"情怀"，执意要实体按键。锤子T1手机的正面是由玻璃做成的，若要用实体键，则要在玻璃上开一条细长的孔。在玻璃上穿孔而导致碎裂是不可避免的事情。这就直接导致了良品率的降低。锤子T1手机的代工厂富士康为了达到罗永浩的要求，最后只能用一个最原始的办法：将好的面板在一堆玻璃废渣里捞出来继续使用。
>
> 　　在手机设计上，罗永浩仅为一个颜色就能折腾两三个月。罗永浩的第一款产品就做了两个最难做的颜色，不仅仅难，而且是行业最难，连苹果都搞不定的颜色。代工厂只能采用最原始的方法：通过人眼对比，将颜色相近的中框和前后面板凑齐，组装成一部手机。这样导致的结果就是产量奇低，良品率极低。
>
> 　　再比如T1的SIM卡槽，使用者需要用官方提供的螺钉旋具（将后盖的两颗螺钉拧开，然后按照固定的方向推开，露出手机内部，才能将SIM卡推进去。使用者经常会出现螺钉掉落、螺钉旋具遗失、推盖方向错误等情况，导致卡槽损坏，SIM卡无法读取而将整部手机报销。
>
> 　　T1最终出货量只有30万台，而T2的出货量更少，只有10万台。后来T2的失败使得锤子彻底停掉了锤子T系列产品线。锤子两年的出货量还抵不上国产手机第九名——中兴两周的出货量。

　　产品是创业的基石，产品不好，则创业根基不稳。产品好坏与否，除了能明显看到的质量外，价值、需求、定位、用户体验等都是影响产品的因素。对于创业者来说，一个"与众不同的产品"至关重要。一般来说，创始人就是第一任产品经理。

## 一、产品的概念

　　产品是任何能被提供的、可以满足市场欲望或需要的东西，包括有形物品、服务、体验、事件、人物、地点、财产、组织、信息及想法等，其外延非常广泛。完整的产品往往包含5个层次，如图9-1所示，构成消费者的价值层级，每个层级都增加了更多的顾客价值。

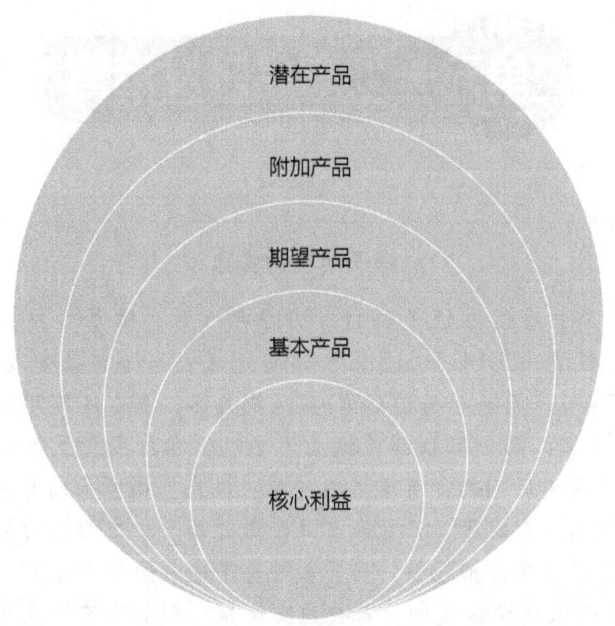

图 9-1 产品的概念

## 二、产品的开发

当今的经济环境瞬息万变,像过去那样凭借一款拳头产品包打天下的日子一去不复返。企业需要不断开发新的产品,以应对消费者不断变化的需求、日益加剧的竞争和不断缩短的产品生命周期。对于初创企业而言,识别并抓住市场机会,开发新的、满足消费者需求的产品,就可以实现弯道超车。

### (一)获得新产品的途径

一般而言,企业可以通过两种途径来获得新产品。一种方法是并购,即购买整家公司、专利或生产许可。但这需要雄厚的资金作保障,初创企业大多不具备这些条件。第二种方法是产品开发,即企业自主研发新的产品。这里的新产品既可以是市场上没有的全新的产品,也可以是在现有产品基础上进行微小改进或更新(如增加新的功能、改进产品的结构、简化操作,甚至是改善外观造型和包装)的产品。只要能满足顾客需求,都有可能收到意想不到的市场效果。

**案例 9-1**

**番茄酱可乐杯**

薯条、可乐是深受年轻人喜爱的快餐食品,在肯德基和金拱门的点单率极高。作为重要的调味品,番茄酱挤到哪里这个问题却困扰了很多人。尽管这两家企业宣称餐盘中的广告纸是环保材料制成的,可以把番茄酱挤到上面沾着吃,但仍不免令人担心。设计师 Bae Su-kyoo 等人带来的番茄酱可乐杯仅仅对杯子做出了小小的改造,就完美地解决了这个问题:在普通塑料可乐杯的盖子上增加了一个凹槽位(相应地,吸管的插孔从中间移到边沿),刚好可以把番茄酱挤到里面。

## （二）新产品开发注意事项

对于初创企业来说，在开发新产品的过程中，重要的是深入了解顾客、市场和竞争对手，找准定位，开发出能向顾客传递更多价值的产品。

一是创业选择的行业细分市场要足够小，小到很多大公司都不屑于参与竞争。虽然利润水平和销售额低一些，却避免了激烈的竞争，只要聚焦于自己的细分市场，就能做大做强。

二是新产品的市场容量要足够大。谭木匠和老干妈给我们做出了榜样。要有很大的客户需求，企业才能成长。

三是要建立足够强大的壁垒，让其他企业无法效仿。在一项针对工艺品的经典研究中发现，企业拥有独特优势的产品成功率为98%，具有普通优势的产品成功率为58%，具有较少优势的产品成功率仅为18%。

四是要考虑现有的技术水平和生产能力。在开发产品的过程中，要充分考虑设计出的产品能否制作出来，是否有符合它的工艺，能否用现有的生产能力把产品按时生产出来，否则只是纸上谈兵。

此外，初创企业开发产品还要综合考虑企业的经销能力、销售渠道、市场的服务能力和国家政策、法律法规等。

## （三）产品开发流程

新产品开发是一项相当复杂的工作，要制订有利的开发计划，建立系统的开发流程。由于行业的差别和产品的不同特点，新产品开发所经历的阶段和具体内容并不完全一样。通常情况下，新产品开发需要经历以下各个阶段，如图9-2所示。

图9-2　新产品开发流程

1. 创意产生

创意的来源有多种途径和方式，如图9-3所示，可以来自企业内部人员的思考，也可以来自与企业外部群体的互动。大部分企业采用顾客驱动工程来开发新产品，即通过分析顾客的问题和抱怨来开发出能更好地解决顾客问题的新产品。优衣库的客户中心每年通过电话、明信片和电子邮件收到消费者7万多条意见和建议，这使它能改善服务，提供更好的门店运营。除此之外，与供应商的互动会告诉你市场有什么新材料、新技术；展会能告诉你有什么新趋势；研究竞争对手的产品，能让你知道有哪些改进的可能；市场上还有专门的设计公司……在网络经济快速发展的今天，群体创意也不失为一种有效且廉价的创意来源。戴尔的创意风暴网站允许消费者和其他任何人提出对于产品改进的建议，并对这些建议进行投票，以选出最受欢迎的想法。总之，在这一阶段，创意要足够多，以便从中挑选出好的创意。

2. 创意筛选

从这一步开始，前期的大量创意会被层层筛选。其目的是摒弃糟糕的、不切实际的创意，留住好的创意。因为在后续的开发过程中，成本会大幅度提高。企业可以借助表格来描述产品创意、目标市场、竞争状况，粗略估计市场规模、产品价格、开发时间和成本、制造成本

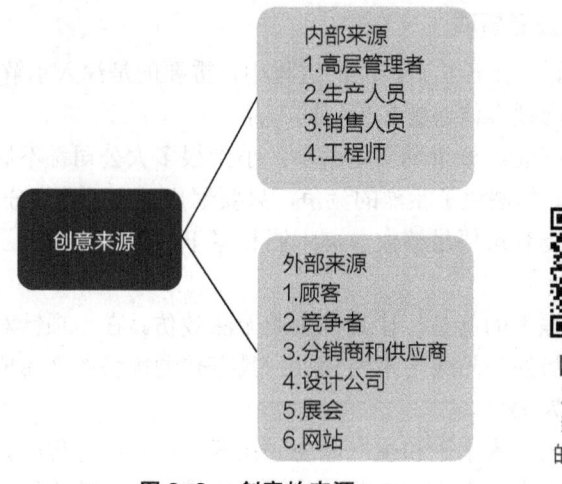

图 9-3　创意的来源

和回报率等关键因素，考虑一些问题。如是否真实？市场是否有对产品的真实需求？消费者是否会买？产品是否让市场满意？能否成功？产品是否能带来可持续的竞争优势？企业是否有足够的资源开发产品？是否值得做？产品是否有充足的盈利潜力？产品是否与企业的发展战略相符？

3. 概念开发测试

经过筛选后的创意仅仅是设计人员或管理者头脑中的概念，还需要形成能够被消费者接受的、具体的产品概念。产品概念的形成过程实际上就是构思创意与消费者需求相结合的过程。一种创意可以转化成不同的概念，需要对各个概念进行测试，以留下成功率最高的，还可以用于后面的营销计划。概念测试可以用文字或图画描述，当然最好有实物展示，以增强测试的可靠性。在过去，制作样品费时费钱，但现在可以借助计算机、虚拟现实等技术来实现。

4. 产品设计

在这一步，企业要将概念转化为在技术上和商业上都可行的实际产品。产品设计应遵循初步设计、技术设计、工作图设计的"三段设计"程序。

5. 产品试制

产品试制阶段又分为样品试制和小批试制阶段。

（1）样品试制阶段　它的目的是考核产品设计质量，考验产品结构、性能及主要工艺，验证和修正设计图样，使产品设计基本定型。同时，也要验证产品结构工艺性，审查主要工艺存在的问题。

（2）小批试制阶段　这一阶段的工作重点在于工艺准备，主要目的是考验产品的工艺，验证它在正常生产条件（即在生产车间条件）下能否达到规定的技术条件、质量和良好的经济效果。

6. 顾客测试与市场测试

产品试制后，还要进行顾客测试和市场测试。

顾客测试是将产品原型或产品成品提供给消费者，由消费者根据自己的想法对产品属性进行评价，从而系统地获得消费者的意见和建议。在这个阶段，要验证产品是否满足规划时所确立的各项定义和描述，判断产品是否能让用户快速接受和使用，确定产品能够满足目标用户的需求。

在产品的功能和体验得到认可后，就要确定产品的品牌名称、标识和包装等。如果只是简单的产品线延伸或模仿成功品的仿制品，则不需要市场测试；如果导入新产品需要大量资金或企业对产品没有十足把握，则需要模拟市场环境，进行大量的市场测试。例如，肯德基在推出烤鸡肉之前进行了超过3年的产品和市场测试，力求能吸引那些为了健康而不吃油炸鸡肉的消费者；保洁公司也推出了在线商店"学习实验室"，用于对新产品和市场营销观点进行测试。

7. 商业化

前期的测试提供了大量的信息，其目的是最终将其商业化，即导入市场。企业在这一阶段需要确定新品导入的时机、地点和方式，以及在此基础上的营销方案。

## 三、产品的运营

### （一）产品运营的概念

产品生产出来，假如无法触达用户，就没有办法体现产品的价值，更谈不上商业价值的实现。因此，就产生了产品运营的需求。所谓的产品运营，就是通过把用户、内容、渠道和活动等各种运营手段进行不同的组合，从而更好地将产品和用户连接起来，实现产品价值并持续产生商业价值的过程。产品运营涵盖的范围很广，它贯穿产品的整个过程，从最初的设计到最终的推广销售，见表9-1。

表9-1 不同产品生命周期阶段的产品运营工作内容

| 产品生命周期 | 产品运营工作内容 |
| --- | --- |
| 产品研发期 | 产品上线前，产品运营要搞清楚产品的定位以及目标用户 |
| 产品种子期 | 即产品内测期。在这个阶段，产品运营的主要目的在于收集用户行为数据和相关的问题反馈，分析讨论如何进行产品优化 |
| 产品成长期 | 即产品爆发期。产品要爆发，活动策划是必不可少的一部分 |
| 产品成熟期 | 稳定期对产品意义重大，因为关乎版本的迭代更新。产品运营就要做好产品策划和用户之间的桥梁作用 |
| 产品衰退期 | 这个阶段，用户的流失加剧，用户活跃度也明显下滑，营收贡献也急剧下降。在公司策略方面，技术的支持减少，新产品开始推出 |

### （二）产品运营的技巧

产品运营的本质就是连接产品和用户，运营的职责就是把产品的价值传递给用户，同时引导用户了解和使用产品。那么，如何通过产品运营来获得更多目标用户呢？可以通过构建用户画像，定期更新产品，深入了解用户，分析、挖掘运营数据及病毒式营销等方式获得。

> **知识拓展**
>
> **获取目标用户的5种方法**
>
> 1. 构建用户画像
>
> 用户画像是指用户信息标签化,即分析消费者社会属性、生活习惯、消费行为等主要信息的数据之后,完美地抽象出一个用户的商业全貌。构建目标用户的画像,能够帮助企业快速找到精准用户群体以及用户需求等更为广泛的反馈信息,从而专注于一些垂直的社区、论坛、社群,可以达到事半功倍的效果。
>
> 2. 定期更新产品
>
> 产品的改版和升级是产品运营中最主要的部分,需要慎重对待。学习、创新甚至模仿速度都可能影响运营的最终效果。要实现产品运营效果最大化,必须做到运营与产品紧密配合。企业可以从用户使用情况调查数据中分析出产品各个功能的优缺点,及时改进,以期留住用户,继而吸引更多的目标用户。
>
> 3. 深入了解用户
>
> 初创公司想要获得增长,最关键的就是要了解用户。要明白你的用户目前最大的需求是什么?你的解决方案能否在真正意义上帮助他们解决问题?他们最感兴趣的话题是什么?只有弄明白这些问题,才可以了解更多用户需求,然后依据用户的需求,采取相应的推广措施。
>
> 4. 分析、挖掘运营数据
>
> 在分析和挖掘运营数据的过程中,最主要的就是分清主次,要懂得舍弃一些数据,因为并非每一个数据都是有用的。无论是传统企业还是新兴的互联网企业,首先要通过数据分析弄清楚是怎么样的产品,然后再依据产品的特性去寻找目标用户,给产品的目标群体做详细的定位,继而有针对性地采取一定的宣传推广方式,赢得更多的用户。
>
> 5. 病毒式营销
>
> 病毒式营销能够帮助企业获得更多的用户,利用快速复制的方式让产品信息被更多的人知道。那么如何撒出这些传染源,通过哪些渠道来开启病毒营销呢?具体的方式如下:
>
> (1)利用媒体或社交网站　通过一些知名的媒体,或权重和浏览量比较大的社交网站发布产品宣传信息。
>
> (2)让用户自主生产信息　利用微博、朋友圈,或者抖音等小视频分享工具,让用户参与分享信息,为产品做免费的推广,吸引更多的目标客户。
>
> (3)链接其他用户的通道　某职场社交平台,是个分享用户专业信息的社交网络,必须连接更多人,才能体现其价值。

## 能力训练

**【能力训练1】可口可乐的产品运营**

步骤1:可口可乐作为一个经久不衰的成功品牌,一直在推出新的产品,并通过各种运营手段,延长其产品寿命。请访问可口可乐网站或查阅相关资料。

步骤2:根据查阅的资料,回答问题。

1. 可口可乐这些年开发了哪些产品？成功和失败的原因分别是什么？

2. 为了满足不断变化的消费需求，可口可乐采取哪些运营手段，使其能够持续发展？

【能力训练2】创意方法设计和展示

步骤1：访问翼狐网、朱峰社区，学习设计、创意的方法。
步骤2：成立一个小组，每位成员向其他组员介绍一种方法。
步骤3：使用一种或几种方法生成一种产品创意。
步骤4：向班里的其他同学汇报你们组的创意和所用的生产创意的方法。

# 单元二  市场营销策划

## 案例导读

### 联合利华的转变

在保洁前营销总监保罗·波尔曼和营销奇才基思·威德的领导下，联合利华正在转向一个积极的新方向。它的新营销模式"创造生活品牌"为每个品牌都建立了社会、经济和产品使命，包括多芬、卫宝和家乐。

联合利华将目光放在了发展中国家和新兴国家市场，希望在中国每年增长15%～20%，并且在2020年从上述市场获取70%～75%的业务份额。

好的营销不仅仅是卖产品和做广告，还应满足顾客需求，为顾客创造价值。对于初创企业而言，在资源有限的情况下，掌握市场营销方面的知识，从顾客中获得价值，为企业生产经营进入良性循环创造条件是十分必要的。

市场营销是企业为客户创造价值并建立牢固的客户关系，以期从客户那里得到价值回报的过程，包括5个步骤：一是了解市场和客户需求；二是设计一个以客户为导向的市场营销战略，其目标是获得、保持和增加客户；三是制订一个提供优质价值的市场营销计划；四是建立可盈利的客户关系并增加客户愉悦度；五是从顾客处获利，如图9-4所示。

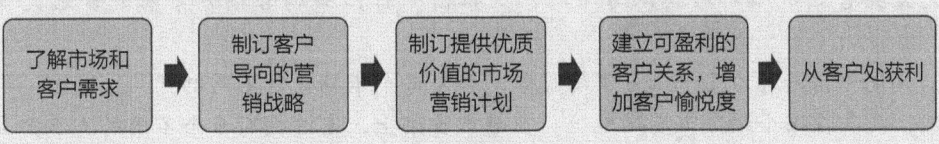

图9-4 营销的步骤

## 一、营销策略

营销过程中需要做大量的工作,掌握一定的技巧,最重要的是确定企业的营销战略和营销组合。第一步,以盈利的客户关系为中心,首先要制订营销战略,即企业通过怎样的营销逻辑创造这种关系并从中盈利。通过市场细分、目标市场选择和市场定位,公司决定为哪些消费者服务(细分市场与定位)以及如何提供服务(差异化)。第二步,在营销战略的指导下,设计可控制的营销组合,大多包含产品、价格、渠道和促销4个要素(4P)。第三步,为了找到适合的营销组合并付诸实施,企业要进行营销分析、营销计划、营销执行和营销控制。通过这些活动,最终实现盈利。

### (一)营销战略

企业不可能吸引市场上的全部消费者,需要找到精准的目标市场定位,开展相应的营销计划。它要求营销不能分散,而是瞄准最有价值的顾客。

企业可以根据地理、人口、心理和行为特征对市场细分、评估,挑选有吸引力的一个或几个市场进入,做出营销决策,如图9-5所示。

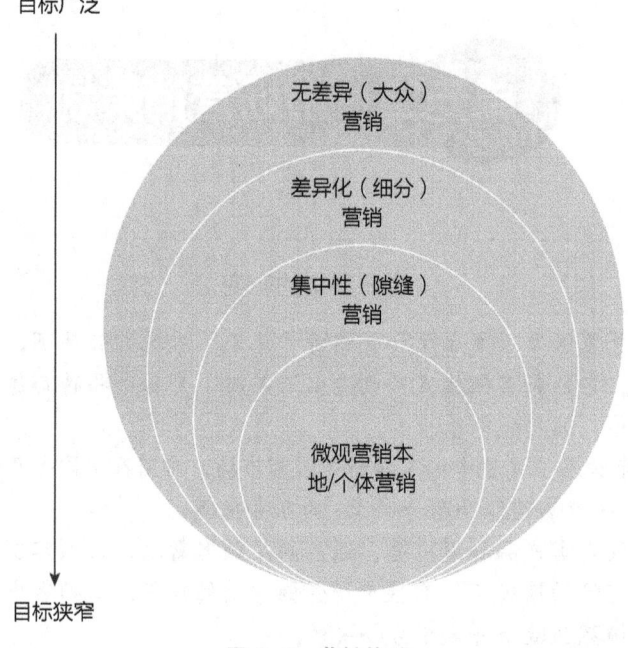

图9-5 营销战略

> **知识拓展**
>
> **企业的营销战略**
>
> 无差异营销战略不考虑细分市场,仅推出一种产品和营销方案来迎合最大多数的顾客。
>
> 差异化营销同时为几个细分市场服务,并为每个市场设计不同的产品,通过不同的营销方案,提高在每个细分市场的地位。在超市货架上,宝洁拥有6个不同的洗衣产品,以此提高其市场占有率。

集中性营销适用于资源有限的小公司和初创公司。其理念是不追求一个大市场的小份额,而是追求一个或少数细分市场或利基市场的大份额,这些市场往往对竞争对手来说是不重要的或被其忽视的。

微观营销定制产品和营销方案,迎合每个个体和地区的需要。它关注的是消费者每一个个性需求,而不是每个个体消费者。微观营销包括本地化营销和个别化营销。本地化营销是指量身定做品牌和促销,以符合本地顾客群的需要;个别化营销也称一对一营销,是微观营销的极端情况,为每一位顾客提供定制化的服务。

### (二)营销组合

当企业确定了整体的竞争性营销战略后,就要确定具体的营销组合。按照 4P 的观点,这是一组战术性的营销工具——产品、价格、渠道和促销,见表 9-2。企业利用这些工具获得期望的市场反馈。

表 9-2 营销工具

| 营销工具 | | | |
| --- | --- | --- | --- |
| 产品 | 价格 | 渠道 | 促销 |
| 种类、质量、设计特色、品牌、包装、大小、服务 | 标价、折扣、返利、付款期、赊销条件 | 产品组合、覆盖面、地点、库存 | 广告、人员推销、公共关系、直销、销售促进 |

### (三)营销管理

**1. 营销分析**

对营销活动的管理始于营销分析——对自己和所处环境有个清晰的认识。企业可以运用 SWOT 分析,即分析企业的优势、劣势、机会和威胁,来达到这一目的。SWOT 分析的目的是通过分析找到获得成功的关键因素,将企业的优势与市场机会结合起来,同时消除或克服劣势。

**2. 营销计划**

营销计划总结了企业对市场的认识,表明了目标并说明如何达成目标的步骤。通常以年度为基准,着眼于与营销组合变量(产品、价格、渠道及促销)有关的决策。无论创建的企业属于何种类型、具有多大的规模,每一个创业者都需要编制市场营销计划,详见表 9-3。

表 9-3 市场营销计划

| 计划内容 | 目的 |
| --- | --- |
| 执行概述 | 使高层管理者了解计划要点,并对主要目标和建议做出总结 |
| 情境分析(SWOT) | 提供销售、成本、市场、竞争对手、宏观环境等方面的基本资料,如我们的目标市场是什么、有多大、增长趋势如何,我们在该市场的定位如何,面临的主要威胁和机会是什么等 |
| 目标和问题 | 企业在计划期内想要实现的营销目标,实现目标会遇到的主要问题有哪些 |

（续）

| 计划内容 | 目的 |
|---|---|
| 营销策略（行动方案） | 为了实现营销目标要采取哪些营销活动（具体内容、步骤、责任人）；产品或服务部分描述产品的关键属性和利益，以吸引目标顾客；定价部分确定价格的浮动范围，以及在不同的客户或渠道间如何变化，包括一些激励/折扣计划；渠道部分描述产品如何传递给消费者（直接渠道或间接渠道）；促销部分描述企业采取何种促销方案，如广告、销售促进、公共关系等 |
| 预算 | 预期利润表的营销预算，显示出预期的收益和预期成本（生产、分销、营销的成本） |
| 实施控制 | 通过监控来评估执行结果和不符合目标的缺陷性产品 |

营销目标可以参照表9-4的有关项目制订。

表9-4 营销目标

| 项目 | 目标 | 时间 |
|---|---|---|
| 销售额 | | |
| 品牌知名度 | | |
| 市场占有率 | | |
| 市场扩张计划 | | |
| 利润 | | |

### 3. 营销执行

营销计划提出要做什么，而执行要解决谁去做、怎么做、何时做和何地做的事情。在公司战略大体相当的时候，更快、更好的执行将帮助企业赢得市场。初创企业可以将甘特图（见图9-6）与5W2H分析法（见图9-7）相结合，制订执行方案。

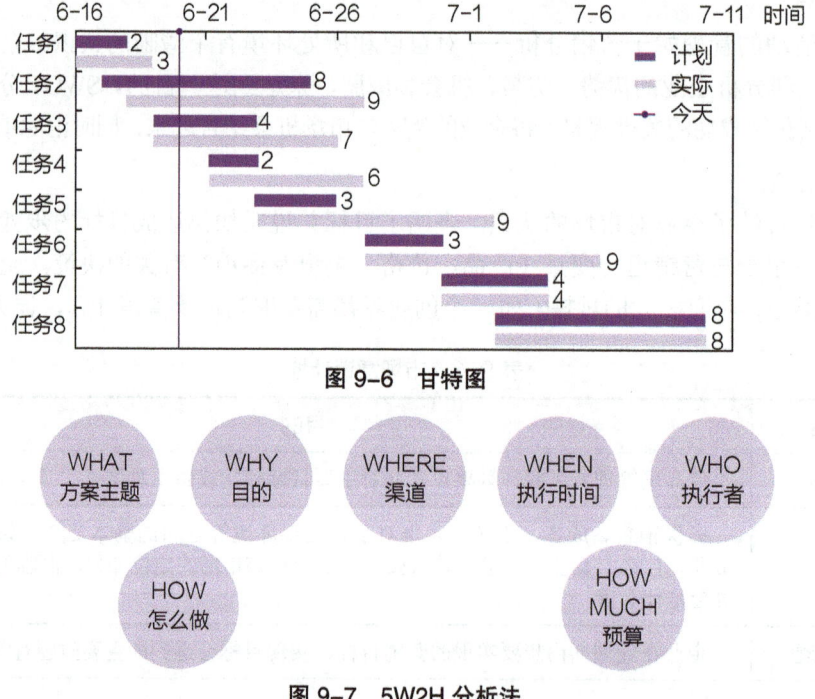

图9-6 甘特图

图9-7 5W2H分析法

4. 营销审计

营销计划在执行过程中可能会有意外，因此要实施营销控制。常用的控制工具是营销审计，即对公司环境、目标、活动进行定期检查，以发现问题和机会。营销审计几乎覆盖营销的所有领域，如果条件允许，可由有经验的第三方来执行。

## 二、价格策略

### （一）定价要考虑的因素

价格是决定企业市场份额和盈利能力的最重要因素之一。初创企业在定价时要考虑多方面的因素，主要有3种定价策略。

1. 成本导向定价法

成本导向定价法是以企业的生产或经营成本作为价格依据的一种定价方法。

销售收入中利润比例的完全成本加成法：产品单价＝单位产品完全成本／（1－利润率）。

完全成本基础上利润比例加成法：产品单价＝单位产品进货价格×（1+经销商利润率）。

2. 需求导向定价法

需求导向定价法以购买者对产品价格的接受能力和需求程度为依据，在预计市场能够容纳目标产销量的需求价格限度内，确定购买者价格、经营者价格和生产价格。这类定价方法一般可分为可销价格倒推法、理解价值定价法和需求差异定价法。

3. 竞争导向定价法

竞争导向定价法是以市场上竞争对手的价格作为企业同类产品价格主要依据的方法。这种方法适用于市场竞争激烈而供求变化不大的产品。它具有在价格上排斥对手、扩大市场占有率、迫使企业在竞争中努力推广新技术的优点。这类定价方法一般可分为随行就市定价法、竞争价格定价法和投标竞争法。

### （二）新产品定价

对于初创企业而言，产品导入期的定价至关重要。根据目标可分为市场撇脂定价和市场渗透定价，详见表9-5。

表9-5 新产品定价的两种方法

| 新产品定价 | 市场撇脂定价 | 市场渗透定价 |
| --- | --- | --- |
| 目的 | 为获得高利润而制定高价格 | 为获得高市场份额而制定低价格 |
| 使用条件 | 产品的质量形象要能够支持高价格，足够多的购买者愿意接受高价格，竞争者很难对高价格产生威胁 | 价格敏感市场，大批量生产使得成本降低，低价能抵制竞争，能够维持低价格 |
| 代表企业 | 苹果 | 宜家 |

### （三）产品组合定价

如果企业推出的不是单个产品，而是一组产品，那么企业需要一个能使整个产品组合利润最大化的价格组合。常见的产品组合定价有4种。

1. 产品线定价

一个产品线中不同产品之间的价格差异，要考虑不同产品的成本差异、顾客对不同特色的评价及竞争者的价格等。比如，服装店将西服定在3种不同的价格水平上：500元、1000元、3000元。消费者自然会把3个价格点联想为低档、中档和高档。

2. 可选产品定价

为主要产品提供可选择的配件或服务，如手机的耳机、充电器、贴膜和手机壳等。

3. 捆绑定价

通常应用于必须一起使用的产品，将主产品（耐用品）价格调低，将互补品（消耗品）价格调高。比如，剃须刀厂商对于刀片的定价（刀身常常赠送）。

4. 产品捆绑定价

把几种产品组合在一起销售，价格低于分别购买这些产品的价格。如金拱门的超值套餐。

（四）价格调整

价格并不是一成不变的，企业通常需要调整价格，以适应顾客的差异和环境的变化。

> **知识拓展**
>
> **多种多样的价格调整方法**
>
> 1. 折扣定价
>
> （1）数量折扣　企业在出售某种商品时，给购买量不同的顾客以不同的价格优惠，以此促进更多的顾客购买更多的商品。
>
> （2）现金折扣　对在购买企业产品后能够及时支付货款的顾客，给予一定的价格优惠。这将促使更多的顾客及时付清货款，从而加快企业的流动资金周转速度，提高资金利用效率。
>
> （3）季节折扣　针对在非消费季节购买产品的顾客，在价格上给予优惠。
>
> （4）功能折扣　制造商往往需借助中间商销售产品，为促进中间商的合作意愿，而给予其相对的优惠价格。
>
> 2. 差别定价
>
> 差别定价是指企业以两种或两种以上不反映成本比例差异的价格来销售某种产品或服务。
>
> （1）顾客差别定价　将同一种产品或服务以不同价格出售或提供给不同的顾客。
>
> （2）产品样式差别定价　产品样式不同，价格也不同，但是价格的差异与它们之间的成本差异不成比例。
>
> （3）地点差别定价　不同销售区域的产品或服务定价不同，即使它们的成本费用没有明显差异。
>
> （4）时间差别定价　为不同季节、不同日期甚至同一天内不同时间销售的同一产品或服务制定不同的价格。
>
> （5）线上或线下差别定价　供应商可以选择在网店或实体店销售同一产品，顾客买到的虽然是同样的东西，价格却明显不同。
>
> （6）支付方式差别定价　顾客购买同一种产品可以选择全额付清货款和分期支付货款等方式，但实际支付的货款不同。

## 三、渠道策略

一般来说，大多数生产者并不直接将产品销售给最终用户，生产者与最终用户之间存在一系列的中间机构，如批发商、零售商、代理商等，这些中间机构共同组成了营销渠道。成功的企业往往选择多渠道营销，即通过两种以上的渠道接近客户。今天，随着数字技术的发展，更多的公司采用数字分销，即直接在公司网站或电商平台上销售产品，这就意味着多种渠道无缝衔接、互相补充。对于缺少资金的初创企业来说，无疑降低了渠道成本。

企业根据自身的实际情况，设计一个渠道系统，包括4个步骤：分析顾客需要的渠道服务水平；确定渠道类型限制因素；制订渠道选择方案；评价渠道。

### （一）分析顾客需要的渠道服务水平

设计分销渠道的第一步是了解购买者在其所选择的目标市场中购买什么商品、在什么地方购买、为何购买、何时购买和如何购买，营销人员必须了解目标顾客在购买产品时所期望获得的服务的类型和水平。分销渠道可提供5种服务：

（1）批量大小　在顾客购买过程中分销渠道能够提供的某种产品的基本单位数量。

（2）等候时间　分销渠道为顾客提供从订货到收到所订货物的全部时间。

（3）空间便利　分销渠道为顾客购买产品所提供的方便程度。

（4）产品齐全　分销渠道提供的产品组合的丰富度。

（5）服务支持　分销渠道提供的附加服务。

### （二）确定渠道类型限制因素

确定渠道类型限制因素有很多，企业通常从目标市场特征、产品特点、企业自身的特点及环境特点等方面进行综合分析与判断，做出适当的选择。

目标市场特征分为市场需求量与市场分布状况、购买特点和竞争特点。

产品特点分为价格、体积和重量，易损性和时尚性，技术性程度和附加服务的条件，市场生命周期所处的阶段，产品的独特性。

企业特点分为企业的声誉、规模、资源条件，企业产品组合，企业销售、出口业务的经验或提供服务的能力。

环境特点分为经济环境、法律环境和社会环境。

### （三）制订渠道选择方案

渠道方案有3个方面的内容：中间商的类型、中间商的数目和每个渠道成员的权利及责任。

#### 1. 中间商的类型

考虑中间商的类型，如公司自有销售人员、生产商的代理、产业分销商。

#### 2. 中间商的数目

考虑中间商的数目，以此确定采用密集性分销、专营性分销或选择性分销等方式。

#### 3. 渠道成员的权利和责任

在设计和制订渠道方案时，企业必须确定渠道成员的权利和责任。主要包括价格政策、销售条件、地区权利和双方应提供的具体服务内容等。

### （四）评价渠道

当企业同时制订了几种备选渠道方案时，就要结合已经明确的营销战略对这些备选渠道方案进行评估，从备选渠道方案中选择最佳方案。通常企业会以渠道的经济性、可控制性和适应性等标准进行评估。

## 四、营销传播

营销传播指企业试图用来直接或间接向消费者告知、说服和提醒有关其销售的产品和品牌相关信息的方法。一般由广告、促销、公共关系、人员销售和直销等工具构成。由于技术的进步和社会的发展，消费者处理信息的方式和关注的重点发生了巨大变化，这也催生了新的营销传播模型：事件和体验营销、在线和社交媒体营销、移动营销，详见表9-6。

【知识拓展】
企业渠道选择的3个标准

**知识拓展**

表9-6 常见的8种营销传播方式及平台

| 传播方式 | 定义 | 平台 |
|---|---|---|
| 广告 | 由特定赞助商付款，通过印刷媒体、广播媒体、网络媒体、电子媒体、户外媒体等，对观念、产品和服务进行的非人员的展示和推广 | 印刷广告、广播、外部包装、说明书、电影院、宣传手册、海报、传单、广告软文、广告牌、展示标识 |
| 促销 | 通过短期的刺激来提高产品或服务的销售，包括消费者促销（样品、优惠券、赠品）、贸易促销（广告、陈列折让）、业务人员和销售人员促销（销售代表竞争） | 竞赛、游戏、抽奖、彩票、优惠和赠品、样品、展会、返点、搭售、低息融资 |
| 公共关系 | 针对内部员工或外部消费者、其他公司、政府、媒体，用来推广、保护公司正面形象，处理或消除不利事件或传言的各种方案 | 新闻发布会、演讲、讲座、慈善捐款、出版物、社区关系 |
| 人员销售 | 公司销售人员做产品展示，与一个或多个潜在购买者面对面地交流，达到销售和建立客户关系的目的 | 销售会议、贸易展 |
| 直销 | 利用邮件、电话、互联网等工具向特定顾客或潜在顾客进行营销传播并获得反馈 | 电话销售、电子购物、电视购物、产品目录、邮件 |
| 事件和体验 | 公司赞助的活动和项目，旨在创造品牌与消费者之间日常或特别的活动，包括体育、艺术、娱乐、公益事业及其他非正式的活动 | 体育、娱乐、节庆、艺术、参观工厂、街头活动 |
| 在线和社交媒体营销 | 以吸引消费者和潜在顾客、直接或间接提高关注度、提升品牌形象、推广产品等为目的的各种在线活动和项目 | 网站、电子邮件、搜索广告、陈列式广告、博客、聊天室、微信、快手、抖音 |
| 移动营销 | 一种特殊的在线营销形式，通过消费者的智能终端、手机等进行营销传播 | 短信、在线营销、社交媒体营销 |

营销传播大致分为3类：付费媒体（传统媒体，如电视广告、印刷）、自有媒体（网站、博客、公众号）及免费媒体（虚拟及现实中的口碑效应、蜂鸣效应、新闻报道）。今天，越来越多的公司采用整合营销传播，根据自身的情况，综合运用多种方式和渠道，传递清晰一致的有关公司及产品的信息。而对于资源有限的初创企业而言，采用网络营销无疑是性价比最高的。

### 案例 9-2　小米手机的市场营销策略

北京小米科技有限责任公司成立于2010年3月3日，是一家专注于智能硬件和电子产品研发的移动互联网公司，同时也是一家专注于高端智能手机、互联网电视以及智能家居生态链建设的创新型科技企业。

"为发烧而生"是小米的产品概念。小米公司创造了用互联网模式开发手机操作系统、发烧友参与开发改进的模式。小米还是继苹果、三星、华为之后第四家拥有手机芯片自主研发能力的科技公司。

"让每个人都能享受科技的乐趣"是小米公司的愿景。小米公司应用了互联网开发模式开发产品，用极客精神做产品，用互联网模式去掉中间环节，致力于让全球的人都能享用来自中国的优质科技产品。

小米的营销是当今互联网时代最成功的营销模式之一，广受营销人士的称赞，其近乎免费的营销模式使广大营销精英望尘莫及。也许它的成功模式我们无法复制，但是从它的成功中我们可以学到很多。小米的网络营销模式包括信息发布、建论坛、病毒式营销、事件营销、微博营销和饥饿营销等。

小米科技凭借网络媒体，实现了品牌的推广，让很多人认识了小米手机以及小米公司。

## 能力训练

【能力训练1】促销方式选择

请根据促销策略，为下列产品选择合适的促销方式。在你选择的促销方式下方打"√"，见表9-7。

表9-7　为下列产品选择合适的促销方式

| 产品 | 促销方式 | | | |
|---|---|---|---|---|
| | 广告 | 营业推广 | 人员推销 | 公共关系 |
| 手机 | | | | |
| 办公软件 | | | | |
| 珠宝 | | | | |
| 家用电器 | | | | |
| 日常用品 | | | | |

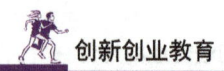

**【能力训练2】 营销训练**

步骤1：成立营销小组，并为自己的营销小组起一个响亮的名字。

步骤2：请各小组发挥想象，设计一款有卖点的笔。

1. 请阐述小组设计的笔的用途。

_____
_____
_____

2. 请阐述小组设计的笔与市场上其他的笔之间的差异。

_____
_____
_____

3. 开展头脑风暴，为小组的笔设计一句广告语吧！

_____
_____
_____

# 单元三　客户资源拓展

### 案例导读

#### 咖啡厅老板的困惑

老吴以前在意大利拜师学艺，后来回国开了一家咖啡厅，口号是"最正宗的意式咖啡"，吸引了很多年轻人。但随着街角新开的一家咖啡厅也打出正宗意式咖啡的名号，位置更佳，老吴的咖啡厅顾客越来越少。为此，老吴不仅尝试推出更好喝的咖啡，还发起了"第二杯半价"等各种优惠活动。

但不管老吴出什么招，那家店都能快速复制。老吴百思不得其解，觉得自己才是正版的意式咖啡，怎么就抢不过"山寨版"的呢？

分析：如果味道差别不大，其实很少有人能喝出两家咖啡的不同。现在的消费者观念变了，尤其是年轻人，喜欢便捷、喜欢潮流，他们消费的不只是商品，还有服务。老吴的咖啡厅顾客越来越少，究其原因，不是营销方法的问题，而是顾客的问题。

客户资源是指企业集群可以更好地锁定和开拓目标客户，通过建立专业、细分、通畅的群内交易渠道，更好地获得客户需求，把握市场变化。很明显，企业集群的客户资源可以更好地增加其市场竞争优势。

对于创业者来说，良好的客户资源是企业获得源源不断的收益的重要保证，也是提升市场竞争优势的重要条件。在竞争激烈的市场中，能否通过有效的方法获取客户资源、怎样最大限度地开发利用客户资源往往是影响企业成败的关键。因此，新创企业搞好客户资源建设是获得市场和提高竞争力的重要内容。

## 一、寻找客户资源

并非所有人都可以成为你的客户，也并非所有客户都是有效的。作为初创企业，如何去寻找有效的客户资源呢？通常有以下几种方法：

### （一）网络搜索

企业的客户资源通常是同一群体或具有同样的性质，比如：同是未婚单身女性、某地区的知名商标、政府扶持的高科技企业等，可以通过网络搜索到这一群体或企业的统计信息，通过梳理，找到匹配度高的准客户，再详细查询该准客户的详细信息，找到关键人。

### （二）购买

网络搜索的难点在于甄别高匹配客户时费时费力，可以通过向可靠的资源提供商购买客户资料来解决这一问题。

### （三）老客户转介绍

服务好自己的每一个客户，塑造良好的企业形象，发挥口碑效应，让客户去帮企业宣传，这是非常有效的方式。

### （四）标杆效应

如果你攻克了行业中有影响力的客户，新客户会更易接纳你，甚至主动联系你。在开发新客户的过程中，很多企业被问及与哪些公司合作过，这实际上就是客户希望通过你已有的客户来判断企业的资质和能力。

### （五）资源共享

积极联系上下游及相关企业，因为许多资源是重复的。比如，A是做团购销售的，B是做餐饮店开业庆典的，C是做名片印刷的，D是做餐饮店酒水生意的，大家可以互通有无，交换信息，方便、快捷、全方位地了解客户的喜好及真正的需求，达到事半功倍的效果。

### （六）上下游思维

上游思维是即将买你产品的客户一定会先出现在哪里，下游思维是购买完你产品的客户一定会再买什么东西。通过这种方法梳理出的客户资源会比较全面，又带有很强的标签性，可以有针对性地采取不同的营销策略，进行有效的转化。

## 二、激活客户资源

客户资源最终要为企业的营销做出贡献，但名片上和系统里的客户信息仅是字符，不会自动给企业带来价值。这些资源需要被激活，即与顾客建立起互动的联系。这个过程用现在比较流行的说法就是渠道引流，分为寻找鱼塘、制造诱饵和设置鱼钩这三个步骤。鱼塘就是

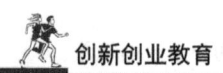

获客渠道或者平台，要根据产品的特性（轻决策还是重决策）、客户的标签（价格敏感还是品质敏感）来选择合适的推广平台；制造诱饵就是增加企业、产品、业务人员的曝光量，这背后涉及平台推荐机制的算法，通常需要有专门的运营人员来维护；鱼钩就是吸引关注，通过一些福利活动，比如通过赠送一些低价入门级产品，来获取潜在用户的关注和信任，并最终达成高端产品的销售和复购。这是个试探——反馈——调整——再试探的反复过程。

> **案例 9-3**
>
> **透过支付宝集福看互联网营销活动**
>
> 　　支付宝2016年集福活动的关键词是咻一咻，集齐五福，平分2亿元现金红包。因为是第一届活动，很多人没有注意，结果是约100万参与者幸运地平分2亿元的红包。
>
> 　　吃瓜群众有了2016年的遗憾，在参与支付宝2017年集福活动时相当踊跃。截止到春晚开奖时，共计167966715人集齐五福。如果把参与但没有集齐五福的人也算进来，保守估计至少有2亿人参与了支付宝集福活动。
>
> 　　透过支付宝集福活动，我们来分析如何策划和运营一个互联网营销活动品牌。
>
> 　　第一，海量用户或粉丝。支付宝用户已经高达4.5亿人，如果没有庞大的用户基础，即使你的营销策划案再优秀，效果也有限。这个数量多少才合适，应根据活动传播目标而定。按照互联网思维的说法，用户就是资产，海量用户是运作大品牌的基础，没有这个资本，很难撬动全民互动。
>
> 　　第二，借力打力。支付宝集福活动开奖定在春晚的做法，太高明了。央视鸡年春晚总收视率高达17.64%。支付宝集福活动要想最大程度受到关注，并吸引用户参与互动，春晚是最佳选择。互联网思维讲究借力打力，抢红包活动伴着春晚，把活动参与的效果推到最大化，正是互联网思维的生动体现。
>
> 　　第三，跨界营销。集福活动已经不再单纯是支付宝掀起的一场抢眼球大戏，而是支付宝搭台、多个商家唱戏的活动，已经成功植入商业和金融第三方品牌，甚至包括阿里系旗下的办公社交平台钉钉。互联网思维讲究的是跨界打劫，"双十一"表面上看是一场网上折扣活动，实际上已经演变成为商品交易全产业链的一次大盛会。支付宝集福活动亦如此。看似是春晚抢红包游戏，但已经是一个仅次于央视春晚广告的第二大春节广告平台。

　　由于客户资源是由人组成的，而人的消费心理极其微妙和复杂，不可能被完全把握，所以采用任何行动之前均要做到心中有数——我们是否真的了解顾客，我们所提供的是不是他们真正需要的。在这个过程中，客户是被动的一方，他们被动地接受刺激，然后做出自然的反应。千万别把事情想得太乐观，要获得顾客的积极反馈是很难的，要建立起与顾客的长期互动则更加困难。因为顾客的心理首先是利己的，所以你推出的服务首先必须满足他的需求，引发他的兴趣，让顾客关注你比关注竞争对手更多，才算是激活了这个客户资源。

## 三、拓展客户资源

### （一）创造和维持顾客忠诚

　　根据调查，一个企业只要比以往多维持5%的顾客，其利润可增长25%以上，而争取一位新顾客所花的成本是保住一位老顾客所花费的6倍之多。在现有的客户资源中，失去一个客户，不仅意味着失去一笔交易，还意味着失去该顾客的终生价值。因此，企业应当志存高远，即使在短期某些交易上吃亏，长期仍可能获利。

**案例9-4**

哈雷戴维斯

哈雷戴维斯于1903年成立于威斯康星州的密尔沃基，时至今日是世界上最受认可的摩托车品牌之一。公司以车主俱乐部——"哈雷车主群（H.O.G.）"的形式建立了强大的品牌社区。该群拥有100多万个成员，分会数量1400多个，在Facebook上吸引了330万粉丝。来自各行各业的人骑着哈雷车，展示着他们的多样性，表达着他们对哈雷车的自豪感。

### （二）增加客户占有率

在竞争日益激烈的今天，企业不应仅仅关注客户的一次购买，而应尽量增加客户占有率，即客户购买该公司产品的份额。为此，企业可以为客户提供更多品类的产品，也可以进行交叉销售和追加销售，以向消费者提供更多的产品和服务。比如，京东从单一的售卖电器向淘宝式的全品类营销，根据顾客的浏览记录向顾客推送感兴趣的产品。

### （三）和正确的客户建立正确的关系

企业要维护忠诚客户，但在实践中并不是所有忠诚的客户都值得投资，有时反倒是不忠诚的客户带来利润。企业可以根据潜在利润和忠诚度将客户分类，并以此来经营与他们的关系。

**知识拓展**

企业客户的几种类型

（1）陌生人　代表低利润和低忠诚度的客户，企业产品和客户需求契合度很低，不具有投资价值。

（2）蝴蝶　代表贡献了很高的利润但是不忠诚的客户。企业产品和客户需求契合度好，但就像蝴蝶一样，他们只享受一小会儿，下一秒就飞走了。如同一些股票投资者，快进快出，不与企业产生关系。企业应该利用此刻的蝴蝶加大宣传，吸引他们，与之交易，下一轮不再投放资源。

（3）藤壶　代表高度忠诚但盈利性差的客户。比如银行的小客户，经常到银行办理业务，占用资源，但却不能产生足够的利润。企业应向其销售更多产品、收取更高的费用或减少对其服务来提高盈利。如果还是不能盈利，就应果断放弃。银行对小额账户收取的管理费就是一例。

（4）真朋友　代表高盈利又很忠诚的客户。企业产品和客户需求契合度高。他们是真正的朋友，是回头客，会向周围的人宣传企业的产品。企业应加大对其倾斜资源，培育、维持、扩大该客户群。

不同的客户需要不同的客户关系与之应对，企业应保留高价值的客户，尽力争取把那些

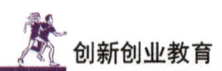

有潜力的顾客变为高价值的顾客。

### （四）充分利用客户资源

客户资源也不仅仅局限于传统意义上的客户。对企业来说，客户资源往往是变动和相对的。有时竞争对手也可以做企业的客户；企业员工也可看作是企业的客户；在同一条生产线上的上一环节必须对下一环节负责，否则生产就可能出现问题，因此，下一环节也是上一环节的客户。

## 能力训练

**【能力训练】** 如何寻找与打造良好的客户资源

步骤1：班级随机分组，每3～5人为一组，并推选出一名组长。

步骤2：请学生以"如何寻找与打造良好的客户资源"为题，各组成员先自己列出个人观点。

步骤3：将列出的个人观点与组内成员相互交流，并进行讨论，形成统一的小组观点。

步骤4：列出各个小组的观点，每组随机抽取一名代表上台，介绍如何寻找与打造良好的客户资源。各小组组长和老师分别进行打分和评价，最终得分最高的小组为优胜组。

步骤5：教师进行总结和反思。

# 单元四　品牌建设推广

## 案例导读

### 小企业的品牌建设之路

有一个小型农业机械厂A，专门生产脱粒机、风米机、切草机等小型农业机械。这个厂办了几十年了，如今年产值不到200万元。B公司是做品牌、管理方面的咨询的，给A公司提供了一套关于品牌建设的思路，也就是宣传标准。小型农业机械行业的特点是：企业规模都很小，缺乏质量管理体系；产品结构简单，技术含量很低；往往没有售后服务；没有专业的营销人员负责营销。

B公司针对A公司的现状给出的建议如下：

1）将现有的生产原料进行检验，将这些现有的原材料的参数记录下来，比如，外壳铁皮厚度是多少，防锈处理工艺，电动机采购参数等，形成标准。这一套流程就是质量管理体系认证了。

2）建立售后服务体系。在电动机上编号，并记录下来，这一台机器最终到了哪里，从计算机上就能查到。有了这样的体系，就可以进行售后服务了。比如，电动机坏了，如果是电压的问题造成的，那就是顾客的责任；如果是产品质量问题，那就给顾客换一个。

3）找一个专业的营销人员去负责营销，钱款直接进银行账户，保证营销人员不会贪污挪用贷款。同时指导当地经销商的广告宣传，宣传产品标准和品牌。

完成这一套工作一定会增加成本，同时也要增加产品零售价格。要摸准顾客的心理，花1000元买一个没品牌和售后的产品，还是多花200元买一个有品牌、有售后保障的产品？很多人会选择后者。

很多小企业为什么发展壮大不了、建设不了品牌，很大的原因就是缺乏思路。

小企业品牌建设受到各种因素制约，如何根据自身条件和环境选择适合自己的企业品牌进行建设是企业成长面临的直接问题。对于初创企业而言，了解企业品牌建设的知识是十分必要的，可为今后品牌运营及管理企业打下良好基础。

品牌是以某些方式将满足同样需求的其他产品或服务区分开来的产品或服务。这些差别可以体现在与该品牌产品性能相关的功能性、理性或有形性方面，也可以体现在与该品牌所蕴含的意义相关的象征性、感性或无形性方面。换言之，品牌不仅仅是一个名称和符号，更代表了消费者对产品及其性能的认知和感受。

## 一、品牌建设

不同品牌在市场上的影响力和价值是不同的。一个强大的品牌可以给企业带来多方面的竞争优势。比如，消费者希望商店出售有品牌的商品，企业在与经销商谈判时就拥有更大的主动权，因为品牌名称包含高可信性，企业更容易推出新产品和进行品牌延伸。更为重要的是，一个强大的品牌能够给企业带来稳固和有利可图的客户关系——品牌忠诚。消费者不仅愿意为其支付更高的价格——通常与竞争品牌相比高出20%～25%，而且，即使产品被竞争者复制，也不会取代品牌在消费者心目中的形象。作为初创企业，要建立属于自己的强大品牌，应做好以下工作。

（一）品牌定位

企业要将品牌清晰地定位到目标顾客的心目中，一般有3种方法。

1．根据产品属性定位品牌

比如，化妆品公司的营销人员可以强调其产品具有天然、环保的成分，独特的芳香和质地等。在实际生活中，这种定位最容易，但也最易被竞争对手复制。更重要的是，消费者往往对属性并不感兴趣，他们更关心这种属性能给他们带来什么。

2．根据产品效果定位品牌

将品牌名称与期望的利益相连，从而更好地进行定位。营销人员可以不谈化妆品的成分，而是强调其美容的效果，如茶树洁面胶可以深层洁净肌肤、蜜粉饼可以提亮肤色等。类似的利用利益来定位的品牌还有沃尔沃汽车（安全）、联邦快递（准时送达保证）等。

3．基于信念和价值定位品牌

这种品牌定位超出属性和利益，定位在强烈的信念和价值上，带来强烈的情感冲击。通过和消费者产生情感和文化共鸣,让品牌在消费者心目中变得与众不同。如家酒店让消费者如同在家里一样舒适,帮宝适对于父母也不仅仅意味着大容量和干爽……通过一个有别于竞争对手的情感或文化内涵来激发消费者,强化消费者对品牌的忠诚度。

品牌一旦定位,就变成一种使命和契约,是企业向消费者传递的一种承诺。比如,快捷酒店提供的是干净的、价位低客房,但不会承诺提供昂贵的家具或大浴室;希尔顿酒店提供豪华的客房和难忘的回忆,但不会承诺低价。

### (二)品牌元素选择

品牌元素是可以识别并区分品牌的特征化设计。名称、口号、标识等都是品牌元素,在品牌创建过程中应尽可能多地选用,以便加强消费者对产品的印象。

一个好的品牌名称能大大提高成功率。和人起名字一样,品牌命名也是一门学问和艺术。理想的品牌名称应该易读、易认、易记,让人联想到产品的某些利益和质量。品牌名称还应有发展性,且能够容易被翻译成其他语言。现在人们一般不会将苹果公司称为苹果,而是用iPod、iPhone、iPad等独一无二的产品来替代,字母"i"已成为其独特的品牌特征。

通常品牌优点越不具体,品牌元素越应抓住品牌的无形特色。比如许多保险公司都用岩石、雨伞、安全帽等形象作为品牌象征。

---

**案例 9-5**　　　　　　　　　　**品牌人物形象**

品牌人物形象代表了品牌象征的一个特殊类型,具有拟人的特征,能让品牌变得有趣和富有亲和力,提升人们对品牌的喜爱度。当品牌具有人类或其他人物形象特征的时候,消费者更容易与品牌建立联系。这一点在品牌推广的时候尤为重要,用卡通形象表现的品牌文化能被消费者迅速认可。

在1894年里昂的展览会上,米其林兄弟发现墙角的一堆直径不同的轮胎很像人的形状。不久后,画家欧家洛就根据那堆轮胎的样子创造出一个由许多轮胎组成的特别人物造型。于是,米其林轮胎人——"必比登"诞生了。从此,它成了米其林公司个性鲜明的特征。2006年,为了更好地适应中国消费者的称呼习惯,必比登在中国正式更名为"米其林轮胎先生"。

品牌人物形象丰富有趣,可以帮助品牌在市场上过多的广告信息中脱颖而出,以温和的方式传播核心产品利益。米其林形象传达了家庭安全观念,其品牌80%的知名度归功于米其林轮胎先生。米其林每年都会为米其林轮胎先生发放一个通行证,防止营销人员在广告中对其滥用。

---

### (三)设计全方位营销活动

品牌的打造并不仅仅依靠广告。顾客需要通过个人观察使用、口碑、网上或电话体验、交易、售后经历等一系列的环节来了解一个品牌。企业要通过多种途径来创造顾客与品牌接触的机会,如购物展示、事件营销、赞助、工厂参观、消费者俱乐部及社会公益营销等,持续强化品牌承诺。

## （四）次级联想

将品牌与其他相关的实体联系起来，从而创造辅助的品牌联想。这种次级联想可以将品牌与其他来源联系起来，如公司（通过品牌战略）、国家或地区（通过产品来源地认证）、体育或文娱（通过赞助）、代言人、其他品牌（通过品牌联合）以及第三方（颁奖或评论）。特仑苏牛奶与顶级牧场、加多宝中国好声音等都是这方面的例子。

## （五）品牌发展

当品牌成功推向市场、企业想要继续发展品牌时，一般有4种方法可供选择：产品线延伸、品牌延伸、多品牌或新品牌。

产品线延伸指企业使用相同的品牌名称在既定的产品类别中推出其他产品，比如新口味、形式、颜色、成分和包装大小等。可口可乐在推出健怡可乐后，陆续推出了樱桃味、柠檬味、橙味和香草味等十几个不同的品种。

品牌延伸指在新的产品类别中使用已成功的品牌名称，发挥它们的杠杆作用。例如，"好奇"纸尿裤延伸成拥有完整产品线（洗发水、乳液、一次性搓澡巾、防水垫等）的婴儿护理用品品牌。

同类产品中也可以引入多个品牌，以满足顾客不同的购买需求。欧莱雅在中国投放了十几个不同价位的产品，如巴黎欧莱雅、卡尼尔、小护士系列等，锁定了分销商高中低端货架。

当现有品牌进入"暮年"，企业可考虑推出新的品牌，开始下一个循环。

## （六）初创企业品牌建立

由于资源和预算的限制，对于初创企业来说，建立品牌是一项挑战。但其中也不乏成功者。以下是一些针对初创企业的品牌化建议：寻找一个引人注目的产品或服务的性能优势；集中于一个或两个关键联想的基础上建立强势品牌；尽可能以任何方式鼓励试用产品或服务；创立口碑和忠诚的品牌社区；综合使用整合良好的品牌元素；尽可能多地使用次级联想。

> **案例 9-6**
>
> **优衣库造福顾客的信条**
>
> 优衣库的服装简单，且适合各种场合。人们可以以任何方式自由组合，形成自己独特的风格。优衣库代表了一种不断变化、多样化和挑战传统的消费方式。在优衣库，顾客可以从简单、设计精良的服装中受益。

## 二、品牌营销

企业在品牌建设中，常用的品牌整合营销方法主要包括：新闻营销、网络广告营销、邮件营销、博客营销、微博营销和论坛营销等。使用多种营销方式进行优势互补，以提高企业的品牌知名度和美誉度。

同时，在品牌建设操作过程中，企业可以结合自身定位和市场战略，特别是在希望影响哪一部分人群方面，要做好充分的市场调研，并结合自己的操作经验来实践。选择适合企业

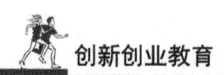

自身的营销方式，如建立企业官方博客、企业官方微博等，长期对企业进行宣传，多角度地塑造企业品牌。同时也可以找更专业的服务机构进行外包服务，用专业的人做更专业、效果更好的网络营销推广，多角度、多层次地塑造企业网络品牌的知名度和美誉度。

利用信息网络技术、新媒体技术进行品牌建设，是当前众多企业采取的品牌营销方式之一。网络品牌的建设需要企业长期跟进网络推广，企业的站点内容要定期更新，企业做的整合营销服务也需要长时间跟进，并根据企业的实际发展情况做出相应的调整。让用户访问企业的网站，并能长时间地多次访问企业的网站，从企业官网上获得更多的企业品牌信息。

企业品牌的建设是一个持久的过程，需要时间的沉淀。企业网络品牌的建设也一样，只有经过一个长期的过程，才能在互联网市场分一杯羹。而企业品牌建设的关键还是需要企业提高自身产品的竞争力，严把质量关。在此基础上，加强品牌的宣传推广，提升企业品牌的知名度、美誉度，培养客户的忠诚度。企业通过有力的品牌营销策略和有效的客户管理，增强客户对企业的功能体验和情感体验，巩固和加强与目标客户的联系，吸引更多忠诚的品牌使用者，这也是企业获得持久利润、走向持久成功的重要法宝。

【知识拓展】互联网时代下企业品牌建设绕不开的4个维度

## 能力训练

**【能力训练1】企业如何做品牌建设**

步骤1：班级随机分组，每3～5人为一组，并推选出一名组长。

步骤2：以"企业如何做品牌建设"为题，假设小组团队现在要创业，各小组根据团队情况，通过交流讨论后，选择并决策品牌建设的途径。

步骤3：每个小组的代表上台介绍团队创业选择以及企业如何做品牌建设并阐明原因。

步骤4：各小组组长和老师分别进行打分和评价。

**【能力训练2】如何留住顾客**

步骤1：当今社会，越来越多的消费者通过电视广告或网络了解一个产品。然后前往附近的品牌专营店体验产品。经过数次比对和咨询后，最终在网上以较低的价格买下类似的产品。

步骤2：假设你是线下品牌专营店的负责人，请思考一下，应该如何发挥品牌优势，留住前来咨询的顾客呢？

_____

_____

_____

# 模块十 初创企业的管理

## ● 名人名言

治国有常,而利民为本;政教有经,而令行为上。苟利于民,不必法古;苟周于事,不必循旧。

——《淮南子·氾论训》节选

一个公司要发展迅速得力于聘用好的人才,尤其是需要聪明的人才。

——比尔·盖茨

## ● 导读导学

初创企业想要成功,靠掌握某项尖端的技术、拥有丰厚的资本投入、聚集一群志同道合的朋友是远远不够的。企业需要拥有一套适合自己的管理模式,并对其进行有效的实施和运用。无论企业规模大小,在日常活动中都会涉及人力资源管理、财务管理、生产管理、营销管理、库存管理和设备管理等。这些管理的子系统像一个个齿轮一样,连接着企业运营的大机器。只有各项管理工作到位,才能增强企业的运作效率,才能使每个员工都充分发挥他们的潜能,才能更好地树立企业形象,为社会多做实际贡献。

## ● 思维导图

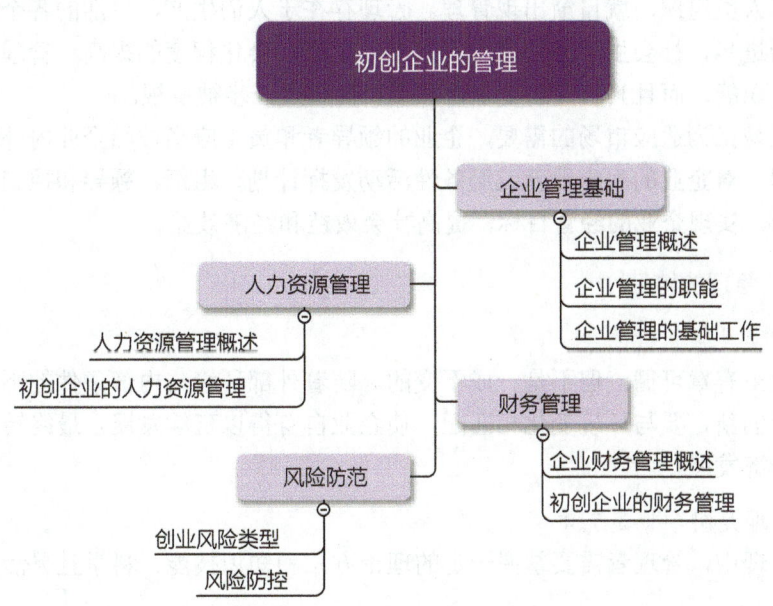

创新创业教育

# 单元一　企业管理基础

> **案例导读**
>
> **快手宿华：追求极致**
>
> 快手创始人宿华提出，快手要把"极致"作为公司企业文化的一部分。
>
> 从能力建设方面，需要敢于实践，勇于挑战现状。要了解业界最顶尖的组织和人才在哪里，随时在工作中审视自己：哪里已经很久没有改过，每个环节是否还有显著的提升空间。
>
> 从工作效率层面，需要在强调数据驱动的同时，保持各部门极速响应，优化合作机制。尊重数据，拥有更好的数据分析意识，用数据指导我们发现问题的根源，寻求最佳的解决方案；部门之间、同事之间相互协作的速度需要更快，响应用户需求的速度也要更快，这样才能以最快的速度推进产品和公司更好地迭代。
>
> 从工作态度方面，需要保持管理压力，鼓励优秀，拒绝平庸，打造出一支能打仗的队伍。今后快手会花更多时间，自上而下夯实组织方式，一方面，让每位员工的责权分配更清晰，配合得更好；另一方面，改进人才管理的方式，如推进 OKR（目标与关键成果法）制度建设。
>
> 从案例中，你发现快手有哪些管理特点？

## 一、企业管理概述

### （一）企业管理的内涵

自从有了人类组织，就日渐出现管理。管理存在于人们生产、生活的各个方面。随着科学技术的不断进步，社会生产力的进一步发展，生产社会化程度的提高，管理逐步演化为一项专门的社会职能，而且其本身的复杂性和重要性也进一步被重视。

企业管理是指为适应市场的需要，企业的领导者和员工应当按照企业内外环境的变化，依据客观规律，对企业的生产经营或服务性活动发挥计划、组织、领导和控制等职能，充分利用各种资源，实现企业的经营目标，提高社会效益和经济效益。

### （二）企业管理的特征

**1. 企业管理具有创新性**

企业管理虽有章可循，但不是一成不变的。随着外部环境与内部条件的不断变化，管理活动需要进行创新，要与环境变化相匹配，使企业自身得以延续发展，最终转化为生产力，推动社会和经济发展。

**2. 企业管理是科学也是艺术**

在企业管理中，管理者需要掌握一定的理论方法和知识技能，科学且灵活地将管理理论和管理实践相结合，真正找到适合企业发展的管理模式。

> **知识拓展**
>
> **泰罗的科学管理**
>
> 泰罗（Frederick Winslow Taylor，1856—1915）是美国古典管理学家、科学管理理论的主要倡导者，被后人尊称为"科学管理之父"，如图 10-1 所示。
>
> 他的代表作《科学管理原理》全面地阐述了科学管理理论。科学管理理论是以工商业的生产管理和车间管理为起点，理论、原则和操作性技术方法相结合，兼具思想性和实用性的一整套管理学说。其主要内容涉及生产管理的技术与方法、管理职能、管理人员、组织原理和管理哲学等五大方面。正是从科学管理开始，管理学沿着伽利略、牛顿创立的实验科学道路，告别了单纯的经验总结和智慧技巧，由"治术"发展为一门科学，迄今仍不失其光彩。

图 10-1　泰罗

## 二、企业管理的职能

企业管理分为计划、组织、领导和控制等智能。

### （一）计划职能

计划是管理工作的首要职能。计划职能是指管理者预测未来、确定目标、制订实现这些目标的行动方针的过程。它涉及原因与目的、活动与内容、人员安排、时间安排、空间安排以及手段与方法的选择等问题。

企业管理计划职能的内容：一是计划，计划工作分为制订计划、执行计划和检查计划三个阶段。二是决策，即为了完成一定的目标而从不同的方案中选择一个合理的方案的分析判断过程。

### （二）组织职能

组织职能是指按计划对企业的活动及其生产要素进行划分和组合。任何企业经营管理活动的有效运行都必须依托一定的组织形式，这种形式又体现了分工和合作的统一。

组织结构包括 4 种基本类型。一是直线职能结构。这是目前使用最为广泛的组织结构形式之一。它按照一定的职能专业划分，各级职能机构担负企业各方面的管理工作。二是产品事业部结构。这种结构是围绕产品或服务的要求进行部门划分的。从产品的设计、原料采购、成本核算、产品制造到产品销售，均由产品事业部及所属工厂负责，实行单独核算、独立经营。公司总部只保留人事决策、预算控制和监督大权，并通过利润等指标对产品事业部进行控制。三是地域事业部结构。这种结构是按照地理区域成立的，与产品事业部结构相似，事业部有很大的自主权利。四是矩阵式结构。这种结构是为改进直线职能缺乏弹性的缺点而形成的一种组织形式，主要适用于变动性大的组织和临时性的工作项目。

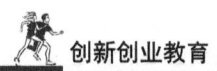

### (三)领导职能

领导职能是指领导者运用组织赋予的权力,指挥、协调、激励和监督下属人员,完成领导任务的职责和功能。领导职能不单纯指"管人",而是需要管理者激发下属人员的潜能,让每一位员工都能充分发挥自己的才能。领导职能是实现管理效率和效果的灵魂,是管理过程的核心环节。

领导职能的主要作用为:一是指挥。管理者需要认清所处的环境和形势,能高瞻远瞩、运筹帷幄,为下属员工指明目标以及达到目标的途径。二是协调。因团队中的每一位成员都存在个体差异,在才能、态度、性格等方面都有所不同,管理者需要对团队成员间的关系及工作活动进行有效的协调,从而使团队步调一致。三是激励。管理者需要运用各种管理的方法和手段,当下属人员在工作中遇到困难时,及时鼓励,激发斗志,发掘和增强下属人员积极进取的动力。

### (四)控制职能

控制职能是与计划职能紧密相关的一项管理职能。管理者根据计划制定的目标,对下属人员的工作进行衡量和评价。若工作发生偏差,要及时分析偏差产生的原因,纠正偏差,以确保实现组织目标。或者根据企业内外环境的变化和发展的需要,在计划执行的过程中对原计划进行修订和调整。

【量表测试】
你怎么决策

控制分为3种类型:一是预先控制。预先控制是指在制订执行计划时,已经做好产生偏差的充分准备,使决策偏差在实施过程中降到最低程度。最理想的控制莫过于防患于未然。这是预先控制的意义。在控制工作中,只有当人们能够对即将出现的偏差有所觉察并及时采取措施时,控制才能获得最优效果。二是同步控制。同步控制是指管理者在计划执行过程中,对下属员工进行工作指导、监督。在此过程中,管理者的主要职能就是控制、防止与纠正在计划执行中的偏差。三是反馈控制。反馈控制是指在某一行动和任务完成之后,将实际结果的考核分析作为控制将来行为依据的一种控制方式。其特点是对计划决策在实施过程中的每一步骤所引起的客观效果,能够及时做出反应,并据此调整、修改下一步的实施方案,使计划决策的实施与原计划本身在动态中达到协调。

## 三、企业管理的基础工作

### (一)信息工作

信息工作主要包括原始记录、统计、技术经济情报以及科技档案等工作。原始记录是企业生产技术活动最初的实际记载,能及时反映生产技术经济活动的原始状态。统计是对原始记录资料的分类、汇总,从数量上反映事物的本质和动态。原始记录和统计工作必须坚持全面性、准确性和及时性。

【音频】扁鹊
三兄弟

### (二)标准化工作

标准化工作包括技术标准和管理标准的制定、执行和管理等工作。技术标准是企业标准的主体,按管理体制和适用范围可分为国际标准、区域标准、国家标准、专业标准和企业标准。管理标准是对企业各项管理工作的职责、权限、程度等所做的规定,内容包括基础标准、工作质量标准、业务及工作程序标准和生产组织标准等。

（三）定额工作

定额工作是指企业各类技术与经济定额的制定、执行和管理工作。定额是在一定的生产条件下，对物力、财力、人力的消耗及占用所做的规定性标准。定额管理工作的关键在于合理确定定额水平。只有确定先进合理的定额，才能起到引导员工挖掘潜力、减少生产组织中的资源消耗等作用。

（四）计量工作

计量指采用一种标准的单位量去测定事或物的量值，是用科学的方法和手段掌握和管理生产经营活动中量与质的数值。加强计量工作的关键在于准确、完备和计量单位统一。

（五）规章制度

规章制度是指用文字形式对各项管理工作和生产操作所做的规定，是全体企业员工必须遵守的行动准则。各项规章制度必须以经济责任为核心，应简明扼要，便于操作执行。企业规章制度大体上可分为基本制度、工作制度和责任制度，其中责任制度是其他各项制度的核心。

（六）基础教育

人是企业发展的重要资源，要建立具有竞争力的一流企业，员工素质的培养是关键。企业需要对员工进行职业道德教育、管理基础知识技能教育、岗位的专业知识技能培训及法制和厂规厂纪等教育培训。

（七）战略管理

企业发展需要有目标，尤其是中长期发展的目标。战略管理是企业实现长期发展的一项带有根本性保障的管理工作。

【量表测评】
管理创新
能力自测

（八）文明生产

文明生产包括文明的生产管理过程及文明的生产环境等。

## 能力训练

【能力训练】管理者如何与下属沟通

步骤1：班级随机分组，每3～5人为一组，并推选出一名组长。

步骤2：以"管理者如何与下属沟通"为题，各组成员先列出个人的观点。

步骤3：将列出的个人观点与组内成员相互交流，并进行讨论，形成统一的小组观点。

步骤4：每组随机抽取一名代表上台介绍"管理者如何与下属沟通"的观点。

步骤5：各小组组长和老师分别进行打分和评价，最终评价得分最高的小组为优胜组。

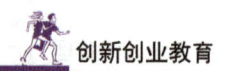
创新创业教育

## 单元二 人力资源管理

**案例导读**

**刘备用人**

公元184年，黄巾起义爆发，十八路诸侯以镇压叛乱为名，纷纷拥兵自重，东汉政权由统一走向分割。经过一番角逐，董卓、袁术、袁绍和刘表等军阀政权相继土崩瓦解，曹操"挟天子以令诸侯"，靠东汉强盛根基在北方建立霸业；孙权凭父兄经营东吴多年，借长江之险及土地肥沃而独霸一方；刘备早期靠编草席为生，却通过自己独特的经营思路，白手起家，最终建立了蜀汉，与魏、吴成三足鼎立之势，开创了一个具有60年历史的三国时期。

刘备与曹操及孙权相比，既无"金融资本"，也无"一城一域"，个人能力更不及曹操。他少时不喜读书，只喜弄狗养马，谋略及学识都远在曹、孙之下，但其为人忠厚、侠义、善交友，更长于"人力资本"运营投资，这正是他成功的关键所在。从现在的人力资源角度看，刘备不愧是一位英明的董事长、一位"聚才高手"。刘备在选人方面不重多，而在精，要求所用之人在某些方面具有卓越的能力，能独当一面。诸葛亮及"五虎上将"都是当时不可多得的人才。在选人才时，他能礼贤下士，"三顾茅庐"礼请诸葛亮出山，成为尊重人才之美谈。他还能不拘一格降人才，不存在种族地域歧视。当时西凉不属于中原，但收服马超后，将其封为"五虎上将"之一。通过一系列人力资本组合，刘备组建了他的创业团队，开始攻城略地，创建了割据西南的蜀汉。

刘备为什么会成功？

如果仔细地分析其中的原因，那就是刘备能够发现核心人才，能够留住身边的核心人才。经营企业不但要知人善用、尊重人才，更应注意人才的培育工程，做好持续运营计划，建设培养人力资本梯队，使人力资本增值，产出高效益。因此，商场如战场，得士则胜，失士则败。

### 一、人力资源管理概述

#### （一）人力资源管理的含义

人力资源管理是近30年来才逐渐出现并普及的新概念。它是指在人本思想指导下，运用现代化的科学方法，通过招聘、培训、考核和薪酬等管理形式，对组织内外相关人力资源进行有效运用，满足组织当前及未来发展的需要。同时，对员工的思想、心理和行为进行恰当地引导、控制和协调，充分发挥他们的主观能动性，使人尽其才、事得其人、人事相宜。

人力资源管理逐渐取代了之前的人事管理。早期人事管理工作的内容主要是较简单的行政事务性、低技术性的事务，随着社会的发展和环境的变化，企业对人才更加依赖，这项工作的重要性日渐凸显。从人事管理到人力资源管理，不仅是名字上的变化，具体的工作内涵也有了深刻的变化。最主要的是，在观念上对企业广大员工的认识有了质的改变。人力资源管理与人事管理的主要区别见表 10-1。

表 10-1 人力资源管理与人事管理的主要区别

| 项目 | 人力资源管理 | 人事管理 |
| --- | --- | --- |
| 管理观念 | 员工为企业的重要资源 | 员工为企业成本负担 |
| 管理内容 | 以人为本 | 以事为本 |
| 管理形式 | 动态管理 | 静态管理 |
| 管理策略 | 战略与战术相结合 | 只关注战术层面 |
| 管理体制 | 主动，注重开发 | 被动，注重管好 |
| 管理方式 | 和谐合作、民主尊重 | 独裁命令、制度控制 |
| 管理技术 | 科学性与艺术性相结合 | 照章办事，机械呆板 |

### （二）人力资源管理的内容

人力资源管理是通过模块划分的方式对人力资源管理工作所涵盖的内容进行的一种梳理。人力资源管理包含六大模块：人力资源规划、招聘与配置、培训与开发、绩效管理、薪酬管理和劳动关系管理。人力资源管理的各大模块各有侧重点，同时又是紧密相连的。各个环节工作到位，使人力资源管理工作形成一个有机的整体。

【音频】中国人力资源管理的现状

## 二、初创企业的人力资源管理

企业虽然在初创期有资金不足、人员较少的情况，但是在人力资源管理方面仍然需要按照系统的管理步骤进行。

### （一）人力资源规划

人力资源规划是一项系统的战略工程，是指使企业稳定地拥有一定质量的和必要数量的人力，以实现包括个人利益在内的该组织目标而制订的一套措施，包括晋升规划、补充规划、培训开发规划、人员调配规划和工资规划等，从而求得人员需求量和人员拥有量在企业未来发展过程中的相互匹配。

制定人力资源规划应注意以下几点：人力资源规划的制定必须依据组织的发展战略、目标；人力资源规划要适应组织内外部环境的变化；制定必要的人力资源政策和措施是人力资源规划的主要工作；人力资源规划的目的是使组织人力资源供需平衡，保证组织长期持续发展和员工个人利益的实现。

人力资源规划的目标：得到和保持一定数量的具备特定技能、知识结构和能力的人员，预测企业组织中潜在的人员过剩或人力不足，进而通过各种方式建设一支训练有素、运作灵活的劳动力队伍，增强企业适应未知环境的能力，减少企业在关键技术环节对外部招聘的依赖性。

## （二）招聘与配置

招聘与配置指的是组织为了发展的需要，根据人力资源规划和工作分析的要求，寻找、吸引有能力的人到本组织，从中选出适宜的人员予以录用，并把合适的人员放在合适的岗位中的过程。

### 1. 员工招聘的原则

员工招聘的原则包括：一是招聘信息、招聘方法应通过恰当的渠道公之于众，便于吸引大批的应聘者，有利于找到一流的人才。选择最合适的招聘渠道和测试方法，在保证录用人员素质的前提下，尽量节约招聘费用。二是对所有应聘者应一视同仁，以严格的标准和科学的方法对候选人进行测评。根据测评结果确定人选，创造公平竞争的环境，选出真正优秀的人才。三是坚持效率优先，即以尽可能少的招聘成本录用到合适的人员。四是双向选择。企业既要根据空缺职位要求的条件进行招聘，还要考虑应聘人员的职业发展需求，使其愿意为组织工作。

### 2. 员工招聘的程序

员工招聘程序是指从出现职位空缺到应聘者正式进入公司工作的整个过程。主要包括5个步骤：

（1）编制招聘计划　掌握各部门人力资源需求状况；选择岗位招聘渠道；确定招聘规模、招聘信息的发布范围、招聘时间、招聘预算和招聘小组人员；制订应聘者测试考核方案。

（2）制订招聘策略　根据空缺职位的要求，选择合适的传播媒介，发布招聘信息，鼓励和吸引人员参加应聘。

（3）甄选人才　选择合适的测试方法，对应聘者进行科学考核。根据评分的高低，找出进入下一个环节的人选。

（4）录用　对应聘者的背景进行调查，待应聘人员体检后确定最适合空缺职位的人员。

（5）招聘效果评估　招聘效果评估的目的是发现招聘过程中存在的问题，提高以后招聘的效果。

## （三）培训与开发

培训与开发是现代人力资源管理的一项重要内容，是指组织通过学习、指导等手段，提高员工的工作能力、知识水平，最大限度地使员工的个人素质与工作需求相匹配，进而提高整体的工作绩效。培训与开发是人力资源管理中人才储备的重要环节，是人力资源管理中提高员工工作效率的关键环节。

## （四）绩效管理

绩效管理是指为实现组织目标，运用科学的方法对员工个人或部门的行为表现、劳动态度、工作业绩以及综合素质进行全面监测、考核、分析和评价，通过激励和帮助，让其取得优异的工作成效，不断改善员工和组织的行为，提高员工的综合素质，挖掘员工的潜力的活动过程。绩效管理的目的在于，通过激发员工的工作热情，提高员工的能力、素质，达到改善公司绩效的效果。

绩效管理包含以下内容。

1. 制订考核计划

制订考核计划具体包括明确考核的目的和对象、选择考核内容和方法、确定考核时间。

2. 进行绩效考核技术准备

进行绩效考核技术准备具体包括确定考核标准、设计考核方法、培训考核人员。

3. 选拔考核人员

通过培训,可以使考核人员掌握考核原则,熟悉考核标准,掌握考核方法,克服常见偏差。

4. 收集资料信息

收集资料信息具体包括建立与考核指标体系相配的制度、采取有效的方法。

5. 做出分析评价

做出分析评价具体包括确定各项的等级和分值、综合同一项目各考核来源的结果。

6. 考核结果反馈

考核结果反馈具体包括向员工反馈考核结果、考核结果反馈面谈。

7. 考核结果运用

考核结果运用即进入绩效管理的流程。

### (五)薪酬管理

薪酬是指员工为所在组织提供劳动或劳务而获得的货币或非货币的报酬。薪酬容易被理解的是员工获得的以工资、奖金和以实物形式支付的经济性报酬,但同时也包含除了参与决策、更大的责任和权力、工作的丰富化、个人成长机会等。虽然后者是无形的,但如果运用得当,对员工产生的激励作用也是不容忽视的。

薪酬管理包含5个基本原则。

1. 公平性原则

这是设计薪酬制度和进行薪酬管理的首要原则,是满足员工对薪酬公平的需求。薪酬的公平性可以分为3个层次:

(1)外部公平性　指同一行业、同一地区、同等规模的不同企业相似职位的薪酬应大致相同。

(2)内部公平性　指同一组织中不同岗位所获薪酬应与各自的劳动付出及贡献成正比。

(3)个人公平性　指企业根据员工的个人绩效水平变化及时进行薪酬的调整。

2. 竞争性原则

这是企业在人力资源市场上竞争力的一种直接体现。企业能否招到所需的人才,其薪酬标准起到至关重要的作用。只有具备竞争性的薪酬,企业才足以在人才的争夺中战胜其他对手。

3. 激励性原则

激励性原则是指内部各级岗位的薪酬水平适当拉开差距,真正体现按贡献分配的原则。

4. 经济性原则

企业在确定薪酬水平时,既要考虑员工的激励,又要考虑人工成本。

## 5. 合法性原则

薪酬制度必须符合国家的政策和法律、法规，符合国家及地方有关劳动用工及人事的有关法律、法规。

### （六）劳动关系管理

劳动关系是劳动者和用人单位在劳动过程中建立的社会经济关系。劳动关系的基本属性是社会经济关系，本质属性是社会契约关系。

劳动合同是劳动者与用人单位确立劳动关系、明确双方权利和义务的协议。订立劳动合同要秉承平等自愿、协商一致的原则。违反法律、行政法规的劳动合同以及采取欺诈、威胁等手段订立的劳动合同属于无效的劳动合同。

> **知识拓展**
>
> **招聘面试的问题**
>
> 对于初创企业，面试问题设计不必太复杂，可以通过以下几个问题，了解应聘者的基本情况：
>
> 1) 你之前在哪儿工作？具体做什么工作？为什么要离开原公司？（询问是否有相关的工作经验、工作能力如何；离开之前的公司有哪些原因，如有对之前的公司不满之处，需问清楚）
>
> 2) 你为什么想来本企业工作？（问一下应聘者来我们这工作的初衷是什么，以供我们评判他的意图是否正确）
>
> 3) 你希望得到什么职位？（看一下应聘者对自己的定位如何，是好高骛远还是保守不前）
>
> 4) 你认为你有哪些优点和弱点？（这个问题是面试中最常出现的，可以考察出应聘者的自我认知，也可以看出他们的诚实程度）
>
> 5) 你怎么支配业余时间？有什么兴趣爱好？（考察应聘者生活中是否积极向上，是否有良好的习惯，对工作是否会带来不利影响）
>
> 6) 你喜欢和别人一起工作吗？如果有人对你态度不好，你会做出怎样的反应？（考察应聘者是否具有团队协作能力，是否合群）

## 能力训练

【能力训练】新建购物中心招聘模拟

步骤1：班级成员作为新建购物中心人力资源部的招聘专员。

步骤2：收集购物中心需要的人才相关信息。

步骤3：制订招聘计划。

步骤4：实施招募、筛选、笔（面）试、录用和效果评估等环节。

# 单元三 财务管理

## 案例导读

### 新创企业财务管理的不足

在我国，很多新创企业存在如下问题：

一是对现金管理不严，造成资金闲置或不足。有些中小企业认为现金越多越好，造成现金闲置，即现金未参加生产周转；有些企业的资金使用缺少计划安排，过量购置不动产，无法应付经营急需的资金，陷入财务困境。

二是应收账款周转缓慢，造成资金回收困难。原因是没有建立严格的赊销政策，缺乏有力的催收措施，应收账款不能兑现或形成呆账。

三是存货控制薄弱，造成资金呆滞。很多中小企业月末存货占用资金往往超过其营业额的两倍以上，造成资金呆滞，周转失灵。

四是重钱不重物，资产流失浪费严重。不少中小企业对原材料、半成品、固定资产等的管理不到位，出了问题无人追究，资产浪费严重。

这些问题的存在，常导致新创企业财务管理和内部控制问题不断，严重影响企业的可持续运营。

新创企业不重视财务管理，势必影响企业的可持续健康发展。规范财务管理，加强内部管理，是新创企业必备良药。对于创业者来说，构建良好的财务管理制度或体系是企业未来内部控制管理完善的基础。新创企业财务管理应注重核心资产的管理、融资资金的管理、应收账款的管理和财务管理制度的构建等方面，同时在成本管理、财务分析、财务控制和财务税收等方面加强财务管理体系建设。

## 一、企业财务管理概述

企业财务管理是在一定的整体目标下，企业关于资产的购置（投资）、资本的融通（筹资）、经营中现金流量（营运资金）和利润分配的管理。财务管理是企业管理的一个组成部分，它是根据财经法规制度，按照财务管理的原则，组织企业财务活动、处理财务关系的一项经济管理工作。

### （一）创业企业财务管理的目标

财务管理目标是企业从事理财活动所要达到的目的，是评价企业财务活动是否合理的标准，它决定着财务管理的基本方向。确立一个科学合理的理财目标是企业理财活动取得成功的关键。新创企业应根据自身的实际情况和市场经济体制对企业财务管理的要求，科学合理地确定财务管理目标。

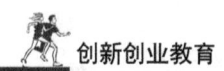

### （二）创业企业财务管理的内容

财务管理是组织企业财务活动、协调企业财务关系的一项综合性经济管理工作。财务管理的主要内容是管理财务活动、协调财务关系。企业的财务活动包括筹资引起的财务活动、投资引起的财务活动、日常营运引起的财务活动和分配利润引起的财务活动。

财务关系则是企业在组织财务活动过程中产生的与各利益相关者的经济关系，一般包括企业同其所有者之间、企业同其债权人之间、企业同其债务人之间、企业与往来客户之间、企业与员工之间、企业与税务机关等的财务关系。

## 二、初创企业的财务管理

### （一）成本管理

成本管理是指企业生产经营过程中各项成本核算、成本分析、成本决策和成本控制等一系列科学管理行为的总称。成本管理由成本规划、成本计算、成本控制和业绩评价组成。成本管理能够充分动员和组织企业全体人员，在保证产品质量的前提下，对企业生产经营过程的各个环节进行科学、合理的管理，力求以最少生产耗费取得最大的生产成果。成本管理是企业管理的一个重要组成部分，它要求系统、全面、科学和合理，对于促进增产节支、加强经济核算、改进企业管理和提高企业整体管理水平具有重大意义。

【量表测试】
你会理财吗

成本是体现企业生产经营管理水平高低的一个综合指标。因此，成本管理不能仅局限于生产耗费活动，应扩展到产品设计、工艺安排、设备利用、原材料采购和人力分配等产品生产、技术、销售、储备和经营等各个领域。参与成本管理的人员也不能仅仅是专职成本管理人员，应包括各部门的生产和经营管理人员，还要发动广大职工群众，调动全体员工的积极性，实行全面成本管理。只有这样，才能最大限度地挖掘企业降低成本的潜力，提高企业整体成本管理水平。

### （二）财务分析

财务分析是以企业财务报告及相关资料为依据，对企业财务状况、经营成果和现金流量进行分析和评价的一种方法。财务分析既是对已完成的财务活动的总结，又是财务预测的前提，在财务管理的循环中起着承上启下的作用。财务分析所提供的信息，不仅能说明公司目前的财务状况，更重要的是能为公司未来的财务决策和财务计划提供依据。

通过对企业财务报表等核算资料进行分析，可以了解企业的偿债能力、营运能力、盈利能力和发展能力，便于企业管理当局及其他报表使用人了解企业财务状况和经营成果，通过分析，将影响财务状况和经营成果的主观因素与客观因素、微观因素与宏观因素区分开来，以划清经济责任，合理评价经营者的工作实绩，并据此奖优罚劣。

财务分析的内容包括偿债能力分析、营运能力分析、盈利能力分析以及发展能力分析。

#### 1.偿债能力分析

偿债能力是指企业偿还各种到期债务的能力。偿债能力分析是企业财务分析的一个重要方面，通过这种分析可以揭示企业的财务风险。偿债能力分析包括短期偿债能力分析和长期偿债能力分析。短期偿债能力是指企业偿付流动负债的能力。衡量企业短期偿债能力的指标有流动比率、速动比率和现金比率等。长期偿债能力是指企业偿还长期负债的能力。衡量企业长期偿债能力的指标有资产负债率、股东权益比率、权益乘数和产权比率等。

2. 营运能力分析

企业营运能力是指企业资金利用的效率，反映企业的资金周转状况，表明企业管理人员运用资金的能力。用于评价企业营运能力的指标通常有应收账款周转率、存货周转率、流动资产周转率和固定资产周转率等。

3. 盈利能力分析

盈利能力就是企业获取利润的能力。盈利能力分析在财务能力分析中较为重要。通常反映企业盈利能力的指标有营业毛利率、营业利润率、营业净利率、总资产利润率、总资产净利率和净资产收益率等。

4. 发展能力分析

发展能力是企业在生存的基础上扩大规模、壮大实力的潜在能力。发展能力分析包括营业收入增长率、营业利润增长率、资产增长率和资本积累率等。

（三）财务控制

初创企业进行财务控制活动，主要是对企业的资金投入及收益过程和结果进行衡量与校正，目的是确保企业目标以及为达到此目标所制订的财务计划得以实现。

财务控制是企业内部控制的一个重要组成部分，也是内部控制的核心，是内部控制在资金和价值方面的体现。财务控制必须确保企业经营的效率性和效果性、资产的安全性、经济信息和财务报告的可靠性。

1. 不相容职务分离

根据财务控制的要求，单位在确定和完善组织结构的过程中，应当遵循不相容职务相分离的原则，即指一个人不能兼任同一部门财务活动中的不同职务。单位的经济活动通常划分为5个步骤：授权、签发、核准、执行和记录。如果上述每一个步骤由相对独立的人员或部门实施，就能够保证不相容职务的分离，便于财务控制作用的发挥。

2. 授权批准控制

授权批准控制指对单位内部部门或职员处理经济业务的权限控制。单位内部某个部门或某个职员在处理经济业务时，必须经过授权批准才能进行，否则就无权审批。授权批准控制可以保证单位既定方针的执行和限制滥用职权。授权批准的基本要求是：首先，要明确一般授权与特定授权的界限和责任；其次，要明确每类经济业务的授权批准程序；最后，要建立必要的检查制度，以保证经授权后所处理的经济业务的工作质量。

3. 预算控制

预算控制是财务控制的一个重要方面，包括筹资、融资、采购、生产、销售、投资及管理等经营活动的全过程。其基本要求是：第一，所编制预算必须体现单位的经营管理目标，并明确责任。第二，预算在执行中，应当允许经过授权批准对预算进行调整，以便预算更加切合实际。第三，应当及时或定期反馈预算的执行情况。

### 4. 实物资产控制

实物资产控制主要包括限制接近控制和定期清查控制。限制接近控制是控制对实物资产及与实物资产有关的文件的接触，如现金、银行存款、有价证券和存货等。除出纳人员和仓库保管人员外，其他人员则限制接触，以保证资产的安全。

定期清查控制是指定期进行实物资产清查，保证实物资产实有数量与账面记载相符，如账实不符，应查明原因，及时处理。

### 5. 成本控制

成本控制分粗放型成本控制和集约型成本控制。粗放型成本控制是对从原材料采购到产品的最终售出整个过程进行控制的方法。具体包括原材料采购成本控制、材料使用成本控制和产品销售成本控制。集约型成本控制一是通过改善生产技术来降低成本，二是通过产品工艺的改善来降低成本。

## （四）税务管理

初创企业应严格遵守国家税法，积极开展企业税务管理活动，即在不损害国家利益的前提下，充分利用税收法规所提供的包括减免税在内的一切优惠政策，达到少缴税或递延缴纳税款，从而降低税收成本，实现税收成本最小化的经营管理活动。

## 能力训练

【能力训练】案例分析

步骤1：阅读某公司2019年的资产负债表和利润表，详见表10-2和表10-3。

表10-2　某公司资产负债表　　　　　　　　　　　　　单位：万元

| 资产 | 年初数 | 年末数 | 负债及所有者权益 | 年初数 | 年末数 |
|---|---|---|---|---|---|
| 流动资产 | | | 流动负债 | | |
| 货币资金 | 1950 | 1720 | 短期借款 | 800 | 1100 |
| 交易性金融资产 | 20 | | 应付账款 | 1300 | 1700 |
| 应收账款 | 400 | 600 | 其他应付款 | 850 | 500 |
| 存货 | 2000 | 1900 | | | |
| 流动资产合计 | 4370 | 4220 | 流动负债合计 | 2950 | 3300 |

表10-3　某公司利润表　　　　　　　　　　　　　　单位：万元

| 项目 | 上年数 | 本年数 |
|---|---|---|
| 一、营业收入 | 9200 | 10500 |
| 减：营业成本 | 4500 | 5600 |
| 税金及附加 | 600 | 750 |
| 销售费用 | 300 | 280 |

(续)

| 项目 | 上年数 | 本年数 |
|---|---|---|
| 管理费用 | 220 | 200 |
| 财务费用 | 350 | 380 |
| 资产减值损失 | 260 | 300 |
| 信用减值损失 | 100 | 100 |
| 加：公允价值变动收益（损失以"-"号填列） |  | 80 |
| 投资收益（损失以"-"号填列） | 40 | 60 |
| 二、营业利润（亏损以"-"号填列） | 2910 | 3030 |
| 加：营业外收入 | 200 | 550 |
| 减：营业外支出 | 150 | 200 |
| 三、利润总额（亏损总额以"-"号填列） | 2960 | 3380 |
| 减：所得税 | 740 | 845 |
| 四、净利润（净亏损以"-"号填列） | 2220 | 2535 |

步骤2：根据以上信息对该公司的偿债能力、营运能力、盈利能力及发展能力进行分析。

## 单元四　风险防范

### 案例导读

#### 成功的宝洁，失败的润妍

宝洁公司是世界上最大的日用消费品公司之一。在中国，宝洁旗下的洗发水品牌包括飘柔、潘婷、海飞丝、沙宣和伊卡璐等。2000年，意指"滋润"与"美丽"的"润妍"正式诞生，针对18～35岁的女性，定位为"东方女性的黑发美"。其包装、广告形象、公共宣传等无不代表着当时乃至今天中国洗发水市场的极高水平。然而，花费了长达3年时间进行市场调研和概念测试的"润妍"洗发水却最终没能在市场上生存下来。其失败的主要原因有如下几点：

1.目标人群有误，失去需求基础

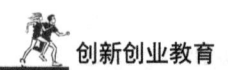

> 润妍的目标人群为 18～35 岁的城市高知女性，属于社会阶层当中的潮流引导者，其行为特点就是改变与创新。随着染发事业的发展，发型与颜色都在不断变换，其中黑色是最守旧的一种。为这样的目标人群仅仅提供黑头发的选择，是润妍最大的败笔。
>
> 2. 未突出新功能和配方，购买诱因不足
>
> 当时，消费者真正的购买诱因更多集中在植物、天然或品牌形象上，而"润妍"在推广中没有突出消费者最重视的利益点，黑头发诱因不明显。
>
> 3. 品牌自视太高，遭遇推力障碍
>
> 宝洁以过去的经验确定润妍的价格体系，而经销商觉得无利润空间而消极抵抗，致使产品没有快速铺向市场。
>
> 虽然宝洁公司不是新创企业，但是由于宝洁公司未充分考虑消费者需求变化、宣传推广失误及渠道等问题，最终导致了"润妍"的失败。这对新创企业来说也具有很大的借鉴意义。

## 一、创业风险类型

每个企业的发展都不会是一帆风顺的，都是在风雨飘摇中努力前行。初创企业存在人员少、企业规模小、缺乏经验和抵御风险能力差等弱势。虽然风险对于企业有很大的影响，但创业风险的规避和防范也是有章可循的。

对于新创企业而言，创业风险的类型主要有以下几种。

### （一）客户风险

客户风险是指企业对自己的产品是否有市场的不确定性，是当前我国大多数创业公司面临的最主要的风险。由于大多数的创业企业并不能完全做到使用最新技术、进行颠覆性产品的研发和生产。也就是说，企业真正遇到的问题还是针对此产品或服务是否存在真正的客户和市场，而非产品的技术创新。造成客户风险的原因有：一方面，在于市场的不确定性。另一方面，是因为新建立的创业公司在企业管理、技术应用、客户定位、产品生产和市场营销等方面经验不足，很多新创立企业照搬其他成功企业的模式导致在新创企业新产品开发过程中蕴含着巨大的客户风险。

### （二）创新风险

创新风险是指由于外部环境的不确定性、技术创新项目本身的难度与复杂性、创新者自身能力与实力的有限性，而导致技术创新活动达不到预期目标的可能性。在国家的大力推广下，创新得到进一步的重视和推广，同时，技术创新一旦取得成功，将会有高投资回报。但创新风险的特点是研发周期长、投资成本高、产品性能不确定性大。

### （三）法律风险

企业法律风险是指基于法律规定和合同约定，由于企业外部法律环境发生变化或法律主体的作为及不作为，而对企业产生负面法律责任或后果的可能性。企业法律风险的基本要素是：首先，风险存在的前提条件是法律对其有相关的规定或者合同对其有相关的约定。其次，引发风险的直接原因包括企业外部法律环境发生变化，即企业自身或其他当事人（法律主体）

做出了某种行为或没做出某种行为（作为或不作为）。最后，风险发生后会给企业带来负面的法律责任或后果。

新创企业普遍缺乏法律咨询意识和法律风险防范机制。新创企业由于财力有限，规模尚小，难以顾及法律规范和法律咨询。实际上，这是新创企业面临的最为隐秘的风险。

（四）财务风险

财务风险是指由于多种因素的作用，企业不能实现预期财务收益，从而产生损失的可能性。财务风险的存在无疑会对企业生产经营产生重大影响。揭示企业财务风险的成因，并对其规避的措施和方法进行研究，具有十分重要的意义。

1. 现金风险

从日常经营活动看，只有提供足够的现金，企业才能生存。没有充裕的现金，必将影响企业的盈利能力和偿债能力，从而影响企业的市场信誉和资金周转，甚至导致企业资不抵债，走向破产。

2. 融资风险

新创企业在创立之初需要大量的资金，需要进行一系列的融资活动，常见的就是从银行借款。但是新创企业资信等级不高，银行向其贷款的条件也比较苛刻。因此，新创企业还面临融资难的风险。同时，融资问题还可能带来企业资金结构不合理的问题，负债资金占全部资金的比例过高，导致企业财务负担沉重，偿付能力严重不足，由此产生财务风险。

3. 投资风险

随着企业的创立及发展，企业会进行一定的投资活动，比如对固定资产的投资、购买有价证券等对外投资。在投资过程中，可能由于企业对投资项目的可行性缺乏周密系统的分析和研究，加之决策所依据的经济信息不全面、不真实以及决策者决策能力低下等原因，导致投资决策失误。决策失误使投资项目不能获得预期的收益，投资无法按期收回，为企业带来巨大的财务风险。

4. 经营风险

随着企业生产经营活动的展开，企业在获利的同时，也面临着一定的财务风险。比如因赊销带来的坏账，即企业为了增加销量、扩大市场占有率，大量采用赊销方式销售产品，导致企业应收账款大量增加。由于企业对客户的信用等级了解不够，盲目赊销，造成应收账款失控，相当比例的应收账款长期无法收回，直至成为坏账，严重影响企业资产的流动性及安全性。此外，企业销售状况不佳，导致存货周转率不高，即存货产生积压。这些存货占用了企业大量资金，企业必须为保管这些存货支付大量的保管费用，导致企业费用上升、利润下降。企业长期存货，还要承担市价下跌所产生的存货跌价损失及保管不善造成的损失，由此产生财务风险。

## 二、风险防控

（一）清晰地定义目标客户群体

创业企业在创立初期不会有很多客户，甚至是没有客户，这是需要创

【量表测试】
危机管理
能力自测

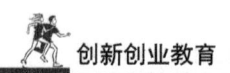

业者直视的问题。同时，对于已有的客户，需要谨慎维护，真正摸清客户的需求。在此基础上，对自己企业生产的产品或者提供的服务进行进一步的调整，真正做到满足顾客的需求。

（二）完善创新管理

创新风险是可管理风险。虽然创新风险会随着企业创新发展要求一直存在，但创新管理能够有效地防范和控制某些创新风险的因素。因此，要取得技术创新的成功，必须要完善创新管理。

（三）加强法律意识

企业要加强对经营管理人员法律知识的培训，提高经营管理人员运用法律解决问题的能力。新创立企业一时无法拥有专职的法律顾问队伍，也可选择招聘兼职法务人员。企业还应加强对合同签订、履行的法律审查。同时，管理岗位人员需要进行相关的法律知识培训，以提高其法律意识，防范法律风险出现的各种问题。

（四）企业财务风险的规避

1. 认真分析财务管理的宏观环境

为防范财务风险，企业应对不断变化的财务管理宏观环境进行认真分析、研究，把握其变化趋势及规律，制订多种应变措施，适时调整财务管理政策，改变管理方法。

2. 不断提高财务管理人员的风险意识

要使财务管理人员明白，财务风险存在于财务管理工作的各个环节，任何环节的工作失误都可能会给企业带来财务风险，财务管理人员必须将风险防范贯穿于财务管理工作的始终。

3. 提高财务决策的科学化水平

财务决策的正确与否直接关系到财务管理工作的成败。为防范财务风险，企业必须采用科学的决策方法。尽量采用定量计算及分析的方法，并运用科学的决策模型进行决策。对各种可行方案要认真进行分析、评价，从中选择最优的决策方案，切忌主观臆断。

4. 完善企业财务管理制度

为防范财务风险，要建立和完善财务管理制度，设置高效的财务管理机构，配备高素质的财务管理人员，强化财务管理的各项基础工作，使企业财务管理工作有效运行，以防范由于财务管理制度不健全而产生的财务风险。

5. 确定合理的资本结构

债务资本和自有资本的比例要适当，充分利用债务资本的财务杠杆作用，选择总风险较低的最佳融资组合。同时，注意长短期债务资本的搭配，避免债务资本的还本付息期过于集中而带来较重的财务负担。

6. 制订谨慎的投资计划

如果投资是生产经营的必需环节或是进行风险性投资，必须拟定严谨的投资计划，进行科学的投资风险评估和论证，选择最佳的资金投入时间，以避免造成资金短缺或运转不灵。

7. 加强应收账款及存货的管理

企业可以利用先进的手段对客户进行科学评估，对不同的客户给予不同的信用期间、信用额度和不同的现金折扣，制定合理的资信等级和信用政策。针对不同的客户、不同的阶段采取不同的收账政策，既要保证账款有效收回，又要注意避免伤及客户关系。

## 能力训练

【能力训练】创业风险评估调研

步骤1：访谈成功创业大学生对风险评估的看法。

1. 确定访谈对象。
_____
_____

2. 准备访谈提纲。
_____
_____

3. 确定访谈方式。
_____
_____

4. 做好访谈记录。
_____
_____

步骤2：上网搜索相关视频，了解社会各界对大学生创业风险的看法，并在班级分享。

## 第四部分

# 大赛实践——梦想之旅

了解各大赛事

发现更多机会

充分锻炼自我

创新创业之路由此启程

# 模块十一 项目计划书的撰写与路演

● **名人名言**

全社会都要重视和支持青年创新创业，提供更有利的条件，搭建更广阔的舞台，让广大青年在创新创业中焕发出更加夺目的青春光彩。

——习近平

知道事物应该是什么样，说明你是聪明的人，知道事物实际是什么样，说明你是有经验的人；知道怎样使事物变得更好，说明你是有才能的人。

——狄德罗

● **导读导学**

2014年9月，在夏季达沃斯论坛上，李克强总理提出了"大众创业，万众创新"这一振奋人心的号召。创新是一个民族进步的灵魂，是一个国家兴旺发达的不竭动力。而创业是推动我国经济发展的重要手段，是提高人民生活质量的有效途径。创新和创业共生共存、紧密相连。

开展常态化的创新创业实践竞赛便是创新创业教育的一项重要举措。国家鼓励和支持大学生踊跃参加创新创业大赛，以培养大学生的创业意识和提高大学生的创新创业能力。国务院办公厅在《关于深化高等学校创新创业教育改革的实施意见》这一文件中提出，"要举办全国大学生创新创业大赛，办好全国职业院校技能大赛，支持举办各类科技创新、创意设计、创业计划等专题竞赛。"强化实践育人，促进学生将创新创业知识转化为实践能力，不断增强学生的创新意识和提高学生的创新创业能力。

● **思维导图**

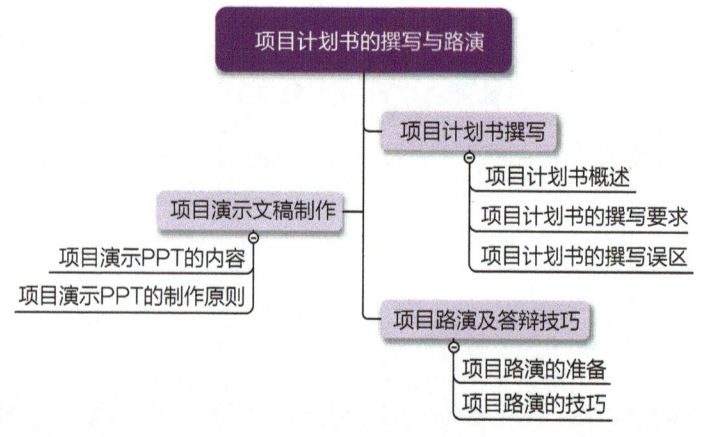

# 单元一　项目计划书撰写

> **案例导读**
>
> **一份计划书实现利润 500 万元**
>
> 毕业于某名牌大学的黎明，倾心于室内环境污染治理研究，并取得重要突破。考虑到该突破性研究的广阔前景，黎明辞职后开始创业。苦于资金缺乏，他想到了风险投资，多次与一些风险机构或个人洽谈，强调技术的广阔前景和未来丰厚的回报，但一直没有实质性的进展。后来，一位做管理咨询的朋友对他说："你连一份像样的计划书都没有，人家凭什么相信你？"黎明恍然大悟。经过向专家请教、查阅资料、精心分析并论证产品和需求的可行性之后，他拿出了一份计划书初稿。后来几经专家指点、反复修改，终于形成了完整而具体的项目计划书。借此，黎明很快得到一家风险投资公司的青睐，注资当年实现利润 500 万元。

## 一、项目计划书概述

项目计划书是指项目方为了达到招商融资和其他发展目标等目的所制作的计划书。

一份好的项目计划书的特点是关注产品、敢于竞争、市场调研充分、资料说明有理有据、行动方针明确、展示优秀的团队及良好的财务预计等，从而使合作伙伴了解项目的整体情况及业务模型，也能让投资者判断该项目的可盈利性。

项目计划书的编写一般是按照相对标准的文本格式进行，是全面介绍公司或项目发展前景，阐述产品、市场、竞争、风险及投资收益和融资要求的书面材料。

### （一）项目计划书的意义

在实际创业过程中，好的创业计划书是成功的关键。比赛也是如此。在比赛当中，我们需要的不应只是一份普通的项目计划书，而应是一份好的项目计划书。因为，即使已经拥有好的项目，却无法将自己好的创意在项目计划书里清晰地表达、展现出来，未能获得风险投资公司、客户乃至比赛评委的广泛认可和赞同，最后也只能被淘汰出局。

同样，一份好的项目计划书可以让比赛评委有理由相信你的创业计划是可行的、具有诱人的商业前景的，你的产品是具有较强竞争力和生命力的，你的服务是能够满足客户需求、能够为客户带来价值的，你的整个创业模式是能够盈利的，你的商业理想是能够在可以预见的将来实现的。

项目计划书的意义具体有以下几点。

1. 指导作用

参赛者将自己的创意以项目计划书的形式表现出来，有助于冷静地分析自己的创业理想是否真正切实可行，清醒地认识自己的创业机会，明确自己的方向和目标，进而明确创业企业的方向、目标和蓝图。另外，项目计划书的内容涉及创业的方方面面，可以使参赛者对产品开发、市场开拓、投资回收等一些重大的战略决策进行全面的思考，并在此基础上制订翔实的营运计划，周密安排创业活动，发挥项目计划书的指导作用，降低创业风险。

2. 积聚资源

资金是开展创业项目的前提条件之一，通过制订完整的项目计划书，一方面可使参赛者明确所需的资源，了解所需资金、设备、人员等各方面的情况；另一方面，也可以帮助大赛评委或潜在的投资者了解创业项目及创业构想，从而为参赛者提供外部资源的支持，实现资源积聚。

3. 整合资源

在创业过程中，资源是有限的，各种生产要素是分散的，各种信息是凌乱的，各种工作是不衔接的。通过编写项目计划书，可以梳理思路，完善信息，找到各种工作之间的衔接点，最终将各种资源有序、有效地整合起来，围绕创造利润，进行最佳要素的组合。只有这种组合，才能把各种分散的资源聚拢起来，形成增量资源，取得整合的经济效益。

### （二）项目计划书的内容

以中华职业教育创新创业大赛为例，参赛项目计划书应该包含以下几部分内容。

1. 项目概况

描述项目背景、项目市场、项目的产品和服务、项目开展情况，重点阐述项目的创新性与实践性。

2. 市场分析

描述项目涉及的相关政策、目标客户需求及竞争对手的基本情况，包括行业市场份额、技术前景的调研分析、创业机会的识别与评估、竞争对手产品与服务分析、目标客户的确定。重点阐述如何用田野调查或通过实际操作检验以上分析。

3. 产品与技术

描述项目所提供的产品（含服务）与技术，包括产品（含服务）创新点、技术壁垒、研发情况与计划、生产情况与计划。

4. 项目团队

描述项目实施的核心成员和指导教师的基本情况，主要包括：核心成员的学习与实践经历、能力与专长、业务分工；企业或团队的组织结构、部门功能、作用与职责；校内外指导教师的简要介绍；合作企业或其他资源情况；股权架构和持股情况；团队的短板及应对措施。

5. 市场营销

描述项目的营销策略及其所能带来的良性效果，如营销方式、营销渠道、营销队伍、营销计划和价格策略等。

6. 经营业绩

描述项目已经产生的或是预测可能产生的经济效益和社会效益，如经营成本、已有销售收入、资金需求和使用、预计销售收入、带动就业情况及社会评价等。

7. 风险与防控

对项目存在的主要风险和关键问题的分析，如对项目技术风险、市场风险、管理风险、环境风险的分析及对策。

8. 发展规划

描述项目未来的发展计划和创业目标。

9. 附件

专利、营业执照和其他证明材料。

【问卷调查】
你了解创业
计划书吗

## 二、项目计划书的撰写要求

### （一）项目计划书的基本格式与撰写要点

1. 封面

项目计划书封面既要专业又可提供联系信息。封面页应包括公司的名称、地址、联系人名字以及电话号码、日期。通常情况下，公司名称、地址、电话号码和日期位于封面的中部。

2. 目录

准确的目录索引能够让读者迅速找到他们想看的内容，目录中应包含各部分主要内容的列表以及所在页码。

3. 摘要

摘要是对项目计划书核心内容的概括，是整个项目计划书的精华。一般是在所有内容编写完毕后，将大赛评委最关心的结论性内容及读者有兴趣并渴望得到的信息摘录于此，并力求简练、一目了然，在短时间内给使用人留下深刻的印象。

摘要就像推销计划书的广告，力求简短、清楚、具有说服力。尤其应当强调公司的能力、营销和财务战略，公司的管理队伍、产品或服务，对消费者的价值、相关市场、管理技能、融资要求以及可能的投资回报等，以引起大赛评委的兴趣。撰写时要反复推敲，用批判的眼光审视摘要，力求精益求精、形式完美、语句清晰、流畅且富有感染力，力求简洁地表述参赛者的创业理念，说明解决了什么问题，或者机会的优势在哪里，以及本企业为什么可能会成功，篇幅一般控制在1～2页。

优秀的摘要不仅要传达丰富的信息，也要传递参赛者的激情，把大赛评委或投资者吸引住，给读者留下良好的印象。

4. 企业描述

介绍企业的历史、起源及组织形式，并重点说明企业未来的主要目标（包括长期和短期目标），企业所提供产品和服务的知识产权及可行性，这些产品和服务所针对的市场以及当前的销售额，企业当前的资金投入、准备进军的市场领域及管理团队与资源。

5. 市场分析

描述企业所定位行业的市场状况，指出市场的规模、预期增长速度和其他重要环节，包括市场趋势、目标顾客特征、市场研究或统计、市场对产品和服务的接受模式和程度，要让

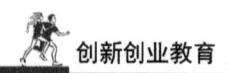

大赛评委相信这个市场是巨大且不断增长的。

参赛者必须进行行业和市场分析预测。行业与市场分析主要包括对企业所在行业基本情况、企业的产品或服务的现有市场情况、未来市场前景的分析，使大赛评委对产品或服务的市场销售状况有所了解。行业分析主要介绍行业发展趋势、行业发展中存在的问题、国家有关政策、市场容量、市场竞争情况、行业主要盈利模式及市场策略等。

6. 竞争分析

明确指出与企业竞争的同类产品和服务，分析竞争态势和市场变化趋势，确认竞争者的身份、来源、所占市场份额、优点和弱点。同时，认真比较企业与竞争对手的产品和服务在价格、质量、功能等方面有何不同，解释企业为什么能够赢得竞争。

7. 产品和服务

列举企业当前所提供的产品和服务类型以及将来的产品和服务计划，陈述产品和服务的独到之处，包括成本、质量、功能、可靠性和价格等，指出产品所处生命周期或开发进展。如果本企业的产品和服务有独特竞争优势，应该指出保护性措施和策略。

大赛评委关心的问题是创新的产品、技术或服务对终端客户的价值，即能在多大程度上解决现实生活中的问题，或者是节约开支、增加收入，这是市场销售业绩的基础。

产品或服务介绍一般包括：产品的名称、特性及用途；产品处于生命周期的哪一阶段，市场竞争力如何；产品的研究和开发过程；产品的技术改进、更新换代或新产品研发计划及相应的成本；产品的市场前景预测；产品的品牌和专利。该部分内容要详细介绍，说明既要精确，又要通俗易懂。一般而言，产品介绍都要附上产品原型、照片或其他介绍。

此外，对于一些以技术研发为重点的高新技术企业来说，还要对相关技术及其企业研发情况进行分析，包括企业的技术来源、技术原理、技术先进性、技术可靠性，企业的技术研发力量和未来的技术发展趋势，研究开发新产品的成本预算及时间进度，技术的专利申请、权属及保护情况，技术发展后劲和技术储备等。

8. 生产计划

生产计划旨在使大赛评委了解产品的生产制造及经营过程。为增强评估价值，参赛者应尽量使生产制造计划详细、可靠。

9. 财务规划

著名投资家克雷说："有些创意听起来很美好，但当把所有细节和数据列出来，可能自己就崩溃了。"

财务规划主要用于评估参赛者的创业理念，以便融资。财务规划包括公司过去若干年的财务状况分析，要求附带现金流量表、损益表、资产负债表；要有对未来3～5年的预测，要求所有数据都必须基于合理的假设。财务预测要现实、合理，并且可行。

10. 融资计划

企业既要对融资需求、用途提出令人信服的理由，又要有令人心动的投资回报和投资退出机制，同时也要注意维护企业自身利益。主要内容包括：

1) 融资数额是多少？已经获得了哪些投资？希望向战略合伙人或风险投资人融资多少？计划采取哪种融资工具？是以贷款、出售债券筹资，还是以其他形式筹资？

2）公司未来的资本结构如何安排？公司的全部债务情况如何？

3）公司融资所提供的抵押、担保文件，包括抵押物品、质押人或者担保机构证明及文件等。

4）投资收益和未来再投资的安排如何？

5）如果以股权形式投资，双方对公司股权、控制权、所有权比例如何安排？

6）投资者介入后，公司的经营管理体制如何设定？

7）投资资金如何运作？投资的预期回报如何？投资者如何监督、控制企业运作？

8）如吸引风险投资，风险投资的退出途径和方式是什么？是企业回购、股份转让还是企业上市？

11. 市场营销策略

企业营销成败直接决定了企业的生存命运。构思完善的创业计划的关键因素就是规划精密的市场营销和销售活动。在介绍市场营销策略时，要讨论不同营销渠道的利弊，明确哪些企业主管专门负责销售、主要适用哪些促销工具，以及促销目标的实现和具体经费的支出等。对市场进入、市场营销和促销计划等的一整套战略的阐述必须具有说服力。

12. 创业团队

一个企业的成功与否，关键在于该企业是否拥有一个高效、团结的团队。

该部分主要是向大赛评委展现创业团队的结构、管理水平和能力，技术团队和营销团队的工作简历、取得的业绩、职业道德与素质，尤其是与目前从事工作有关的经历，还可以介绍企业目前的管理模式及特色，高级职员、关键雇员以及公司管理人员的职权分配和薪金情况。必要时，还要介绍他们的经历和个人背景，以显示团队人员的互补性，使大赛评委了解创业团队的能力。

此外，还应对公司的组织结构做简要介绍，包括公司的组织结构图、各部门的功能与责任、各部门的负责人及主要成员、公司的薪酬体系等。要使大赛评委认识到，创业团队人才济济且结构合理，在产品设计与开发、财务管理、市场营销等各方面均具有独当一面的能力，具有与众不同的凝聚力和团结战斗精神，足以保证公司以后发展的需要。

13. 组织结构

该部分的任务是设计出一个层次清晰、简单明确、任务和职责清晰的组织结构，明确每个人所负责的业务领域，明晰职责，便于每个人独立完成任务。一旦公司内部职能部门（如管理、人力资源、财务和行政管理部门等）确定下来，就可以开始运作。在确定了公司的核心业务并且拟定了公司的业务体系后，还必须考虑执行各个具体活动的最佳人选。在所选定的业务重点之外的其他活动是"自己做，还是请别人做"的决策也需要在权衡利弊后做出。

14. 时间表

这部分内容包括有关新企业的每个阶段将在何时完成的信息，比如主要活动何时实施、关键里程碑事件何时达到（如开始生产、初次销售、突破盈亏平衡点等）。主要是要选择那些从企业资源及所在产业角度看都有意义的里程碑，以充分表明参赛者的确仔细关注了企业的运营，并且为企业的未来发展制订了清晰的计划。本部分可以是独立的，也可以包含在其他部分中。

15. 创业风险

分析创业风险有助于参赛者完成风险评估与对策研究，这部分内容主要分析企业可能面临的各种风险隐患、风险的大小，以及采取何种措施来降低或防范风险、增加收益等。主要内容包括：企业自身条件的限制，如资源限制、管理经验的限制和生产条件的限制等；创业者自身的不足，包括技术、经验或者管理能力上的欠缺等；市场的不确定性；技术开发的不确定性；财务收益的不确定性；针对企业存在的每一种风险，企业进行风险控制与防范的对策或措施。

对企业可能面临的各种风险，要采取客观、实事求是的态度，既不夸大，也不缩小或故意隐瞒风险因素，并通过认真分析企业所面临的各种风险，提出针对性的防范措施。

16. 附件和备查资料

这部分内容包括与创业计划相关的、但不宜放在前面的一些内容，对提高项目计划书的质量有着重要的作用。

附件主要是对项目计划书涉及的一些问题的细节和相关的证书、图表进行描述或证明，如企业的营业执照、公司章程、验资审计报告、税务登记证、高新技术企业（项目）证书、专利证书、鉴定报告、市场调查数据、主要供货商及经销商名单、主要客户名单、场地租用证明、公司及其产品介绍和宣传等资料、工艺流程图、各种财务报表及财务预估表、专业术语说明等。这些资料与项目计划书主体部分一起装订成册。

（二）项目计划书的撰写原则与技巧

1. 项目计划书的撰写原则

写好一份项目计划书，对于参赛者能否取得成功意义重大。在撰写项目计划书时，参赛者需要遵循的原则是有以下几点。

（1）开门见山，打动人心　要开门见山地切入主题，用真实、简洁的语言描述你的想法，不要讲与主题无关的内容，并要表现你的语言的煽动力，从而展现出你的领导才能。

（2）注意细节，自信诚恳　尽可能多地搜集资料，对于市场前景、竞争优势、回报分析等要从多角度加以分析和总结，对于可能出现的困难或问题要有足够的认识和预估，同时准备多位顾客的事前采购协议，帮助大赛评委强化对项目可行性的认识。

（3）脉络清楚，条理分明　尽可能按照如何实现营业循环和盈利来设计项目计划书，这样能够让你的条理性更清楚。大赛评委往往会在看了一半项目计划书的时候，向你提出问题，甚至是你没有想到的新问题。如果没有成熟的思考脉络，很可能无言以对。

2. 项目计划书的撰写技巧

项目计划书的撰写是有明确目的的。一般而言，参赛者在撰写项目计划书时可根据以下"七要""七不要"来撰写。

（1）项目计划书撰写"七要"

1）力求表述清楚、简洁。

2）关注市场，用事实和数据说话。

3）解释潜在顾客为什么会购买你的产品或服务。

4）站在顾客的角度考虑问题，提出引导他们进入你的体系的策略。

5）在头脑中要形成一个相对比较成熟的退出策略。
6）充分说明你和你的团队为什么最适合做这件事。
7）要声明公司的目标。

（2）项目计划书撰写"七不要"

1）对产品、服务的前景过于乐观，令人产生不信任感。
2）数据没有说服力，比如拿出一些与产业标准相去甚远的数据。
3）导向是产品或服务，而不是市场。
4）对竞争没有清醒的认识，忽视威胁。
5）选择进入的是一个竞争激烈的市场，企图后来居上。
6）忌用含糊不清或无确实根据的陈述或结算表，比如，不要仅粗略说"在未来两年会翻两番"，又或是在没有细则陈述的情况下就说"要增加生产线"等。
7）没有仔细挑选最有可能的投资者，而是滥发材料。

### 知识拓展

**项目计划书撰写注意事项**

1）项目概况必须简明扼要地概括整个项目，清晰地表明自己想法的同时，还要有鲜明的特色并突出自己的优势；客观地阐述项目的技术或者理念优势，且做具有较高商业价值的陈述。

2）市场调查与预测必须是真实可信的数据，能体现市场现状与未来趋势；对市场竞争情况以及自身项目优劣势情况认识客观且清晰透彻。

3）实施计划需体现以下内容：具体项目实施方案、营销计划、盈利模式、财务分析、经营目标、团队建设与问卷调查等。

4）实施方案要求对制作工艺设备的安排、原材料供应统筹以及人力资源调配等描述准确、合理且可操作性强，整体方案符合实际，有落地的可能性。

5）营销计划应该有合理的成本估算与定价，营销渠道应该丰富且通畅，营销方式应该有效多样且有创新性。

6）财务分析应包含营业收入与费用支出、盈利能力、现金流量及成本核算等内容。

7）经营目标周期设定与实施计划安排合理，经营发展重点明确。

## 三、项目计划书的撰写误区

撰写项目计划书是一门艺术。它是一个项目取得比赛成功的最佳机会，因此，应当谨慎地对待这项任务。项目计划书的撰写误区主要有以下几点：

### （一）项目计划书写作拘泥于大纲模板

项目计划书写作有一些固有的模式，但却不能拘泥于这些模式。如果认为按照这种模式来写没有问题，那么你的项目计划书将很难打动大赛评委。原因很简单，任何项目都具有其独特性，我们在写项目计划书的时候必须根据实际情况增加内容，增加这些内容的目的就是用数据以外的东西去打动大赛评委，具体怎么写应该视项目情况而定。

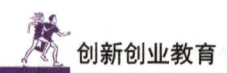

### （二）项目计划书章节混乱，逻辑不通

对于这样的项目计划书，大赛评委很可能还没看完就给否决了。检查项目计划书逻辑是否通顺，最好是写完后将各章节的标题摘要下来，通过阅读看看是否逻辑通顺。

### （三）项目计划书核心展现形式单一

随着社会和科技的发展，单一的项目计划书展现形式已经满足不了大赛评委的需求了。比如，有的大赛评委喜欢用手机看项目计划书、有的喜欢看纸质材料、有的喜欢看电子文档等。所以，项目计划书一定要具备多种展现形式，比如 PPT、Word 文档、视频和 H5 等（H5 主要用于手机移动端观看）。这样，无论大赛评委处于什么情况下，都可以抽时间来阅读项目计划书，那么赢得比赛的概率就高了许多。

【知识拓展】创新创业大赛优秀项目计划书

总的来讲，项目计划书需要赋予一定的感情色彩，不能只是枯燥的数据分析。同时，需要逻辑通顺、展现形式多样，以便让大赛评委们有机会、有兴趣读完项目计划书，增加获得成功的概率。

## 能力训练

**【能力训练】撰写项目计划书**

步骤 1：邀请 3～5 位同学（可以是同班的，也可以是跨班级、跨年级的）组成一个团队。结合专业，进行充分调研，选择一个创业项目。

步骤 2：根据模板和项目评审书的要求，撰写一份项目计划书。

步骤 3：请教指导老师，通过反复修订，完善项目计划书的内容。

# 单元二　项目演示文稿制作

项目路演是指在公共场所进行演说、演示产品、推介理念，让行业内的专业人士、创业评审专家、投资方和顾客在短时间内了解你的创业项目的一种方式。路演是逻辑清晰的综合演绎，即通过 PPT、视频、案例，及时、准确、全面地展示项目的价值。

## 一、项目演示 PPT 的内容

PPT 是路演的展示形式，是现场提高评委或投资人接受度的重要组成部分。仅仅靠演讲者的口头表达并不能保证台下的人能接收到每一个关键信息。有时候即使演讲者已经反复强调,还是比不上在屏幕上展示一张清晰而具有视觉效果的图形更能加深听众的印象。但PPT也不是做得越华丽越好。我们建议制作者用简单、直接的方式,使用正确、简洁的图形,说清楚想要表达的问题,这才是路演之中展示形式的真谛。

## (一) 封面

主要体现项目名称,用一句话描述即可。例如,小米电视——打造年轻人的第一台电视。要有参赛组别,如创意组、初创组、成长组或就业型创业组。此外,还需体现项目的Logo、参赛省份、所属高校及联系信息(包括项目负责人的姓名或联系方式)。

## (二) 分析市场现状和行业背景

讲清楚与项目相关的行业背景、市场发展趋势及市场空间。应注意的是,行业市场分析要具体、要有针对性,与所做的事要紧密相关,避免空泛论述。

要描述在目前市场背景下,你发现了一个什么样的痛点,或市场需求点、机会点。在分析这个痛点时,如已有解决相关痛点的产品或服务,需要简要分析已有产品或服务存在的不足,表明当前的商业机会。说明目前正是做这件事的最正确的时间。

## (三) 讲清楚你要做什么

讲清楚你准备干一件什么事,要言简意赅。最好配上简单的上下游图或功能示意图、简要流程图,让人对项目一目了然。不追求大而全,要表明你就想做一件事,而且就想解决这件事中的某一关键问题,并不是盲目跟风、追随投资热点。

## (四) 如何做以及项目的现状

讲清楚你有什么样的解决方案或者有什么样的产品,能够解决前一部分发现的痛点。说明你的方案或者产品是什么,有怎样的功能,你的产品面对的用户群是谁。一定要有清晰的目标用户定位。要说明你的产品或解决方案的竞争力。为什么这件事情你能做,而别人不能做?为什么你比别人干得好?你的核心竞争力是什么?你与众不同之处是什么?比如,可介绍是否具备科研成果转化背景或者拥有有价值的知识产权、获奖情况等。说明你未来如何挣钱,即你的商业模式。如果真的不知道怎么挣钱,或者介绍的是早期的项目,你可以不说,但关键是让听众觉得你的产品真的对用户有价值,有可能做大。竞品横向对比分析主要做的是关键维度对比分析,一定要客观、真实,包含产品的研发、生产、市场和销售等有关策略的优劣势对比。如果项目处于早期(如产品还在概念、想法或设计阶段),该部分的市场、销售等不是重点,简要说明即可。目前已经达成的里程碑,产品、研发、销售等关键环节的进展,尽量用数据呈现。

## (五) 项目团队

这部分说明团队的人员组成、团队分工和股份比例,需要介绍团队主要成员的背景和特长,强调个人的能力适合岗位,团队的组合适合创业项目。要让听众相信,这件事情由你们团队来做,会更靠谱、会更容易成功。如果是科技成果转化项目,有必要说明老师在团队中的角色。

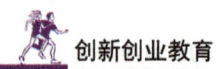

### （六）财务预测与融资计划

**1. 之前的融资情况**

如果有的话，介绍一下之前获得过哪些投资人投资，每一期资金各有多少，已经释放了多少股权。

**2. 目前的估值**

最好简述估值逻辑，是基于市盈率×利润，还是基于市销率×销售收入，还是基于对标等方式算出来的。

**3. 资金规划**

说一说未来一年或者半年需要多少资金、释放多少股份。用这些资金干什么？是用于人才的引进，还是设备的购买？达成什么目标？不建议写未来3年甚至5年的财务预测，除非是已经非常成熟的项目。

**4. 未来规划**

说明未来1~3年企业的发展目标，对于目标顾客群要达到多少，市场区域要发展到哪里（是全省，还是全国，或是全世界），产品技术要升级到哪一代，销量、销售收入、利润要达到多少等，要有一个比较具体的规划。

## 二、项目演示PPT的制作原则

项目演示PPT的制作大体遵循以下几个原则。

### （一）主题鲜明

PPT首页就要表达出鲜明的主题，吸引评委或投资人的注意力，体现出项目的特色，要让评委或投资人有看下去的兴趣。

### （二）核心功能

切记不要做功能的罗列，不要说适合所有的客户。PPT所展示的就是有力量的观点、精准的观点。

### （三）逻辑清晰

一定要有清晰的商业逻辑、业务逻辑与呈现逻辑。创意组一定要将商业模式闭环描述清楚，初创组与成长组要将业务逻辑描述清楚。呈现逻辑要清晰，紧密围绕主题，避免出现逻辑嵌套，在呈现逻辑上，可以借鉴金字塔原理来表达。

### （四）形式专业

在形式上精心设计，包括模板、色系、字体、字号、标点、图表和动画（切忌使用过多动画）等。用专业化的设计有力地传达创业者的创意、情怀和观点。

### （五）结尾有力

PPT一定要有一个好的结尾。心理学研究发现，人们在看或听一个报告时，只会记住高潮与结尾。人们一直在用左脑的逻辑来听前面的内容，在最后，需要打动评委或投资人的右脑，因为人们是理性选择、感性决策。在 PPT 的资料中，好的结尾与好的开始同样重要，甚至结尾比开始更为重要。那么什么样的结尾是有力的？要用精简的话，强调项目的价值点或梦想、愿景。不要将最后一页的内容用"谢谢"来代替，更不要用"感谢聆听"。

【知识拓展】
大赛优秀 PPT

（六）日新月异

PPT 需要反复修改、不断完善，要琢磨每一张 PPT 所放的位置、每一个图表设计的合理性、每一句文字表述的准确性，检查有没有重复或遗漏。要注意细节、精益求精。

**知识拓展**

### 项目演示 PPT 制作禁忌

1）封面没有用项目的名称而是用公司名称。尽量不要用公司的名称来定义项目。

2）在演示 PPT 中出现其他赛事的字样。这是一件非常不严肃的事，会让评委觉得自己很不受重视。

3）制作粗糙。PPT 没有经过专门美化，排版随意，甚至出现错字。项目演示文稿最忌讳整篇 Word 文字粘贴到 PPT 上，那样会使得重点和优势都不突出，并且给人一种敷衍评委的不良印象。

4）动画太多。项目演示时间只有短短几分钟，动画太多会占用很多时间，而较长的等待时间会给演讲者很大的压力，演讲者本来很熟悉的稿子，可能因为停顿而让演讲者手忙脚乱。所以，动画使用量只能适当，不宜过多。

5）行业与市场分析与项目相关性不强。前面分析过的问题在后面产品中没有解决方案。

6）图片没有文字说明。项目演示 PPT 只有图片陈列，没有相关的文字说明，不利于评委充分了解内容。

7）有硬伤。如数据错误，产权归属不清，有民族歧视、性别歧视、政策管制的内容。

8）没有首尾呼应。结尾没有和开头呼应，草草用"谢谢"结束，有的甚至用"感谢聆听"。

## 能力训练

【能力训练】项目路演文稿制作

步骤 1：项目路演 PPT 制作应遵循哪些原则？

_____

_____

步骤 2：一份优秀的路演 PPT 应该包括哪些内容？

_____

_____

# 单元三　项目路演及答辩技巧

## 一、项目路演的准备

### （一）人员选择

参加路演的人员因赛事不同而有所不同，有的是全体队员上台，有的是团队核心成员上台，但项目负责人是一定要上台的。项目负责人作为项目的创始人，对项目的熟悉度优于团队其他成员，是做路演的最佳人选。当然，有的负责人不善言辞，或者平时比较繁忙，没有充足的时间准备路演文稿，也可能会让其他成员陈述。在答辩的时候，以项目负责人回答为主，团队其他成员也可以帮助负责人补充或提醒。

### （二）路演流程

项目路演流程主要包括项目展示环节和答辩环节。路演者可能是参加竞赛，也可能是去见投资人，针对不同目标路演的时间会有所不同。项目展示是创业团队对创业项目进行PPT陈述和视频展示，要求在规定时间内完成展示，不得超时。以创业赛为例，一般展示环节为5分钟左右（含项目视频1分钟），答辩时间为3分钟左右。接下来的环节就是答辩，由评委根据项目展示的内容进行提问，创业团队成员回答问题，同样也有时间限制。

### （三）路演道具

路演之前要准备好道具，并且能很好地把控。首先是产品。有的小组需要现场演示产品的样品，这个样品一定要事先调试好，确保展示时万无一失。其次是主办方准备的一些道具，如翻页笔、话筒，事先也要学会使用。有的选手一上台便紧张，忘记打开话筒，导致台下听不清声音；或者翻页笔不会使用，结果浪费了时间。上台路演一定要穿正装，男生穿衬衫、西服、西裤和黑色皮鞋，女生穿衬衫、西裤（或西装套裙）、中跟或高跟黑皮鞋。上台前一定要相互检查，确保万无一失。

### （四）演说风格准备

#### 1. 热情自信

演说是语言和体态的结合体。演说者应将语言、声音、眼光、动作有机结合，要吐词准确、语调动听、表情丰富、动作适度、仪态大方、感情充沛、精神热烈，做到每一句话都很有力，从而展现其强烈的自信和从容。

#### 2. 快速吸引

在第一分钟就让评委或投资人看到项目的最大闪光点。在第一分钟的项目摘要里，要用最精练的语言阐述这个项目是做什么的，然后说出项目的最大亮点是什么，比如，绝对的创新点、团队实力较强等，以迅速吸引评委或投资人的眼球。

3. 突出重点

将重点放在商业模式、数据（用户数据、营收数据、专利数据等）、竞争者和应对的策略、团队介绍、融资方案和融资用途等方面。

4. 引起共鸣

用最简练的语言把要做的事、怎么做以及做成的结果讲清楚，还要有一套容易被理解和认同的、切实可行的营销、销售模式。简单直接的模式最有效果。

（五）答辩的准备

在参加路演之前，除了要将演讲内容背熟之外，还要准备现场答辩。要事先进行预答辩，即请你的队友或导师提前对创始人进行模拟提问，共同设想评委或投资人会问哪些问题。问题一般会涉及以下几类：目标顾客、竞争优势、技术壁垒，以及你怎么看待这个市场等。

（六）路演排练

在路演之前写好演讲稿，并结合 PPT 反复练习，做到不卡顿。如果有一个地方会卡顿，一定要想办法换词语或者修改这句话。

## 二、项目路演的技巧

（一）现场展示

1. 开篇

项目的来源就是直接开篇说明项目的名称，用一句话描述项目到底做什么，其他的可以简单概述一下，或者直接略过。

2. 行业市场

行业市场分析不需要占据太多的时间，要重点说明数据是可靠的，数据来源是让人信服的，的确有比较大的市场空间。

3. 行业痛点

要清楚地告诉评委或投资人项目要解决哪些痛点问题以及遇到这些问题的人群，细分客户是谁。简单地罗列总结即可，一定要用关键词，不需要详细地展开。

4. 产品服务

整个项目路演的重点都在产品服务，要讲清楚产品服务是怎么帮助目标客户群体来解决他们的痛点问题的。产品服务也可以很简单地用一句话概述，说明产品类型、性能特点、产品优势或者创新点在哪里，注意不要花太多时间去讲技术，评委或投资人不一定能听得懂技术，他们更关心你的技术能给目标顾客带来什么样的利益。

5. 竞品分析

竞品分析的 PPT 尽量用数据来体现项目竞争优势。比如，可以帮助客户节约多少成本，可以节约客户多少时间，产品的性能比原有的产品优化了多少。

6. 执行情况

执行情况可以从几个方面来阐述：一是产品及销售情况。目前项目已有的产品如果已经有迭代产品，需列出第一代产品、第二代产品……用一些业务数据说明销售情况，比如收入、订单、合同等。还可通过用户的好评来解释项目的服务为他们创造了什么样的价值。二是项目发展情况。阐述产品在哪里进行试点，合作意向企业有哪些等。三是知识产权情况，包括专利、软件著作权等。简明扼要而非大篇幅地阐述执行情况，只需用数据说明：确实可以执行，并已经执行，且未来会发展得更好。

7. 商业模式

商业模式主要阐述收入模式有哪些、用什么样的策略吸引和转化消费者。收入模式不仅仅是产品，可能还会有一整套打包式的服务。可以用单独的一页PPT来讲述营销方式，比如采用哪些营销方式，销售了多少产品。另外，根据不同的产品类型或者产品技术的应用场景，定价策略是不一样的。

8. 核心团队

核心团队所有成员的照片和简介要用一页PPT展示，但是不需要把所有人的情况全部介绍出来，介绍两个人左右比较合适。如果项目最核心的内容是技术，那就要强调技术负责人，介绍他能够支撑这个项目技术开发的经验和能力。如果项目核心是市场推广，那就要介绍市场负责人的履历和能力。要注意，团队分工除了专业搭配合理之外，最好还有团队顾问。

9. 财务预测

财务预测一般只要预测3年即可。财务预测要有理有据，建议用表格的形式展示。重点介绍当年预计的目标是多少、已经完成多少。

10. 融资计划

融资金额不是越多越好。一般情况下，融资金额占项目估值的10%～15%相对比较合理。要根据项目估值，预测融资金额。比如，项目估值是1000万元，那么可能需要融资100万元。

要注意阐述资金用途和预期效果。不同项目的资金运用的侧重点不同。比如，我们将融资100万元，出让10%的股份。如果项目的核心是技术，那资金运用的重点就是技术研发；如果项目的核心是市场开拓，那资金运用的重点就是市场开拓。如果时间还来得及，可以告诉评委，融资后，在未来一年内预计达到什么目标，包括用户量、销售量、营业额、收入等，让评委相信团队做过充足的计划或准备。

11. 未来规划

未来规划可从产品开发、市场开拓、市场营销、团队建设和经营业绩等方面阐述。比如：在现有的营销方式基础上，将会开拓或者采取哪些营销方式；跟什么样的人合作；是否去开发其他城市市场；未来的经营目标是怎样的。

12. 结尾

路演最后需进行首尾呼应，用一句话阐述价值主张、项目愿景等。

（二）精神面貌

1. 富有感染力

上台介绍项目时，主讲人的第一句话一定是"我是××项目的××"，第二句一定要用一句话把项目概念说清楚。要讲一个有吸引力的、能让评委或投资人兴奋的故事,这个故事可以是你的项目未来能够实现的某个场景,也可以是目前用户的痛点。

2. 激情

演讲时一定要富有激情,不要让大家觉得演讲内容很平淡、没有意思。

3. 自信

始终保持微笑与自信,千万不要从头到尾都一直盯着屏幕讲,可以看一看评委,然后再回到屏幕。

### (三)答辩技巧

1. 行业市场

如果评委或投资人问市场分析数据来源于哪里,若回答"来源于某个不知名的网站或不知名的机构",他很可能会说:"这个数据需要重新梳理,不够权威。"因此,分析行业市场时,一定要引用权威机构的市场分析数据,而且要找跟项目密切相关的数据。

若被问到目标客户群体是谁的问题,则需要告诉评委确切的目标群体。比如,有的同学会说目标群体是白领或是大学生,那就需要对白领进行准确描述。比如,"25～35岁且收入在7000元以上的女性白领"。还可具体描述该群体的共同爱好,如喜欢旅游、网上购物等。不然的话,评委会觉得你们的目标客户群体定位不清晰。

2. 市场痛点

若列举的市场痛点没有获得评委的认同,回答时一般要说明通过市场的问卷调查以及一些权威的数据总结,比如发放了多少份问卷,反映了哪些问题。或者说根据网络或权威机构的统计调查结果,发现了这些市场痛点。

3. 竞品分析

在很多比赛项目答辩中,常常会被问到这样的问题:市场上有哪些竞争对手?你们项目的竞争优势是什么?市场上的同类产品有很多,客户为什么要选择你们的产品?这取决于你们的产品或服务能给客户带来什么样的价值,其实也是你们核心优势的体现。比如说,你们可以让客户节约时间成本,别的公司要一天才能做好,你们半天就可以做成;可提供私人定制化的服务;拥有不一样的细分客户。

应客观地呈现团队的核心竞争力。比如,你们有成本优势,可以说别人的成本是多少,你们的成本比别人少多少;你们有技术优势,可以说技术是怎样的,比竞争对手更先进;有团队优势,团队中有全国顶级专家等。

4. 产品服务

要说明产品服务有哪些、主要的收入来源于哪些产品。要对产品和服务进行分类,说明哪些产品会赚钱、利润主要来自于哪些产品以及产品的销售情况。比如,引流款或者爆款是针对普通大众的,可以实行低价(只要99元或者199元),而那些高利润的产品就是针对高端用户的。生产实物的产品对在校生来说是不现实的,最好的方式就是找到一个生产合作厂商来帮助生产这样的产品。因此,要强调这个厂商有什么资质,处在一个什么样的地位。如果是一个特别可靠的厂商,可以增加可信度。

你们的产品通过了什么认证或者检测吗？你们取得了什么资质？遇到诸如此类的问题，该怎么办呢？可以说说产品可以通过实验室来检测，接下来打算送到某个权威的机构去检测。

要说明产品质量有保障。如果是你们自己生产的产品，说明已经通过了认证，取得了什么样的认证，比如已经拿到食品许可证等。如果不是你们自己生产的产品，你们要强调有可靠的生产商，生产商具有好的资质。

5. 商业模式

当被问及采用什么样的营销模式时，有的学生会说："我们要去某平台打广告。"那么评委或投资人就会问效果如何、转化率如何、卖得如何。也有的团队会说去参加展销会，评委或投资人也会追问效果如何、有与多少家合作商签订了意向合作等。

你们的收入来源主要有哪些？收入可以是卖产品，也可以是卖服务。一开始做服务，后面慢慢研发产品，产品可以让消费者来购买；所卖的产品的普通款价格是多少、收入是多少；可以设计不同的私人订制套餐类型。

关于产品服务定价，评委关心的是你们跟市场上的那些竞品之间的情况。若市面上同类产品只要 99 元，你们的定价要 199 元，未来是否会有市场空间，那就必须解释你们为什么这么定价。

关于重要合作伙伴的问题，可以分点来回答，如按渠道商、经销商等来回答。

如果项目是可复制的，那么未来的市场就可以做得更大一些；如果只能做某个区域性的，那投资的价值就不大。所以，商业模式如何复制是一个需要重视的问题。

6. 执行情况

要搞清楚现在有多少用户量，主要有哪些人在使用你们的产品服务、复购率如何。可以告诉评委，这款产品已经有多少人买了、复购率是多少。

如果被问及你们的产品服务和销售情况如何、卖了多少、利润多少，如果你说一个月卖了 1000 套产品，假设 1000 套产品的利润是 2 万元，评委就会计算平均一天要卖多少。如果存在不合理情况，说明你的数据造假，一旦有造假的嫌疑，整个项目的可信度就会大大地降低。

如果产品是技术类，很有可能会被问道：未来可能会面临的风险有哪些？有哪些防范措施？对于技术的风险，可通过专家的介入或引进更多的技术人才来解决。

7. 核心团队

从企业的发展角度来讲，股权架构一般是团队创始人占 70%、团队成员占 20%、融资占 10%。具体的股权架构比例要根据项目实际情况设定。

如果团队专业方面与项目不匹配，评委会质疑你们凭什么可以把这个项目做好。这时候要从实践经验、兴趣、资源方面等方面去解释。如果解释不清楚，评委就会怀疑这个项目未来的落地性问题。

如果团队的架构不够合理，可能会存在非常大的管理风险。前期的一些老员工可能会离开，对创业影响较大。对于人员流失的问题，可通过股权激励等方式留住人才。

8. 财务融资

你们凭什么在今年或者明年能够获得这么多的利润？那必须得用数据来支撑，比如说今年你们已经做到这样的程度,未来将通过什么方式吸引多少客户,卖多少的产品,占有多少的市场等等,这样能够有非常清晰的利润来源计算,让评委信服。

如果你们的项目需要融资,要根据项目估值,预测融资金额,阐述资金用途和预期效果。如果你们的项目主要做市场推广和运营,那么就可以说融资主要用来做市场推广、产品迭代等。

### (四)时间控制

不同的赛事项目时间要求会不一样。假设一个比赛要求路演 5 分钟、答辩 3 分钟,写稿子的时候要计算字数,一般在 5 分钟之内、中等语速的情况下,字数是 800~1200 字,不能超过 1200 字。有的项目还有 1 分钟视频时间,扣除这 1 分钟,字数还要减少。在介绍各个模块时,时间安排也是有差异的。比如,项目概述、团队简介的时间安排较少,合起来不超过 30 秒,市场分析、里程碑的时间大约各 30 秒,产品和服务、商业模式大约各 60 秒,运营情况和未来规划合起来大约 90 秒。

### (五)把握重点

以下内容是评委或投资人关注的内容,也是项目要把握的重点。

1)项目名称要有特点,既要反映项目内涵,同时要给人留下深刻印象;项目价值、意义、市场潜力要说明到位,有翔实的数据会更具有说服力。

2)项目与学校特色、专业特色结合会有加分的可能;项目如果是科研成果转化项目会有加分的可能,因为目前国家大力鼓励高校科研成果通过大学生创新创业进行转化;项目指导老师的良好资质、背景(如院士、重点实验室负责人、科研成果拥有人等)会对项目有帮助。

3)项目产品服务有明显市场优势会有加分的可能;项目产品服务与竞争对手相比有明显优势;已经实现收入并有较好的成长预期的项目会有优势;项目团队的介绍要体现出与创业项目的强相关;如果项目已经有投资人,要给出明确的说明;项目路演 PPT 的结尾要有感染力,争取能够给评委留下深刻印象。

### (六)路演中常见的问题

路演答辩常见的问题及应对措施如下。

1)回答问题不够清晰、准确。需在比赛前有针对性地练习,否则临时发挥很容易紧张,导致出现回答问题不清晰、不准确和答非所问的情况。

2)回答问题没有抓住重点。要把问题事先分点罗列,找出重点。

3)不善于应用案例和数据。要对项目非常熟悉,对案例和数据做到如数家珍。

4)团队作战配合度不够。如果主讲人回答不上来问题或有遗漏,团队成员一定要补充,否则容易出现冷场的场面。

5)遭遇质疑时急于辩解。如果遇到评委质疑,切记千万不要打断评委,要虚心接受评委的问题,不与评委争论,等评委问完后再分点解析。一定要注意赛场上的风度。

6)仪表仪态不够自信。准备充分就能避免紧张、语速快甚至忘记用语礼貌等现象。

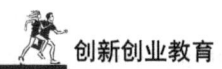

## 能力训练

**【能力训练1】项目路演的注意事项**

步骤1：路演前应该进行哪些准备？

_____
_____
_____

步骤2：如何进行路演现场展示？

_____
_____
_____

步骤3：路演时有哪些答辩技巧？

_____
_____
_____

步骤4：答辩时会有哪些常见问题？该如何解决？

_____
_____
_____

**【能力训练2】模拟路演**

步骤1：根据项目计划书的内容，制作PPT。

根据路演PPT的框架设计PPT的内容，要求重点突出；团队讨论、分析、整合思路，明确团队分工；设计好的PPT要进行反复修改；团队提交一份完整的PPT。

步骤2：开展模拟路演。要求在规定的时间内模拟路演，要口齿清楚、语言流利、层次清晰、表达完整；要求声音大小合适，表情自然、面带微笑，肢体语言恰当。

步骤3：评出最佳项目、最佳演讲人和最佳路演PPT。

# 模块十二　创新创业赛事指南

● **名人名言**

教育是知识创新、传播和应用的主要基地，也是培育创新精神和创新人才的摇篮。

——江泽民

坚持意志伟大的事业需要矢志不渝的精神。

——伏尔泰

● **导读导学**

创新创业大赛虽然不能等同于创新创业教育，但为大学生营造了良好的创新创业氛围，散播了创新创业的思想种子，提高了在校学生的创业技能，在一定程度上促进了初创企业、社会资本和政策资源的结合。因此，积极发挥创新创业大赛的载体功能无疑能够促进院校创新创业教育的发展。

● **思维导图**

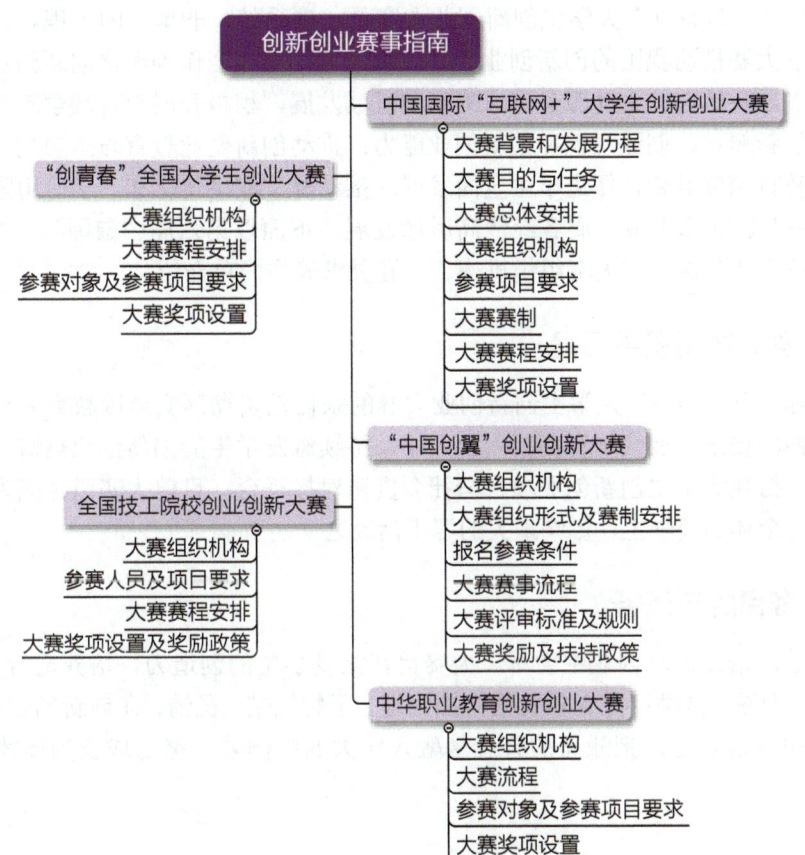

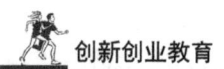 创新创业教育

# 单元一　中国国际"互联网+"大学生创新创业大赛

**案例导读**

### 罗小馒红糖馒头

第三届中国大学生"互联网+"创新创业大赛上,云南大学滇池学院大四学生罗三长的项目"罗小馒红糖馒头"斩获金奖,"罗小馒红糖馒头"自2015年11月成立,在云南已经拥有136家门店,为社会提供1312个岗位。罗三长为了做出好吃的红糖馒头,他曾自费到台湾学习,经过100多次实验,最终找到合适的配方,做成了现在的红糖馒头。目前,直营店和加盟店共有130多家,以每个门店每天销售1200～1500个馒头来算,一天就能制作近20万个馒头。

罗小馒红糖馒头经过校赛、省赛,最后从180个闯入决赛的项目中脱颖而出,勇夺冠军;在全国总决赛中,不仅获得了金奖,在四强争夺赛上也获得了高分和高投资意向。还被评为"最佳带动就业奖"单项奖,并和中国高校创新创业孵化器联盟现场签约。借全国总决赛的舞台,罗三长发起了"全国高校500+小馒人合伙加盟计划",推动大学生就业,他计划将他的馒头覆盖到更多省份。

中国国际"互联网+"大学生创新创业大赛是一项系统、非单一的工程。大赛的根本目的在于,通过大赛推动我国的创新创业教育改革,重在把大赛作为深化创新创业教育改革的重要抓手,引导各地高校主动服务国家战略和区域发展,积极开展教育教学改革探索,切实提高学生的创新精神、创业意识和创新创业能力;推动创新创业教育与思想政治教育紧密结合、与专业教育深度融合,促进学生全面发展;推动赛事成果转化和产学研用紧密结合,促进"互联网+"新业态形成,服务经济高质量发展。下面以第六届中国国际"互联网+"大学生创新创业大赛为例,对大赛组织机构、参赛要求等作简单介绍。

## 一、大赛背景和发展历程

中国国际"互联网+"大学生创新创业大赛的宗旨是贯彻落实全国教育大会精神,深入落实相关文件的要求,加快培育创新创业人才,持续激发学生的创新创业热情,展示创新创业教育成果,搭建大学生创新创业项目与社会资源对接平台。目前大赛已经成为覆盖全国所有高校、面向全体高校学生、影响最大的赛事活动之一。

## 二、大赛目的与任务

以赛促学,培养创新创业生力军。大赛旨在激发学生的创造力,培养造就"大众创业、万众创新"生力军,鼓励广大青年扎根中国大地,了解国情、民情,在创新创业中增长智慧,在艰苦奋斗中锤炼意志,把激昂的青春梦融入伟大的中国梦,努力成长为德才兼备的有为人才。

以赛促教，探索素质教育新途径。把大赛作为深化创新创业教育改革的重要抓手，有助于引导各地高校主动服务国家战略和区域发展，开展课程体系、教学方法、教师能力、管理制度等方面的综合改革。以大赛为牵引，带动职业教育、基础教育，深化教学改革，全面推进素质教育，切实提高学生的创新精神、创业意识和创新创业能力。

以赛促创，搭建成果转化新平台。推动赛事成果转化和产学研用紧密结合，促进"互联网+"新业态形成，服务经济高质量发展。以创新引领创业、以创业带动就业，努力形成高校毕业生更高质量创业就业的新局面。

### 三、大赛总体安排

大赛将力争做到"五个更"。一是更国际，立足粤港澳大湾区，融入全球创新创业浪潮，汇聚世界一流大学，打造同场竞技、相互促进、人文交流的国际大平台；二是更教育，深化创新创业教育改革，构建德智体美劳"五育平台"，培养学生敢闯的素质、会创的能力；助力脱贫攻坚，提升学生的社会责任感和担当精神；三是更全面，做强高教、国际、职教、萌芽各版块，探索形成各学段有机衔接的创新创业教育链条，实现区域、学校、学生类型全覆盖；四是更创新，广泛开展大学生和中学生创新活动，助推科研成果转化应用，服务国家创新发展；五是更中国，以大赛为载体，推出创新创业教育的中国经验、中国模式，提升我国高等教育的影响力、感召力和塑造力。

大赛将举办"1+6"系列活动。"1"是主体赛事，包括高教主赛道、"青年红色筑梦之旅"赛道、职教赛道、萌芽赛道。"6"是6项同期活动，包括"智闯未来"青年红色筑梦之旅活动、"智创未来"全球创新创业成果展、"智绘未来"世界湾区高等教育峰会、"智联未来"全球独角兽企业尖峰论坛、"智享未来"全球青年学术大咖面对面及"智投未来"投融资竞标会。

### 四、大赛组织机构

大赛由教育部、中央统战部、中央网络安全和信息化委员会办公室、国家发展改革委、工业和信息化部、人力资源和社会保障部、农业农村部、中国科学院、中国工程院、国家知识产权局、国务院扶贫开发领导小组办公室、共青团中央和广东省人民政府共同主办。

大赛设立组织委员会（简称大赛组委会），负责大赛的组织实施；设立专家委员会，负责参赛项目的评审工作，指导大学生创新创业；设立纪律与监督委员会，对大赛组织评审工作、协办单位相关工作进行监督，对违反大赛纪律的行为予以处理。

各省（区、市）和新疆生产建设兵团可根据实际成立相应的机构，开展本地初赛和复赛的组织实施、项目评审和推荐等工作。

### 五、参赛项目要求

参赛项目能够将移动互联网、云计算、大数据、人工智能、物联网、下一代通信技术等新一代信息技术与经济社会各领域紧密结合，培育新产品、新服务、新业态和新模式；发挥互联网在促进产业升级以及信息化和工业化深度融合中的作用，促进制造业、农业、能源、环保等产业转型升级；发挥互联网在社会服务中的作用，创新网络化服务模式，促进互联

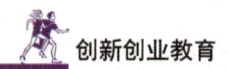

与教育、医疗、交通、金融、消费生活等深度融合。

参赛项目须真实、健康、合法，无任何不良信息，项目立意应弘扬正能量，践行社会主义核心价值观。参赛项目不得侵犯他人知识产权；所涉及的发明创造、专利技术、资源等必须拥有清晰合法的知识产权或物权；抄袭、盗用、提供虚假材料或违反相关法律法规等行为一经发现，即刻丧失参赛相关权利并自负一切法律责任。

参赛项目涉及他人知识产权的，报名时需提交完整的具有法律效力的所有人书面授权许可书、专利证书等；已完成工商登记注册的创业项目，报名时需提交营业执照及统一社会信用代码等相关复印件、单位概况、法定代表人情况、股权结构等。参赛项目可提供当前财务数据、已获投资情况、带动就业情况等相关证明材料。已获投资（或收入）1000万元以上的参赛项目，在全国总决赛时提供相应佐证材料。

参赛项目根据各赛道相应的要求，只能选择一个符合要求的赛道参赛。已获往届中国"互联网+"大学生创新创业大赛全国总决赛各赛道金奖和银奖的项目，不可报名参加本届比赛。

各省（区、市）教育厅（教委）、新疆生产建设兵团教育局及各有关学校负责审核参赛对象资格。

## 六、大赛赛制

大赛主要采用校级初赛、省级复赛、全国总决赛三级赛制（不含萌芽赛道）。校级初赛由各校负责组织，省级复赛由各地负责组织，全国总决赛由各地按照大赛组委会确定的配额择优遴选推荐项目。大赛组委会将综合考虑各地报名团队数、参赛院校数和创新创业教育工作情况等因素，分配全国总决赛名额。

全国共产生1600个项目入围全国总决赛（港澳台地区参赛名额单列），其中，高教主赛道1000个（中国大陆参赛项目600个、国际参赛项目400个，中国港澳台地区参赛项目数量另定）、"青年红色筑梦之旅"赛道200个、职教赛道200个、萌芽赛道200个。

高教主赛道的每所高校入选全国总决赛项目总数不超过4个，"青年红色筑梦之旅"赛道、职教赛道、萌芽赛道的每所院校入选全国总决赛项目均不超过2个。

## 七、大赛赛程安排

### （一）参赛报名

参赛团队通过登录"全国大学生创业服务网"（cy.ncss.cn）或微信公众号（名称为"全国大学生创业服务网"或"中国国际'互联网+'大学生创新创业大赛"）任一方式进行报名。

### （二）初赛、复赛

各院校登录 cy.ncss.cn/gl/login 进行大赛管理和信息查看。省级管理用户使用大赛组委会统一分配的账号登录，校级账号由各省级管理用户进行管理。初赛、复赛的比赛环节、评审方式等由各院校、各地自行决定。

## （三）全国总决赛

大赛专家委员会对入围全国总决赛项目进行网上评审，择优选拔项目进行现场比赛，评出金奖、银奖、铜奖。

大赛组委会将通过"全国大学生创业服务网"为参赛团队提供项目展示、创业指导、投资对接等服务。各项目团队可以登录"全国大学生创业服务网"查看相关信息。各地可以利用网站提供的资源，为参赛团队做好服务。各院校还可以通过腾讯微校平台进行赛事宣传。

## 八、大赛奖项设置

大赛设金奖、银奖、铜奖和各类单项奖；另设高校集体奖、省（市）组织奖和优秀导师奖。

【视频】萌扎

## 能力训练

【能力训练1】参赛经验分享

步骤1：全班分成若干小组，3～5人为一组，每组联系一位曾经参加中国国际"互联网+"大学生创新创业大赛的校友或其他学校的同学，对他们进行访谈，收集他们的参赛经验。

步骤2：将本组所获得的信息进行筛选、整合，制成一份比较系统的"参赛攻略"。

步骤3：每组派一名代表，将本组的"参赛攻略"介绍给大家。

【能力训练2】撰写赛事调研报告

步骤1：通过网络搜索、采访往届参赛者等形式，详细了解中国国际"互联网+"大学生创新创业大赛。

步骤2：结合你对中国国际"互联网+"大学生创新创业大赛的了解情况，思考一下它具备哪些价值，还有哪些需要改进的地方。

步骤3：撰写一份中国国际"互联网+"大学生创新创业大赛调研报告。

# 单元二 "创青春"全国大学生创业大赛

"创青春"全国大学生创业大赛是"挑战杯"中国大学生创业计划竞赛的改革提升。2013年11月8日，习近平总书记向2013年全球创业周中国站活动组委会专门致贺信，特别强调了青年学生在创新创业中的重要作用，并指出全社会都应当重视和支持青年创新创业。党的十八届三中全会对"健全促进就业创业体制机制"做出了专门部署，指出了明确方向。

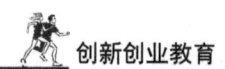 创新创业教育

为贯彻落实习近平总书记系列重要讲话和党中央有关指示精神，适应大学生创业发展的形势需要，共青团中央、教育部、人力资源和社会保障部、中国科协、全国学联决定，在原有"挑战杯"中国大学生创业计划竞赛的基础上，自2014年起，共同组织开展"创青春"全国大学生创业大赛，每两年举办一次。

## 一、大赛组织机构

"创青春"全国大学生创业大赛是由共青团中央、教育部、人力资源和社会保障部、中国科协、全国学联和地方省级人民政府主办，工业和信息化部、国务院国有资产监督管理委员会、中华全国工商业联合会支持的一项具有导向性、示范性和群众性的创业竞赛活动，每两年举办一次。

1）大赛设立领导小组，由主办单位、承办单位的有关领导组成。

2）大赛设立全国组织委员会（以下简称"全国组委会"），由主办单位、支持单位、承办单位的有关负责人组成，负责大赛各项工作的组织开展。全国组委会下设秘书处，负责大赛的日常事务。

3）大赛设立指导委员会，由全国组委会邀请享有较高知名度并关注青年创业的经济学家、企业家、风险投资界和新闻媒体界的人士担任成员。

4）大赛设立全国评审委员会（以下简称"全国评委会"），由非高校的各相关领域专家学者、企业家、风险投资界人士、青年创业典型等组成，负责参赛项目的评审工作。

5）各省（自治区、直辖市）可根据实际，成立相应机构，负责本地赛事的组织开展、项目评审等相关工作。

## 二、大赛赛程安排

"创青春"全国大学生创业大赛的3项主体赛事分预赛、复赛和决赛。

（一）预赛

预赛在每年4—5月，各省（自治区、直辖市）针对大赛下设的3项主体赛事组织本地预赛或评审，并在"创青春"全国大学生创业大赛官方网站进行校级、省级参赛项目网络报备和申报。其中，大学生创业计划竞赛实行项目分类申报，即分为已创业和未创业两类。各省（自治区、直辖市）在推报复赛项目时，两类项目的比例不作限制。全国评委会将在复赛、决赛阶段，针对两类项目实行相同的评审规则；计算总分时，将视已创业项目实际运营情况，在总分基础上给予1%～5%的加分。

（二）复赛

每年6月中旬，各省（自治区、直辖市）汇总经预赛产生的参加复赛的项目，对项目申报表及相关材料的填写情况进行把关，按照统一要求，报送至全国组委会办公室。在3项主体赛事中，全国组委会不接受学校或个人的申报。

报送项目的数量不得超过项目名额分配表中规定的数量。

全国复赛在每年7—8月举行。全国评委会对项目进行评审，选出若干优秀项目进入决赛，并书面通知各省（自治区、直辖市）和相关高校。

## （三）决赛

全国大赛决赛在每年 10 月举行。全国评委会将通过相应的评审环节，对 3 项主体赛事分别评出若干金奖、银奖、铜奖及其他单项奖项目。

## 三、参赛对象及参赛项目要求

### （一）参赛对象

凡在举办大赛终审决赛的当年 7 月 1 日以前正式注册的全日制非成人教育的各类高等院校在校专科生、本科生、硕士研究生和博士研究生（均不含在职研究生）可参加全部 3 项主体赛事；毕业 3 年以内（时间截至举办大赛终审决赛的当年 7 月 1 日）的专科生、本科生、硕士研究生和博士研究生可代表原所在高校参加创业实践挑战赛（需提供毕业证明，仅可代表最终学历颁发高校参赛）。

### （二）参赛项目的申报条件

1. 大学生创业计划竞赛

参加竞赛的项目分为已创业和未创业两类，且分为农林、畜牧、食品及相关产业，生物医药，化工技术和环境科学，信息技术和电子商务，材料，机械能源，文化创意和服务咨询等 7 个组别，并实行分类、分组申报。拥有或授权拥有产品或服务，并已在工商、民政等部门注册登记为企业、个体工商户、民办非企业单位等组织形式，且法人代表或经营者为符合参赛对象要求的在校学生、运营时间在 3 个月以上（以预赛网络报备时间为截止日期）的项目，可申报已创业类；拥有或授权拥有产品或服务，具有核心团队，具备实施创业的基本条件，但尚未在工商、民政等部门注册登记或注册登记时间在 3 个月以下的项目，可申报未创业类。

2. 创业实践挑战赛

拥有或授权拥有产品或服务，并已在工商、民政等部门注册登记为企业、个体工商户、民办非企业单位等组织形式，且法人代表或经营者符合参赛对象要求、运营时间在 3 个月以上（以预赛网络报备时间为截止日期）的项目，可申报该赛事。申报不区分具体类别、组别。

3. 公益创业赛

拥有较强的公益特征（有效解决社会问题，项目收益主要用于进一步扩大项目的范围、规模或水平）、创业特征（通过商业运作的方式，运用前期的少量资源撬动外界更广大的资源，解决社会问题，并形成可自身维持的商业模式）、实践特征（团队须实践其公益创业计划，形成可衡量的项目成果，部分或完全实现其计划的目标成果）的项目，且参赛学生符合参赛对象要求，可申报该赛事。申报不区分具体类别、组别。

### （三）参赛形式

以学校为单位统一申报，以创业团队形式参赛，原则上每个团队人数不超过 10 人。网络初评开始后，只可进行人员删减，不可进行人员顺序调整及人员添加。对于跨校组队参赛的项目，各成员须事先协商明确项目的申报单位。对于经授权的发明创造或专利技术，在报名时需提交具有法律效力的发明创造或专利技术所有人的书面授权许可、项目鉴定证书及专

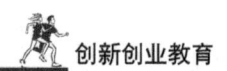

利证书等。对于已注册的运营项目，在报名时需提交相关证明材料（含单位概况、法定代表人情况、营业执照复印件、税务登记证复印件及组织机构代码复印件等材料）。

参赛项目须经过本省（自治区、直辖市）组织协调委员会进行资格及形式审查和本省（自治区、直辖市）评审委员会初步评定，方可上报全国组委会办公室。各省（自治区、直辖市）选送全国大赛的项目数量由主办单位统一确定。

### 四、大赛奖项设置

全国评委会对各省（自治区、直辖市）报送的 3 项主体赛事的参赛项目进行复审，分别评出参赛项目的 90% 左右进入决赛。3 项主体赛事的奖项统一设置为金奖、银奖、铜奖，分别占进入决赛项目总数的 10%、20% 和 70%。

专项赛事单独设置奖项，不计入所在学校得分。

大赛按照总分高低评出金奖、银奖、铜奖，"创青春杯""优胜杯"和优秀组织奖由大赛组委会根据各学院参与活动的积极性、主动性以及参赛团队获奖情况评定，对获奖团队分别予以奖励：两项主体赛的金奖、银奖、铜奖，分别占进入复赛项目总数的 10%、20% 和 70%，给予奖金并颁发荣誉证书。对于获得"创青春杯""优胜杯"和优秀组织奖的项目，将颁发荣誉证书。

## 能力训练

【能力训练】参赛经验收集和分享

步骤1：全班分成若干小组，3～5人为一组，每组联系一位曾经参加"创青春"大学生创新创业大赛的校友或其他学校的同学，对他们进行访谈，收集他们的参赛经验。

步骤2：将本组所获得的信息进行筛选、整合，制成一份比较系统的"参赛攻略"。

步骤3：每组派一名代表，将本组的"参赛攻略"在班会上介绍给大家。

步骤4：结合其他组的经验，梳理出一份"参赛要点"。

## 单元三 "中国创翼"创业创新大赛

大赛总体要求是贯彻党的十九大"鼓励创业带动就业"精神，落实国家创新驱动发展战略、就业优先战略及人才强国战略，推进"大众创业、万众创新"为核心价值，以营造创新创业氛围、培养创新创业意识为目标导向，以创新引领创业、创业带动就业、助力脱贫攻坚为重点评价指标，突出参赛项目的社会价值和创业者的社会贡献。下面以 2020 年举办的第四届"中国创翼"创新创业大赛为例进行介绍。

## 一、大赛组织机构

### （一）主办单位

人力资源和社会保障部、国家发展改革委、科技部、国务院扶贫办、共青团中央、中国残联等单位主办。

### （二）大赛组委会

成立大赛组委会，负责大赛的组织领导。组委会下设办公室，具体负责大赛的方案设计、统筹协调、组织实施、宣传发动及赛事保障等工作。

各省级人力资源和社会保障部门要积极联合地方有关部门和群团组织设立省级组委会，负责大赛的宣传动员、报名审核、地市级（县区级）选拔赛的协调指导、省级选拔赛的组织实施、全国选拔赛和决赛的组织协调、创业典型的推荐宣传和政策（资金）奖励扶持等工作。

### （三）专家委员会

为提升大赛层次和影响，大赛组委会将邀请部分热心公益、在创业大赛组织及创业指导服务方面具有丰富经验和社会影响力的专家组成大赛专家委员会。专家委员会对大赛组委会负责，对大赛方案策划设计、评审标准规则等方面提出意见、建议，审核评委资格，监督评审过程。

### （四）评审委员会

为确保大赛评选工作公开、公平、公正进行，大赛组委会特邀就业创业研究和指导专家、成功创业企业家及创投行业领军人士组成大赛评审委员会。评审委员会对大赛组委会负责，并在专家委员会监督下独立开展评审工作。

## 二、大赛组织形式及赛制安排

大赛采用"1+1"模式，包括主体赛和创业扶贫专项赛。

### （一）主体赛

主体赛面向各类群体，分为创新项目组和创业项目组两个组别，按照省级选拔赛、全国选拔赛、决赛实施。原则上按照地市级（可延伸到区县）、省级选拔赛的步骤实施。全国选拔赛共约 200 个项目参加，各省按照大赛组委会统一分配的名额，选拔优秀项目入围全国选拔赛，共 60 个项目进入全国决赛。

### （二）创业扶贫专项赛

按照省级选拔赛（或直接推荐）、决赛两个阶段实施，共 32 个项目进入全国决赛。

## 三、报名参赛条件

年满 16 周岁的各类创业群体均可报名参赛，项目所在地位于中国大陆。

报名参赛项目应符合国家法律法规和国家产业政策，经营规范，社会信誉良好，无不良记录，不侵犯任何第三方知识产权。前三届大赛中获得全国决赛一等奖、二等奖、三等奖的项目不能参加。

### （一）主体赛创新项目组报名参赛条件

1）在参赛截止日前，尚未在市场监督管理部门登记注册的创业团队或登记注册未满 1 年的初创企业或机构。

2）参赛项目具有创新性的技术、产品或经营服务模式，具有较高的成长潜力，且项目的技术、产品、经营均属于同一参赛主体。

3）参赛项目须为原创性创新项目，不存在知识产权争议，不会侵犯第三方的知识产权、所有权、使用权和处置权。

4）参赛者须为该项目的第一创始人或核心团队成员。

### （二）主体赛创业项目组报名参赛条件

1）在参赛截止日前，在市场监督管理部门登记注册满 1 年且未满 5 年的企业或机构。

2）参赛项目具有创新性的技术、产品或经营服务模式，具有较高的成长潜力，且项目的技术、产品、经营均属于同一参赛主体。

3）参赛项目须为原创性创新项目，不存在知识产权争议，不会侵犯第三方的知识产权、所有权、使用权和处置权。

4）参赛者须为该项目的第一创始人或核心团队成员。

### （三）创业扶贫专项赛报名参赛条件

1）在参赛截止日前，在市场监督管理部门登记注册未满 5 年的企业或机构。

2）参赛项目带动建档立卡贫困人口或残疾人就业不少于 30 人（小微企业参赛项目带动就业人数占总人数的比例不少于 20%）。省级以下各地选拔赛可适当降低报名条件。

3）北京、上海等地确无此类项目的，可推荐对口援助地区的项目参赛。

4）参赛项目具有创新性的技术、产品或经营服务模式，具有一定的成长潜力，且项目的技术、产品、经营均属于同一参赛主体。

5）参赛项目不存在知识产权争议，不会侵犯第三方的知识产权、所有权、使用权和处置权。

6）参赛者须为该项目的第一创始人或核心团队成员。

## 四、大赛赛事流程

### （一）第一阶段：大赛启动和组织发动

1. 组织工作布置会

解读大赛方案和组织实施规则，征求意见、建议，通报大赛筹备情况，部署工作，明确要求。各省级组委会负责人参加。会后，下发大赛通知，各省开始筹备大赛相关工作，提前宣传预热。

2. 大赛启动时间

大赛组委会统一编发新闻通稿，通过各类媒体广泛发布大赛启动消息。各省按要求成立省级组委会，制订本级大赛实施方案，广泛开展宣传发动等工作。

3. 报名和审核

报名时间截至 2020 年 6 月 15 日，审核确认时间截至 2020 年 6 月 30 日（注：每年的截止日期可能有变化，需根据当年的报名文件）。

报名由各省自行组织，按主体赛创业项目组、主体赛创新项目组、创业扶贫专项赛项目组分类报名，不得兼报。

各省级组委会依据大赛报名参赛条件，对报名参赛的项目进行资格审核，并于 7 月 1 日前将审核结果上报至大赛组委会，同时，以短信、电话或邮件方式告知本省参赛者。

## （二）第二阶段：省级选拔赛

1. 主体赛省级选拔赛

主体赛省级选拔赛由各省级组委会负责组织，原则上需采取项目路演方式举办地市级、省级选拔赛。有困难或特殊情况不能举办的，需经大赛组委会同意后，按照统一规则，采取专家集中评审等方式对本省参赛项目进行打分排名。评委由省级组委会确定，各省如有需要，可向大赛组委会申请提供评审专家支持（专家费用由各省承担）。

2. 确定主体赛全国选拔赛参赛项目

各省按照大赛组委会统一分配的名额和时间确定本省优秀项目参加主体赛全国选拔赛。共约 200 个项目进入全国选拔赛，其中创新项目 100 个、创业项目 100 个。大赛组委会确保每个省不少于 2 个项目参赛（创新项目组和创业项目组各 1 个），2 个（不含）以上的名额，根据各省前三年年新登记企业（机构）数量，由大赛组委会设计计算方式，确定各省份名额后，于当年 3 月上旬（具体时间根据当年文件）在大赛官网上公布，并电话通知各省。

3. 确定创业扶贫专项赛参赛项目

每个省份推选 1 个创业扶贫专项赛优秀项目直接参加全国决赛，全国共 32 个项目参赛。项目产生方式由省级组委会自行确定，鼓励省级组委会通过比赛选拔，也可直接推荐优秀项目参赛。

## （三）第三阶段：全国选拔赛和决赛

主体赛全国选拔赛、主体赛和创业扶贫专项赛全国决赛由大赛组委会统一组织实施。

1. 主体赛全国选拔赛

创新项目组和创业项目组各分两组（每组约 50 个项目，每个项目参赛人数不超过 3 人）同时进行，采取现场路演方式进行。各组获得前 15 名的项目进入全国决赛，其他项目获得"中国创翼"创业创新大赛"创翼之星"奖。

2. 主体赛和创业扶贫专项赛全国决赛

主体赛和创业扶贫专项赛同时进行，主体赛每组 30 个项目，创业扶贫专项赛 32 个项目，每个项目参赛人数不超过 3 人，采取现场路演方式进行。主体赛决赛每组各评出一等奖 2 名、二等奖 6 名、三等奖 10 名、优秀奖 12 名；创业扶贫专项赛决赛评出一等奖 2 名、二等奖 6 名、三等奖 10 名、优秀奖 14 名。

决赛结果产生后，大赛组委会将择期举办颁奖典礼和闭幕式。

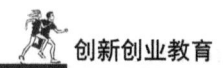

## 五、大赛评审标准及规则

（一）评审标准

突出"创新引领创业，创业带动就业"的导向，重点关注项目的创新性、示范性、引领性及带动就业、扶贫等社会价值。"创新"主要围绕项目的产品、技术、经营模式、管理方式等评分；"创业带动就业"主要围绕项目直接提供的就业岗位数量、带动上下游产业就业规模等方面评分；"扶贫"主要围绕项目吸纳贫困群体或残疾人就业数量、对贫困地区经济发展的贡献等方面评分。

（二）评审规则

全国选拔赛和决赛项目评审采用现场路演方式进行。现场路演评分的组织规则及评定标准将在大赛组织实施细则中明确。

## 六、大赛奖励及扶持政策

（一）奖励

大赛组委会对获得全国决赛一等奖、二等奖、三等奖、优秀奖的项目颁发奖杯和证书，并分别给予相应的奖金，同时由人力资源和社会保障部授予"全国优秀创业创新项目"称号；对获得"创翼之星"奖的项目颁发奖牌和证书。各地人力资源社会保障部门可按规定对获奖项目给予适当奖励。

优秀组织单位奖：对严格按照统一名称、统一进度、统一标准举办省级选拔赛，组织、动员和宣传力度大、效果好，大赛全程未发生违规事件的省份，授予优秀组织单位奖并颁发奖牌。

特别贡献奖：对大赛提供大力支持的省（地市）级人社部门或社会机构、企业授予特别贡献奖并颁发奖牌。

（二）扶持措施

大赛组委会建立"中国创翼"官网（含微信端口），将所有参加全国选拔赛的项目纳入大赛项目库，通过大赛平台持续宣传推广，提升创业项目和创业者的知名度，帮助其对接资金，以及市场，拓宽发展渠道。

省级选拔赛期间，大赛组委会将为有需求的地方给予推荐评审专家、培训导师、投资机构，以及媒体宣传等方面的支持。

对所有参加全国选拔赛的项目第一创始人，大赛组委会将区分不同创业者群体，在征求省级组委会意见的基础上，从中选树一批有代表性的典型人物，收入"中国创翼风采录"，在系统内和社会上广泛宣传，发挥典型人物的示范引领作用。

鼓励各地人力资源和社会保障部门积极协调其他相关部门，将大赛评选结果与本地创业扶持、创业服务、人才鼓励等政策措施挂钩，对晋级全国选拔赛的项目，尤其是获得"全国优秀创业创新项目"称号的项目，可放宽创业担保贷款申请条件，并在资金扶持、入驻园区、孵化培训等方面给予优先扶持。

## 能力训练

**【能力训练】参赛经验收集**

步骤1：全班分成若干小组，3～5人为一组，每组联系一位曾经参加"中国创翼"创业创新大赛的校友或其他学校的同学，对他们进行访谈，收集他们的参赛经验。

步骤2：将本组所获得的信息进行筛选、整合，制成一份比较系统的"参赛攻略"。

步骤3：每组派一名代表，将本组的"参赛攻略"在班会上介绍给大家。

步骤4：结合其他组的经验，梳理出一份"参赛要点"，供参赛人员参考。

# 单元四 全国技工院校学生创业创新大赛

为深入贯彻党的十九大精神和习近平总书记在全国教育大会上的重要讲话精神，全面落实国务院《关于做好当前和今后一个时期促进就业工作的若干意见》和人力资源社会保障部办公厅《关于推进技工院校学生创业创新工作的通知》的有关要求，大力推进技工院校学生创业创新工作，促进实现更高质量就业，举办全国技工院校学生创业创新大赛。下面以2021年举办的第二届全国技工院校学生创业创新大赛为例介绍。

## 一、大赛组织机构

### （一）主办单位

人力资源和社会保障部。

### （二）组织机构

成立大赛组委会，负责组织领导和统筹协调大赛及相关工作。由人力资源和社会保障部职业能力建设司主要负责人担任主任。设立评审委员会、仲裁委员会，分别负责制定大赛相关管理办法和各类技术文件、大赛评审仲裁工作。

## 二、参赛人员及项目要求

1. 参赛人员

参赛人员须是全国技工院校在校生（当年5月1日前注册技工院校学籍的学生），由所在学校出具证明，各省级人力资源和社会保障厅（局）负责初审，大赛组委会负责复审。参赛人员以团队形式参赛，每个团队参赛人员3～8名（含项目负责人1名），设指导教师1～3名。大赛不接受个人单独报名，参赛人员不得同时参加两个团队的比赛，指导教师不得同时指导两个比赛项目。

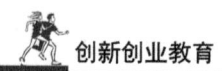

2. 参赛项目

1）参赛项目须是已经创业或计划创业的项目，同时应体现出创新性，重点考察项目在核心商业价值、技术与产品创新、团队创业能力以及社会效益等方面的规划。曾获本大赛第一届全国三等奖及以上创业比赛奖项的作品不可参加本次大赛。

2）参赛项目的选题和构思设计、项目申报书的撰写均由参赛人员自主完成。项目申报书包括基本情况表和项目计划书两部分。

3）全国赛申报名额。本次大赛全国赛按照举办上一年各省技工院校在校生规模确定各省份参赛项目的申报名额。

## 三、大赛赛程安排

（一）印发大赛通知

印发大赛通知，召开大赛工作部署会，对大赛组织流程和规则进行培训。

（二）初赛和复赛

各省、自治区、直辖市、新疆生产建设兵团（以下简称各省份）组织初赛、复赛。由各省份人力资源和社会保障部门和各技工院校根据大赛评审标准和评审程序等大赛相关技术文件自行组织开展初赛和复赛。

1. 校级初赛

鼓励参赛院校举办校级初赛。由各技工院校自行组织完成，选出参加省级复赛的项目。

2. 省级复赛

支持各省份举办省级复赛，充分遴选项目。项目申报应扩大覆盖面，申报学校不宜过于集中。各省份一般应于9月20日前完成复赛工作。

（三）全国赛申报项目初审

评审委员会对各省份申报参加全国赛的项目进行评审，各省份成绩排名第一的项目自动晋级全国赛，其余申报项目根据评分结果选取前49名（如有省份无合格项目或放弃参赛，则按成绩排名顺延递补）参加全国赛。共有80个项目入围全国赛。

（四）组织全国赛

组织大赛现场演示（6分钟）和答辩评审（4分钟），举办创业创新成果展示，举行闭幕式。

**知识拓展**

### 第一届全国技工院校学生创业创新大赛圆满落幕

2019年12月4—6日，人力资源和社会保障部在安徽省合肥市举办第一届全国技工院校学生创业创新大赛决赛。人力资源和社会保障部党组成员、副部长汤涛出席相关活动。

举办第一届全国技工院校学生创业创新大赛是人力资源和社会保障部深入贯彻党的十九大精神的重要举措。大赛以"创业创新成就梦想"为主题，旨在推进技工院校学生创业创新，促进实现更高质量就业。大赛于2019年8月启动，参赛选手为全国技工院校在校生，参赛项目均是已创业或计划创业的项目。全国300余所技工院校的1000多个项目参赛，共有60个项目入选决赛，总计45个项目获奖。获奖项目在入驻园区、贴息贷款、培训辅导、资金扶持等方面享受优先支持，获一等奖的项目可作为指导教师在评优评先、职称评审等方面的依据。

第一届全国技工院校学生创业创新大赛的举办是技工院校创业创新教育、学生创业创新项目孵化工作的一个重要里程碑。大赛聚集和整合各种创业资源，引导技工教育专家、企业专家和创业投资专家等社会各界力量支持创业创新，搭建服务创业创新的平台，激发技能创业者的热情，共同参与"大众创业、万众创新"，为技工院校学子实现创业创新青春梦想搭建新的舞台。

### 四、大赛奖项设置及奖励政策

该项大赛由人力资源和社会保障部颁发证书，全国赛设一等奖10个、二等奖20个、三等奖30个、优秀奖20个、组织奖10个。

各地人力资源和社会保障部门要将大赛评选结果与创业扶持政策的落实相结合，获奖项目可免反担保获得创业担保贷款。所有参加全国赛的项目在入驻园区、贴息贷款、培训辅导、资金扶持等方面享受优先支持，获一等奖的项目可作为指导教师在评优评先、职称评审等方面的依据。

## 能力训练

【能力训练】参赛经验收集

步骤1：全班分成若干小组，3～5人为一组，每组联系一位参加过技工院校学生创业大赛的校友或其他学校的同学，对他们进行访谈，收集他们的参赛经验。

步骤2：将本组所获得的信息进行筛选、整合，制成一份比较系统的"参赛攻略"。

步骤3：每组派一名代表，将本组的"参赛攻略"在班会上介绍给大家。

步骤4：将参赛经验运用于实践，准备参赛项目。

## 单元五　中华职业教育创新创业大赛

中华职业教育创新创业大赛旨在积极响应国家"大众创业，万众创新"的战略部署，践行黄炎培职业教育思想，加快职业教育对接行业产业，促进职业院校创新创业教育发展，提

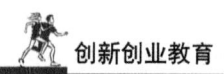

高职业教育创新创业水平。引导职业院校学生学习创新创业知识，提高学生创新创业能力，激发学生创新创业活力，培养具有创新创业精神和能力的技能人才，帮助广大职业院校青年学子筑梦圆梦、实现人生出彩。

为推动职业教育，落实"大众创业，万众创新"的国家战略，继承弘扬黄炎培职业教育思想，以及打造职业教育圈共享共建新平台，努力践行创新引领技能创业新理念，中华职业教育社在湖南省成功举办了8届黄炎培职业教育奖创业规划大赛的基础上，于2017年举办中华职业教育创新创业大赛。大赛的举办是深入贯彻落实习近平总书记要求中华职业教育社"更好服务社会、促进职业教育发展"重要指示的具体行动，也是职业教育界贯彻落实党的十九大报告提出的"深化产教融合，校企合作""鼓励创业带动就业，促进青年群体多渠道就业创业"重要精神的具体举措。下面以2019年举办的第三届中华职业教育创新创业大赛为例进行介绍。

### 一、大赛组织机构

中华职业教育创新创业大赛原名是黄炎培职业教育奖创新创业大赛，在2017年全国决赛时更名为中华职业教育创新创业大赛。全国决赛由中华职业教育社主办、各省中华职业教育社分社和有关单位承办，省级决赛由各省中华职业教育社分社和有关单位主办。

大赛设立组委会。组委会负责大赛宏观决策、组织实施。大赛组委会下设竞赛委员会和纪检监察小组。竞赛委员会为大赛的执行机构，由承办、协办单位共同组建，负责具体事务工作、相关制度建设，协调各省（区、市）参加全国决赛，合法筹措赛事所需资金，组织赛事活动。纪检监察小组对竞赛委员会的各项工作进行全程监督，重点监督相关合作协议的签订、项目网络评审、总决赛检录与评审以及大赛款项收支等事项，并对违反大赛纪律的行为给予处理。竞赛委员会下设专家委员会和仲裁委员会。赛事委员会设秘书组、技术保障组、会务组和宣传组等具体办事机构。

秘书组是承担竞赛委员会日常工作的机构，由承办单位、协办单位抽调的骨干力量组成，负责联络主办、承办各方，对接各省（区、市）完成大赛项目申报，组织专家评审，对参赛选手进行资格审查（包括网络报名的资格审查和总决赛参赛选手的检录工作）。

会务组是承担大赛会务、咨询服务等工作的机构，由承办单位、协办单位抽调的骨干力量组成，负责赛场现场布置、人员报到和接待、住宿餐饮安排、赛事资料的整理分发、志愿者招募调配、赛场安保及现场服务等工作。

技术保障组由协办单位组建，负责大赛网络平台的搭建、维护和指导使用。

宣传组由承办、协办单位组建，负责大赛媒体宣传工作和大赛现场舞美设计、全程摄像及后期制作。宣传组负责联络各级媒体，覆盖电视、报纸、新媒体等类型，积极开展赛事宣传动员工作，重点宣传赛事的创新亮点和成果。

### 二、大赛流程

大赛分校级初赛、省级复赛和全国总决赛。

（一）省级比赛

6—10月，各省（区、市）中华职业教育社组织完成省级比赛，遴选出参加全国比赛的团队名单。

比赛形式由各省（区、市）中华职业教育社自行决定。各省（区、市）中华职业教育社自行组织初赛后，推荐参加全国大赛的团队，每省（区、市）参加大赛的名额原则上不少于6个、不超过12个，其中，中职组、高职组和应用技术型本科组各不超过4个。

> **知识拓展**
>
> 省级比赛分为初赛、复赛和决赛
>
> 第一阶段：初赛（6—9月）。由各职业院校自行组织校级初赛，可向组委会申请使用大赛评审平台进行评审。通过初赛选拔出的优秀项目推荐参加省级复赛。推荐参加省级复赛的项目，每所中职学校不超过5项，每所高职院校不超过8项，每所本科高校不超过10项。
>
> 第二阶段：复赛（9月）。大赛组委会组织专家对参赛项目进行网评，评选出参加省级决赛的中职组、高职组和本科组项目各40项。
>
> 第三阶段：决赛（10月）。大赛组委会组织专家对进入决赛的参赛项目进行现场评审，决赛包括参赛团队现场路演（5分钟）和答辩（3分钟）两个环节，按照现场评审得分进行排名，确定最终的获奖项目。

### （二）网络申报与决赛资格评审

各省（区、市）中华职业教育社组织本省（区、市）参赛队伍在规定时间内按照要求完成网络申报工作。项目申报时，要按照省内遴选名次进行排序。各省每个组别报满4个项目的，该组第一名可自动晋级决赛，其余均进行网络评审。未报满4个项目的，该组项目全部按网络评审程序进行排名。台湾地区参赛项目按报名比例确定名额。

大赛组委会委托专家委员会对各省申报项目进行网络评审。评审结束后公示成绩。

### （三）全国总决赛

决赛时间一般在下半年，比赛采取现场演示及答辩等方式，每年具体的安排有所不同，以每年大赛决赛的通知为准，决赛结束后举行颁奖仪式。

总决赛预计3天，按照中职、高职、应用技术型本科组分别举办，每组各需1天。第三组比赛结束后，现场将为获奖选手颁奖。

根据承办地条件，可开展有利于促进创新创业教育发展、提高学生创业技能的相关活动或单项赛事。

## 三、参赛对象及参赛项目要求

### （一）参赛对象

大赛分中职组、高职组和应用技术型本科组。其中，中职组参赛人员为中职、技工学校在校生，高职组参赛人员为高职、技师院校在校生，应用技术型本科组参赛人员为应用技术型本科院校在校生。

五年制高职学生报名参赛的，一年级至三年级学生参加中职组比赛，四年级、五年级学生参加高职组比赛。应用技术型本科院校的专科学生参加高职组比赛。

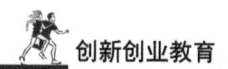

为促进两岸职业教育领域青年创新创业交流，大赛将邀请台湾职业院校学生参赛，按对应职业教育层次参加相应组别的比赛。

### （二）参赛方式

大赛由各省（区、市）中华职业教育社自愿组织参赛，不参赛的省（区、市）可组织观摩全国决赛。

选手以团队方式参赛，每个参赛团队参赛选手为3～5名，其中1人为领衔人。每个参赛团队的指导教师为1～2名。大赛组委会不接受个人单独参赛，比赛选手不得同时参加两个团队的比赛。

各参赛团队可在校内跨学科、跨专业和跨年级组队，不得跨校组队。

各省级职教社推荐参加全国比赛的团队原则上不少于6个、不超过12个。其中，中职组、高职组和应用技术型本科组各不超过4个。

台湾地区的参赛名额根据报名比例确定，具体比例由总社与台湾有关机构协商确定。

### （三）参赛项目要求

参赛项目的选题、核心部分的构思设计、申报评审书的撰写均由学生完成。参赛项目必须按照要求向大赛组委会提交全部资料，相关细节应作详细说明。参赛项目使用他人已经注册的知识产权内容，申报时应注明出处。凡是不符合方案规定、弄虚作假、剽窃他人成果，不能如实申报相关材料和主动声明引用他人成果的，将取消参赛资格。

### （四）比赛形式

全国网评以申报评审书为主，决赛以现场演示、答辩为主。

## 四、大赛奖项设置

### （一）省级比赛

由各省（区、市）中华职业教育社自行决定。以福建省为例，福建省2018年省级比赛奖项设置如下：

中职组、高职组和应用技术型本科组分别设金奖8个、银奖12个、铜奖20个、优秀奖若干个。

最佳人气奖：评审选出若干个最佳人气奖。

最佳创意奖：评审选出若干个最佳创意奖。

指导教师奖：对获奖项目的指导教师颁发同等级的指导教师奖。

竞赛组织奖：依据参赛院校参赛项目数量、项目质量、申报材料报送是否及时规范、参赛团队获奖情况及赛事宣传力度综合评定，评出竞赛组织奖若干个。

### （二）全国总决赛

大赛设一等奖、二等奖、三等奖、最佳创意奖、最佳人气奖以及优秀奖。大赛设立组织奖，根据参赛规模、参赛成绩综合评定。主办单位为获奖单位和个人颁发证书、奖杯和奖金。

## 能力训练

**【能力训练1】认识中华职业教育创新创业大赛**

步骤1：了解中华职业教育创新创业大赛参赛对象。

1. 通过网络等形式了解中华职业教育创新创业大赛的参赛对象，并将表12-1补充完整。

表12-1 参赛对象表

| 学生类型 | 参赛组别 |
| --- | --- |
| 中职学校在校生 | |
| 技工学校在校生 | |
| 高职院校在校生 | |
| 技师院校在校生 | |
| 五年制高职院校一年级至三年级在校生 | |
| 五年制高职院校四年级、五年级在校生 | |
| 应用技术型本科院校在校生 | |
| 应用技术型本科院校的专科学生 | |

2. 判断对错

1）当年中职学校、高职院校、应用技术型本科院校的应届毕业生不可报名参赛。（    ）

2）为促进两岸职业教育领域青年创新创业交流，大赛将邀请台湾职业院校的学生参赛，按对应职业教育层次参加相应组别的比赛。（    ）

步骤2：了解中华职业教育创新创业大赛的参赛要求，回答以下几个问题。

1. 每个参赛团队可以有几名参赛选手？其中领衔人可以有几人？每个参赛团队的指导教师最多有几人？

_____

_____

2. 参赛选手可否同时参加两个团队？可否跨校组队？

_____

_____

3. 参赛选手需要完成哪些资料的撰写？

_____

_____

4. 如果参赛项目使用他人已经注册的知识产权内容，应怎样进行申报？

_____

_____

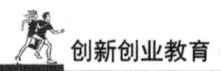

5.参赛项目有哪些情况将会被取消参赛资格？
_____
_____
_____

【能力训练2】中华职业教育创新创业大赛"参赛攻略"制作

步骤1：联系同学，3～5人为一组，每组联系一位曾经参加过中华职业教育创新创业大赛的校友或其他学校的同学，询问往年各赛段的比赛流程及参赛经验。

步骤2：将本组所询问到的信息进行筛选、整合，制成一份比较系统的"参赛攻略"，包括项目计划书的撰写、PPT的制作和路演技巧。

步骤3：每组派一名代表，将本组的"参赛攻略"介绍给大家。

【能力训练3】中华职业教育创新创业大赛演练

步骤1：撰写项目计划书。

1.邀请3～5位同学（可以是同班的，也可以是跨班级、跨年级的），组成一个团队。结合专业，进行充分调研，选择一个创业项目。

2.根据模板和项目评审书的要求，撰写一份项目申报评审书。

3.请教指导老师，通过不断地修订，完善项目计划书的内容。

步骤2：项目路演。

1.请根据项目评审书的内容，制作路演PPT。

2.以小组为单位，在班级开展模拟路演。

3.由同学投票选出最具吸引力的创业项目、最佳演讲人和最佳路演PPT等。

# 参 考 文 献

[1] 师建华，黄萧萧.创新思维开发与训练［M］.北京：清华大学出版社，2018.

[2] 张锐，张强，丘锡彬.大学生创业标准教程［M］.北京：高等教育出版社，2018.

[3] 吴教育，曾红武.高职高专创新创业实用教程［M］.北京：清华大学出版社，2020.

[4] 秦小冬，赵云昌.大学生创业教程［M］.北京：清华大学出版社，2017.

[5] 李建，刘鹏.创新与创业［M］.北京：中国人民大学出版社，2017.

[6] 杨雪梅，王文亮.大学生创新创业教程［M］.北京：清华大学出版社，2017.

[7] 付守永.路演大师［M］.北京：企业管理出版社，2016.

[8] 巴林杰.创业计划书：从创意到方案［M］.陈忠卫，译.北京：机械工业出版社，2016.

[9] 李肖鸣.大学生创业基础［M］.4版.北京：清华大学出版社，2018.

[10] 王中强，陈工孟.创新思维与创业教育［M］.北京：清华大学出版社，2017.

[11] 张志，乔辉.大学生创新创业入门教程［M］.北京：人民邮电出版社，2016.

[12] 吕爽.创业基础［M］.2版.北京：中国铁道出版社，2016.

[13] 王凤范.资本路演：成功融资的路演实战图解［M］.北京：中国经济出版社，2016.

[14] 李伟.创新创业教程［M］.2版.北京：清华大学出版社，2019.

[15] 蔡剑，吴戈，王陈慧子.创业基础与创新实践［M］.北京：北京大学出版社，2015.

[16] 李家华.创业基础［M］.2版.北京：清华大学出版社，2015.

[17] 吴晓义.创业基础理论、案例与实训［M］.北京：中国人民大学出版社，2019.

[18] 汪戎.创业基础：大学生创业理论与实务［M］.北京：高等教育出版社，2014.

[19] 黄安胜，周喆，施生旭，等.大学生创新创业政策存在的问题及对策——以福建省为例［J］.发展研究，2018（1）：102-108.

[20] 文芳.高职院校双创大赛存在的弊端及对策研究［J］.教育现代化，2016，3（21）：227-228.

[21] 蒋丽君，顾鸣镝.以竞赛为载体推进高职院校创新创业教育[J].中国职业技术教育，2016（10）：71-75.